Fidèle à sa volonté de maintenir vivant l'ensemble du catalogue et de continuer à rendre accessible à tous la richesse de son contenu, Les marques du groupe L'Harmattan proposent les ouvrages, même s'ils sont épuisés dans leur premier tirage, et les impriment à la demande.

Au vu de l'ancienneté de ce titre, un exemplaire original a été numérisé pour être réimprimé, ce qui pourrait altérer légèrement la qualité de certains passages.

**Médias et féminismes**

*Minoritaires sans paroles*

Collection ***Logiques Sociales***
*fondée par Dominique Desjeux*
*et dirigée par Bruno Péquignot*

**Dernières parutions**

J.-Y. MÉNARD, Jocelyne BARREAU, *Stratégies de modernisation et réactions du personnel*, 1997.
Florent GAUDEZ, *Pour une socio-anthropologie du texte littéraire*, 1997.
Anita TORRES, *La Science-fiction française : auteurs et amateurs d'un genre littéraire*, 1997.
François DELOR, *Séropositifs. Trajectoires identitaires et rencontres du risque*, 1997.
Louis REBOUD (dir.), *La relation de service au coeur de l'analyse économique*, 1997.
Marie Claire MARSAN, *Les galeries d'art en France aujourd'hui*, 1997.
Collectif, *La modernité de Karl POLANYI*, 1997.
Frédérique LEBLANC, *Libraire de l'histoire d'un métier à l'élaboration d'une identité professionnelle*, 1997.
Jean-François GUILLAUME, *L'âge de tous les possibles*, 1997.
Yannick LE QUENTREC, *Employés de bureau et syndicalisme*, 1998.
Karin HELLER, *La bande dessinée fantastique à la lumière de ; l'anthropologie religieuse*, 1998.
Françoise BLOCH, Monique BUISSON, *La garde des enfants. Une histoire de femmes*, 1998.
Christian GUIMELLI, *Chasse et nature en Languedoc*, 1998.
Roland GUILLON, *Environnement et emploi : quelles approches syndicales ?* 1998.
Jacques LAUTMAN, Bernard-Pierre LÉCUYER, *Paul Lazarsfeld (1901-1976)*, 1998.
Douglas HARPER, *Les vagabonds du nord ouest américain*, 1998.
Monique SEGRE, *L'école des Beaux-Arts 19ème, 20ème siècles*, 1998.
Camille MOREEL, *Dialogues et démocratie*, 1998.
Claudine DARDY, *Identités de papiers*, 1998.
Jacques GUILLOU, *Les jeunes sans domicile fixe et la rue*, 1998.
Gilbert CLAVEL, *La société d'exclusion. Comprendre pour en sortir*, 1998.
Bruno LEFEBVRE, *La transformation des cultures techniques*, 1998.
Camille MOREEL, *1880 à travers la presse*, 1998.

© L'Harmattan, 1998
ISBN : 2-7384-6589-7

Myriame El Yamani

# Médias et féminismes

*Minoritaires sans paroles*

**Editions L'Harmattan**
5-7, rue de l'Ecole-Polytechnique
75005 Paris

**L'Harmattan INC**
55, rue Saint Jacques
Montréal (Qc) - Canada H2Y 1K9

*A ma sœur Dalila*
*ma mère Marie-Luce*
*Ma grand-mère Marie*

# Remerciements

Tout livre est l'image d'une solitude, affirme l'écrivain américain Paul Auster. Mais c'est aussi l'image d'un plaisir, celui de partager avec d'autres le fruit d'un travail de recherche et d'écriture. À l'origine de cet essai, dix années de rencontres stimulantes avec des professeurs d'université et des chercheurs, d'expérimentation avec mes étudiantes et étudiants en journalisme et en sociologie des femmes, de coopération avec des journalistes, d'amitié et de solidarité avec des femmes, et d'une part de retraite aussi. J'aimerais donc remercier tout particulièrement ceux et celles qui m'ont encouragée à mener à terme ce projet: Bachir Adjil, Michel Antoine, Pierre-Alain Baud, Diane Boulianne, Agnès Boussion, Sabine Bruno, Fulvio Caccia, Lise Caron, Émilie Castro, Mona Charabaty, Euclide Chiasson, Jacques Couturier, Suzanne De Rosa, Jocelyne Dupuis, Christiane Émond, Michel Euvrard, Anne-Marie Fortier, Ibi Galambos, Éliane Garzon, Pierre Godbout, Gérard Grugeau, Colette Guillaumin, Françoise Guénette, Jean-Christophe Guimo, Claude Haeffely, Marc Johnson, Danielle Juteau, Dominique Labbé-Kohler, Josée Lambert, Lise Lambert, Marie-Élaine Langlois, André Lemelin, Bernard Lévy, Annie Lizier, Jean Mauduit, Katia Mayer, Al Mazlavekas, Minoo Moallem, Panayiotis Pantazidis, Richard Parent, Jacques Paulin, Francine Pelletier, Bruno Péquignot, Micheline Piché, Linda Pietrantonio, Johanne Pilon, Dorice Pinet, Elspeth Probyn, Claude Richard, Denis Roberge, Jean Robitaille, Myriam Rossignol, Lise Roy, Andrée Ruffo, Virginie Saint-Louis, Ida Simon-Barouh, Anne-Marie Sirois, Lynne Surette, Lamberto Tassinari, Alain-René Thibodeau, Serge-Patrice Thibodeau, Danielle Tremblay, Line Turcotte, Pierre Vallières, Maïr Verthuy, Sandra Vorano, Moufida Waer.

# Introduction

Croire que les médias informent ou permettent de mieux saisir la réalité sociale est à mon avis un leurre. Les médias ne servent plus à communiquer, ils existent plutôt comme espaces de visibilité des institutions sociales, même s'ils donnent l'impression de relier les individus, directement et pratiquement instantanément, en n'importe quel point de la planète. C'est à partir de ce paradoxe d'une information *sans* la communication, telle qu'elle est pratiquée par les médias, que s'articule l'ensemble de ce livre. Si nous sommes définitivement entrés dans *«l'ère du soupçon»*[1] vis-à-vis du travail social des médias, il serait faux de croire qu'il en a toujours été ainsi. Une certaine forme de presse, appelée communément presse d'opinion ou presse alternative, a essayé à certains moments de l'histoire de communiquer avec les membres de la cité et tente encore parfois de le faire. Elle refuse en général de lire la réalité selon le découpage des médias «mainstream» et veut offrir aux minoritaires une tribune ou un média autre pour comprendre le monde qui les entoure. Seulement, le champ médiatique actuel, avec notamment la suprématie et les diktats de la télévision, est organisé de telle façon que ce type de presse d'opinion est conduit à une impasse stratégique. Non seulement la parole des minoritaires diffusée par les médias dominants est le plus souvent discréditée, voire bafouée, mais encore elle n'obtient pas une légitimation suffisante pour survivre dans le temps.

C'est pourquoi cet essai veut répondre à une double question:

---

[1] I. Ramonet, «Médias, sociétés et démocratie. L'ère du soupçon», *Le Monde diplomatique*, Paris, mai 1991, pp. et 18.

Comment et pourquoi les minoritaires, et les femmes en particulier, s'ils prennent parfois la parole dans le champ médiatique en créant leurs propres journaux, ne peuvent pas la garder? Comment et pourquoi, dans ce contexte, les médias majoritaires ne rendent-ils pas compte de ces points de vue de minoritaires, en particulier lors d'événements qui les concernent? Ces deux regards, indépendants mais complémentaires, sur *la parole médiatisée des minoritaires* nécessitent tout d'abord l'élaboration d'une théorie critique et féministe de la communication pour ensuite poser les jalons d'une analyse sociologique des médias. C'est avec les presses féministes en France et au Québec, que cette analyse sera exploitée, en liant l'étude de ce type de presse à un mouvement social, en l'occurrence ici le mouvement de libération des femmes. Cette comparaison entre deux sociétés distinctes, qui représente une approche relativement nouvelle dans les recherches en communication, devrait permettre de tirer des conclusions plus larges sur la signification sociale des médias. Leur travail idéologique sera précisément souligné par une analyse critique de la couverture de presse de la tragédie, survenue le 6 décembre 1989 à l'École Polytechnique de Montréal, où quatorze femmes ont été tuées par un seul homme. Cette analyse permet entre autres de rendre compte de la cohésion existante entre un système médiatique et un système social qui dénigre la parole autonome des femmes et rejette les analyses féministes des rapports de domination entre les sexes.

Le phénomène de communication sociale, que représentent l'émergence et le déclin des presses féministes françaises et québécoises depuis le début des années 70, correspond, à mon avis, à la fonction politique qu'elles tentent d'assumer. Par fonction politique, j'entends ici le refus d'être une presse de spectacle et de drame, la nécessité de contrer les informations émanant des médias dominants et le souci de sortir de l'ombre l'expérience des femmes, leurs aspirations et leurs revendications de minoritaires. Difficile combat qui ressemble un peu à celui de David et Goliath, comme on le verra par la suite, mais qui expliquerait pourquoi les presses féministes, aussi bien en France qu'au Québec, en tant que presses politiques, ont recours à une stratégie médiatique paradoxale, qui entraîne leur disparition. Avant d'expliciter l'orientation théorique qui m'a amenée à formuler cette hypothèse, donnons les grandes caractéristiques de ce type de presse.

## Qu'est-ce que les presses féministes?

Plus que l'accroissement des discours sur les femmes, il me semble qu'un des phénomènes significatifs de ces vingt dernières années reste la prise de parole par les femmes elles-mêmes, tant sur le plan littéraire que journalistique. Les femmes, aussi bien en France qu'au Québec, ont vu la nécessité de s'approprier une écriture et une parole, que certaines nommeront «différentes et/ou spécifiques», et surtout elles ont éprouvé le besoin de participer au processus d'information de leur société, non plus en tant qu'objets de l'information médiatique mais en tant que sujets. Une multitude de publications féministes ont vu le jour depuis *Le torchon brûle* (octobre 1970 - été 1973) et *Québécoises Deboutte!* (novembre 1971 - mars 1974), respectivement le premier journal du M.L.F.(Mouvement de libération des femmes) en France et du F.L.F (Front de Libération des Femmes ) au Québec.

Il a fallu attendre en France près d'un siècle pour que resurgisse une multitude de journaux, allant des feuilles ronéotypées à la presse à grand tirage sur papier glacé, aussi divers, vifs et provocants que *La femme libre* ou *La Fronde*. En effet, il n'existe pas une presse féministe française mais un dédale de publications qui naissent et disparaissent au gré du «Mouvement» de libération des femmes. Le fil d'Ariane est parfois difficile à dénouer. Pour la France, j'ai dénombré 142 périodiques de 1970 à 1990. Au Québec, la situation est analogue, même si leur nombre est moindre (49), mais j'ai réussi à en inventorier 220 pour le Canada. Une des difficultés majeures pour faire l'inventaire de ce type de presse est que, bien souvent, leurs responsables n'ont pas jugé nécessaire de faire un dépôt légal dans les bibliothèques, et qu'il est donc difficile de les retrouver. Mais cela fait aussi partie de leurs particularités.

Ces presses féministes sont ce qu'on pourrait appeler des presses militantes et alternatives. Tout en essayant d'être un média à part entière, elles militent pour l'évolution et l'amélioration de la condition des femmes dans leur société. Il s'agit d'ailleurs de voir comment elles sont militantes. Alternatives, elles le sont également. Certaines refusent la publicité, d'autres l'acceptent, mais avec des restrictions. Leur distribution se fait le plus souvent de manière «sauvage», même si certaines admettent entrer dans le réseau de la distribution «officielle» En ce qui concerne le traitement de l'information et le système organisationnel dans lesquels elles évoluent, elles oscillent entre un système plus ou moins hiérarchique et professionnel et un autre, marqué par la convivialité et le bénévolat. Pour ce qui est du contenu de leurs journaux, elles se veulent plurielles, partiales et subjectives, refusant l'information aseptisée des autres médias. Néanmoins, sur le marché de l'information dans nos sociétés occidentales, on peut déjà définir les presses féministes françaises et québécoises en affirmant qu'elles ne s'apparentent ni à «la grande presse» ou médias d'information générale dominants [2] ni à la presse féminine. Bien qu'étant une presse de femmes, elles se distinguent nettement de la presse féminine, dont la finalité est avant tout commerciale, et surtout de ce que j'appelle la presse féminine à prétention féministe, qui divulgue une image de «la» femme «libérée» dans nos sociétés, tout en s'appropriant le féminisme qu'elle développe sous un jour extrêmement positif. Je pense par exemple à *Marie Claire* ou à *Elle* en France et à *Châtelaine* au Québec, qui pendant un certain temps ont eu des rubriques féministes dans leurs pages, mais qui se sont vite réorientées vers le modèle des médias dominants, où les luttes de femmes restent simplement des événements à couvrir, de moins en moins souvent d'ailleurs. Enfin, elles se différencient également de la presse lesbienne, dont elles récupèrent pourtant une partie du lectorat, de par leurs prises de position occasionnelles et ambiguës en faveur du lesbianisme.

Mais les presses féministes françaises et québécoises ne se définissent pas seulement en opposition à d'autres médias. Les femmes veulent prendre une parole longtemps interdite et médiatiser une nouvelle image d'elles-mêmes, qui ne soit plus celle donnée par les médias dominants et la publicité. Les presses féministes désirent innover dans le domaine de la communication sociale, en favorisant la circulation des idées, notamment celles sur les femmes comme minoritaires, en permettant que la réalité ne soit plus découpée seulement selon les schèmes de pensée masculins, en remettant en cause les pratiques sociales dominantes. Comme le souligne Colette Beauchamp[3]:

«*En information, une lecture féministe de* l'actualité *est d'abord*

---

[2] Certains de ces périodiques féministes définissaient d'ailleurs les médias de masse comme les médias de domination ou «mâles-médias». Tout au long de ce livre, le mot média sera francisé: un média, des médias.

[3] C. Beauchamp, *Le silence des médias*, Remue-Ménage, Montréal, 1987, p. 258. Ce qui était en italique dans les citations sera toujours remis en caractère droit.

*et avant tout, quel que soit l'aspect traité, une lecture de la réalité, donc qui n'oblitère pas les femmes, leur oppression, leurs luttes, leurs idées, leurs pratiques, leurs questionnements, leurs démarches, et ne discrédite pas leur parole. Cette lecture se base sur une analyse qui vise à transformer leur situation comme celle des enfants et de toute la société. La lecture féministe de la réalité détecte les oppressions quelles qu'elles soient.»*

## Multiplicité, mouvance et trirème

À partir du début des années 70 et jusqu'à la fin des années 80, on assiste donc à une véritable éclosion de journaux féministes en France, au Québec et au Canada. C'est peut-être d'ailleurs la difficulté que connaissent les mouvements de libération des femmes dans ces deux sociétés à se faire entendre qui serait à l'origine de la création et de l'explosion des presses féministes. Certaines n'ont duré que le temps de trois numéros, comme *Jamais contentes* (novembre 1979-1980), journal français des femmes autonomes, d'autres ont perduré jusqu'à sept ans (de mars - avril 1980 à mai 1987), comme *La Vie en Rose*, magazine québécois féministe d'actualité.

La périodicité, le tirage, l'infrastructure économique, mais aussi la tendance politique, le lien avec les associations, l'orientation intellectuelle et culturelle, le niveau d'abstraction ou la vocation pratique, l'appartenance à un groupe d'âge, de langue ou de nationalité, etc., tous ces critères permettent de différencier les publications des presses féministes aussi bien en France qu'au Québec. Mais plus que les différentes tendances politiques à l'intérieur du M.L.F. français, qui seront représentées par toutes sortes de journaux, et les clivages idéologiques entre hétérosexuelles et lesbiennes à l'intérieur du F.L.F. québécois, ce sont leur multiplicité, leur diversité, et surtout leur mouvance, qui semblent caractériser les presses féministes françaises et québécoises.

Non seulement ces journaux n'existent pas longtemps mais ils refusent toute classification, toute étiquette et s'autorisent même à changer de nom. Je pense par exemple au premier journal féministe français, *Le torchon brûle*, qui, pendant deux ans, est passé de mains en mains, suscitant réflexions, colères et questionnements, pour ensuite donner *Le Quotidien des Femmes*, de la tendance Psychépo (lacanisme et maoïsme, de 1974-1976), devenu *Des Femmes en Mouvements* (1978-79) et *Des femmes en Mouvements Hebdo* (1979-1982), et aussi *Les nouvelles féministes*, de la tendance égalitaire (Simone De Beauvoir, Ligue du droit des femmes, de 1974 à 1977) et enfin *Les Pétroleuses*, de la tendance lutte de classes (proche des Trotskistes, de 1974 à 1976), devenu avec des changements de militantes, *La Revue d'en face* (1977-1981).

Il est difficile de s'y reconnaître dans les nuances de tous ces journaux, mais il est évident que ces presses féministes, émergeant notamment durant la décennie de «la» femme (1975-1985), sont plus ou moins directement liées aux mouvements sociaux de libération des femmes sur ces deux continents. En sont-elles simplement le reflet, le miroir, le prolongement? En tout cas, elles représentent une entité difficile à délimiter. Les analyses venant de l'extérieur sont en outre bannies par les M.L.F., qui rejettent tout ce qui veut les nommer ou les classer.

En fait, les presses féministes françaises et québécoises ressemblent un peu à une trirème, ce navire de guerre antique des Romains, rapide et léger, qui était composé de trois rangées de rames superposées. Elles ne sont pas hiérarchisées mais sont indissociables. La première constitue ce que j'appelle *une presse d'expression féministe*, c'est-à-dire l'ensemble des publications qui parlent des actions et des initiatives de femmes, en liaison avec le mouvement de libération des femmes, dont elles sont l'armature. La deuxième rangée est composée par ce que je nomme *une presse de réflexion féministe*, c'est-à-dire un lieu de réflexion idéologique et théorique sur les M.L.F. et les grands thèmes féministes. Et la troisième rangée forme ce que je désigne comme *une presse de féminisme institutionnel*, c'est-à-dire les journaux qui émanent entre autres du ministère des Droits de la femme en France, devenu Secrétariat d'État, chargé de la condition féminine, puis Délégation à la condition féminine auprès du ministère des Affaires sociales, et au Québec du Conseil du statut de la femme. Il s'agit respectivement de *Citoyennes à part entière* (F) et de *La Gazette des Femmes* (Q)[4].

Il est d'ailleurs intéressant de noter que les femmes ont peu investi le champ médiatique des radios ou télévisions. Signalons quelques initiatives en France: *Radio Femmes* à Clermont-Ferrand, *Radio Pipelette* à Lyon, *Radio Mille et Une* à Toulouse et *Les*

---

[4] Afin d'éviter les répétitions et de faciliter la lecture, les sigles suivants seront utilisés: C pour Canada, F pour France, M pour Montréal, P pour Paris et Q pour Québec.

*Nanas radioteuses* à Paris. Au Québec, c'est surtout la vidéo et le documentaire qui ont canalisé les énergies des femmes. *Le Studio D* de l'O.N.F. (Office national du film) fêtait en 1990 son quinzième anniversaire et le *G.I.V.* (Groupe d'intervention vidéo) met à la disposition du public toutes sortes de vidéos féministes indépendants. Également un collectif de formation et de production radio, *Ondes de femmes* à Radio Centre-Ville, aide les femmes à intervenir. Enfin, précisons que c'est surtout à Paris et à Montréal que les presses féministes ont été les plus florissantes, même s'il ne faut pas nier les initiatives de femmes en province ou en région.

## Réinscrire la dynamique sociale au coeur de l'analyse des médias

Ces quelques données permettent de situer les presses féministes françaises et québécoises dans le champ médiatique, en établissant les rapports de contiguïté et d'opposition qu'elles entretiennent avec les autres médias. Mais l'ensemble de ces définitions et de ces particularités ne font que donner une photographie de ce type de presse. Ce qui m'intéresse avant tout, ce n'est pas d'expliquer un phénomène de communication avec des mécanismes d'analyses psychosociologiques ou morphologiques, mais plutôt d'en rendre compte, en faisant apparaître les rapports sociaux qui se nouent autour de la production et de la lecture d'un journal. Or, ces rapports sociaux ne peuvent pas être décortiqués seulement par la lecture immédiate des articles ou par le discours de celles qui les produisent. Pour qui veut appréhender les rapports sociaux inhérents à tout système de presse et comprendre le type de rapport qu'un journal, quel qu'il soit, établit dans l'ensemble social qui le porte, il est essentiel de saisir d'abord qu'une étude de presse n'est pas une fin en soi et qu'un média ne représente pas une entité indépendante qu'on peut analyser comme un système clos. C'est pourtant ce qui caractérise la plupart des recherches et études sur les médias.

Néanmoins, quelques chercheurs, comme Renaud Dulong et Louis Quéré[5], ont tenté de saisir la signification sociale d'un média, en l'occurrence le quotidien régional *Ouest-France*. Comme ils le

---

[5] R. Dulong et L. Quéré, *Le journal et son territoire. Presse régionale et conflits sociaux*, E.H.E.S.S. et C.E.M.S. (A.T.P./C.N.R.S.), Paris/Tours, 1978.

soulignent [6] :

> «*L'exploration sociologique du journal doit tenter de démêler l'écheveau des rapports sociaux qui se nouent derrière la production et la lecture des textes, et qui se dessinent autant dans les blancs du texte que dans son contenu explicite. (...)Il s'agit pour le sociologue de faire apparaître les multiples rapports sociaux dans lesquels s'inscrit la presse, tant au plan des mécanismes à l'oeuvre dans la pratique de lecture des différentes rubriques, qu'à celui des médiations qui articulent l'appareil producteur au système social.*»

Comme les recherches en Sciences de l'information et de la communication sont soit très empiriques, soit très théoriques et que le concept de communication regroupe des domaines aussi variés que le travail humain, la production culturelle, les transports, la documentation scientifique, les relations internationales, etc., il faut donc commencer par poser une réflexion sur les fondements théoriques et épistémologiques de cette nouvelle science. Dès maintenant, je considère que la communication n'est pas un problème inscrit et déterminé par le seul paradigme Émetteur-Message-Récepteur; elle est avant tout une forme d'échange social, et, de ce fait, procède de médiations techniques, mais aussi et surtout de médiations symboliques. Les deux premiers chapitres de ce livre s'articulent donc autour de l'orientation théorique et méthodologique suivante: si les presses féministes en France et au Québec sont des médias qui émanent d'un mouvement social (le mouvement de libération des femmes), on ne peut saisir leur signification sociale qu'en élaborant une théorie critique et féministe de la communication, qui se distingue nettement des théories dominantes de l'information et qui permet de réinscrire la dynamique sociale au coeur de l'analyse des médias.

## L'impasse stratégique des presses féministes en France et au Québec

Pourquoi les médias minoritaires, comme les presses féministes, ne peuvent qu'être éphémères dans le marché médiatique? J'en vois trois raisons majeures, une d'ordre idéologique, une autre au niveau du système organisationnel et une dernière d'ordre

---
[6] R. Dulong et L. Quéré, *Idem*, p.10.

économique, que j'expliciterai dans les quatre chapitres subséquents. Si les presses féministes peuvent être considérées comme des presses d'idées et de combat, elles se battent pour l'égalité entre les sexes dans nos sociétés et désirent donner aux femmes la possibilité de se percevoir comme des êtres humains, ayant le droit de développer toutes leurs potentialités (sexuelles, affectives, morales, politiques, sociales, intellectuelles) sans accepter les limitations imposées traditionnellement par les hommes et leurs médias. Leurs presses semblent être un moyen parmi d'autres pour revendiquer l'extension de leurs rôles et de leurs droits dans nos sociétés. Elles veulent donc transformer le statut social des femmes. Pour ce faire, les presses féministes françaises et québécoises adoptent un discours écrit et visuel féministe, qui est aussi un discours idéologique, de l'ordre du pamphlet. Or, ce discours sert davantage à conscientiser les femmes qu'à les distraire, et, une fois la prise de conscience de leurs conditions établie, ce discours n'a plus vraiment de raison d'être.

D'autre part, les femmes ont vite compris que prendre la parole sur le marché de l'information ne signifie pas forcément en disposer comme bon leur semble. Il ne suffit pas de divulguer des idées dites féministes, encore doit-on faire face aux différentes contraintes économiques et organisationnelles que suppose toute entreprise de presse. Il faut surtout acquérir une légitimité de parole, une place parmi la concurrence médiatique. Or, le fonctionnement interne des presses féministes (structures mouvantes, absence de statut juridique, collectives, refus de la hiérarchie, bénévolat des pigistes, etc.) finit par essouffler les productrices et conduit à la disparition de ces publications. Il en est de même pour leur rapport au marché économique de l'information: le budget de fonctionnement est difficile (peu ou pas de subventions, abonnements réduits, rapport douloureux à la publicité), le tirage faible, la distribution le plus souvent parallèle, etc.

Par ailleurs, une étude comparative de ce type de presse dans deux sociétés distinctes me parait importante pour saisir les rapports entre un média, sa société et un mouvement social particulier, et pour ne pas isoler ce type de presse dans le seul paradigme presse-femmes-féminisme. Si, globalement, les presses féministes françaises et québécoises sont déterminées par les rapports entre dominants et dominées du système patriarcal existant dans ces deux sociétés occidentales, elles effectuent conjointement un travail social sur la société, dans la mesure où elles participent au processus global d'institution et de destitution du rapport de forces sociales. Elles tentent de décoder les métaphores et les mythes dans lesquels les femmes sont enfermées et elles essaient de mettre en scène les mécanismes discursifs qui souvent marginalisent les femmes. Même si le contexte social et historique d'émergence de ce type de presse est différent en France et au Québec, cette recherche comparative permet de souligner qu'un média doit se comprendre dans son rapport à la société et que le féminisme constitue une base de lecture et d'interprétation des rapports sociaux de sexe.

Il pourrait y avoir bien sûr d'autres raisons qui expliquent l'aspect éphémère et la précarité de ce type de presse, car les enjeux sociaux et politiques qui se nouent autour des presses féministes françaises et québécoises sont complexes. S'il me semble important d'expliquer les raisons de la disparition actuelle des presses féministes en France et au Québec, du moins d'une des rangées de la trirème, il l'est encore plus de saisir comment, en fait, les médias finissent par ne plus informer les lecteurs et surtout les lectrices.

## Iris contre Hermès: la résistance des minoritaires

Tout le monde connaît Hermès, sorte de dieu de la communication, qui servait de messager entre les dieux de l'Olympe et les mortels. En cette période effrénée de nouvelles technologies de communication, où bientôt les machines finiront par parler à notre place, Hermès est bienvenu et particulièrement prisé des communicateurs. Mais qui se souvient d'Iris? C'était la déesse de l'arc-en-ciel, celui qui se déploie après l'orage. Les anciens poètes grecs prétendaient qu'il s'agissait de la trace du pied d'Iris, descendant rapidement de l'Olympe vers la terre, pour apporter un message aux femmes et aux hommes. Éphémère, mouvant, multicolore, cet arc-en-ciel ressemble, à s'y méprendre, à la trirème des presses féministes françaises et québécoises évoquée plus haut. Cette Iris, qu'on représente ailée, aurait donc jouer le même rôle de messagère que son homologue masculin. Pourtant leur présence conjointe, même coordonnée, dans le cercle des dieux, ne semble pas avoir fait l'unanimité, puisque l'une a disparu de notre mémoire collective, alors que l'autre est louangé. Est-ce à dire que les messages d'Hermès sont plus forts que ceux d'Iris? Je ne crois pas. Seulement, ces derniers ont sûrement toutes les chances d'être entendus, puisqu'ils sont majoritaires. Ceux d'Iris, minoritaires, essaient de temps en temps de sortir de l'ombre, sans pouvoir perdurer.

Cette analogie entre les dieux de la communication et les médias m'apparaît particulièrement intéressante pour comprendre le travail social des médias majoritaires et minoritaires. Elle souligne l'opposition de fonctionnement, de choix et de traitement de l'information selon qu'on se range du côté d'Hermès ou d'Iris. C'est pourquoi les trois derniers chapitres de ce livre seront consacrés à l'analyse critique de la couverture de presse d'un événement qui a particulièrement touché et traumatisé les femmes. Il s'agit de la tragédie de l'École Polytechnique, survenue à Montréal le 6 décembre 1989, et dont chaque année l'horreur est rappelée par des cérémonies commémoratives sur tout le continent nord-américain. En souvenir, donc, de ces jeunes femmes, minoritaires, féministes, qui sont mortes pour avoir voulu obtenir une place égalitaire dans notre société, je propose cette analyse du travail social et idéologique des médias majoritaires. En éclairage pour inscrire sur papier et dans notre mémoire certains événements qui sont toujours menacés de disparition, cet exemple soulignera comment les médias ne font que fabriquer de l'information-fiction et pourquoi des presses féministes comme celles qu'on a étudiées font cruellement défaut pour une «réelle» information dans nos sociétés.

# 1

# Femmes et communication

La recherche en sciences sociales et humaines exige que nous nous distancions de notre objet d'étude. On a tendance à croire qu'il suffit de formuler le pour et le contre d'une proposition ou de juxtaposer les deux côtés de la médaille pour être neutre. Que ce soit dans la pratique journalistique ou dans le travail de recherche, cette neutralité n'existe pas, car ce qu'on choisit d'étudier ou de publier dépend de la position sociale qu'on occupe dans la société et déterminera la façon dont on appréhende un objet d'étude ou un fait. Cela fait référence aussi à la division sexuelle. C'est pourquoi la démarche théorique que je propose s'inscrit à la jonction de deux courants théoriques: la sociologie critique de la communication et la sociologie des femmes, du point de vue des minoritaires. La nécessité de fonder cette articulation théorique découle d'un double constat. D'une part, même si les recherches en sciences de l'information et de la communication (S.I.C.) commencent à saisir la signification sociale de la communication et à ne plus percevoir les médias comme des instruments manipulateurs (quatrième pouvoir) ou manipulés (pouvoir des individus sur les techniques), elles n'en occultent pas moins les rapports sociaux de sexe dans l'échange communicationnel. D'autre part, même si la sociologie des femmes pose la question fondamentale de savoir comment un groupe social opprimé (les femmes) peut se situer dans le champ d'un savoir constitué hors de lui et contre lui, elle s'est peu intéressée à la communication et au travail social des médias. Pourtant, de nombreuses études et recherches ont été réalisées sur les stéréotypes et valeurs sexistes à l'égard des femmes, véhiculées par les médias et la publicité. Mais là encore, les femmes restent des variables ou objets de l'analyse, elles ne deviennent pas sujets du discours et de la pratique sociologiques. Avant d'établir un pont entre ces deux courants de pensée, il me semble important de poser quelques préalables épistémologiques concernant les sciences de l'information et de la communication et la sociologie des femmes. En effet, toute approche théorique qui sous-tend une recherche, devrait commencer par interroger les fondements de la science à laquelle elle fait référence. Les S.I.C. ne peuvent s'y soustraire, même si elles refusent le plus souvent de s'articuler aux autres sciences sociales. Pour sa part, la sociologie des femmes a provoqué une véritable rupture dans la mesure où l'irruption du féminisme dans cette discipline a engendré une redéfinition de tout ce qui fait l'objet de la sociologie.

## La fin de la communication

Le monde dans lequel nous vivons actuellement est composé de multiples machines à transporter, à fabriquer, à penser, de technologies de plus en plus sophistiquées, d'images omniprésentes, de plus en plus spectaculaires. Et la communication[7] servirait de lien entre tous ces éléments. Elle devrait nous sauver de notre désarroi devant ces machines que nous ne savons même plus contrôler. Pas plus que nous ne sommes capables de contrôler notre environnement et d'éviter les catastrophes écologiques, parce que nous ne posons que rarement la question en terme d'écologie globale, nous ne sommes en mesure de communiquer, c'est-à-dire, au premier sens du terme, de «mettre en commun» nos croyances, nos capacités, nos cultures, en un mot peut-être, notre philosophie de vie. Nous vivons actuellement dans cette situation paradoxale, où nous faisons partie intégrante du monde, mais où, par l'évolution de nos sociétés, nous nous en distançons de plus en plus jusqu'à nous en être marginalisés. Et c'est, à mon avis, ce même paradoxe qui est au coeur de la communication. En effet, tout le monde communique mais personne ne s'ouvre à *l'autre*. Hommes/femmes, Nord/Sud, Est/Ouest, êtres humains/Nature, êtres humains/Culture, êtres humains/Cosmos, etc., l'ensemble de ces couples forme un monde fragmenté, isolé, cloisonné, sans parole et surtout sans partage ni dialogue. Nous n'arrêtons pas de communiquer, mais nous ne nous comprenons plus, car ce concept de communication

---

[7] Une définition de la communication sera explicitée plus précisément au point intitulé *la communication instituante* du chapitre 2.

devient vide de sens, à force de vouloir unifier un monde qui ne sait plus où il va, ni ce qu'il veut. Comme le souligne Lucien Sfez[8]:

> «On ne parle jamais autant de communication que dans une société qui ne sait plus communiquer avec elle-même, dont la cohésion est contestée, dont les valeurs se délitent, que des symboles trop usés ne parviennent plus à unifier. Société centrifuge, sans régulateur. Or il n'en pas toujours été ainsi. On ne parlait pas de communication dans l'Athènes démocratique, car la communication était au principe même de la société. C'était le lieu conquis par les hommes dans leur arrachement au chaos qui donnait sens au système en toutes ses faces: politique, morale, économie, esthétique, rapport au cosmos. Ce lieu s'appelle la philia, amitié politique.»

C'est donc la fin de la communication et non plus une explosion de la communication, comme le voudraient certains auteurs[9], où l'idéologie véhiculée viendrait pallier la faillite des idéologies politiques traditionnelles et permettrait d'anticiper la société de demain. C'est là un point névralgique de réflexion pour les sciences de l'information et de la communication, car tautisme ou idéologie, la communication reste encore à définir. On continue à confondre communication et outils de communication. La critique de la communication devient alors une critique des techniques de la communication, car toutes les nouvelles technologies, de la biotechnologie à l'intelligence artificielle, en passant par la vidéo, les satellites et l'ordinateur, font référence à ce principe unique. Les technologues et entrepreneurs prédisent pour l'avenir une société de communication, où, par exemple, la pénétration de l'ordinateur, instrument magique, dans les foyers, devrait nous permettre de mieux communiquer, en nous donnant accès à toutes sortes d'informations, dans toutes sortes de domaines. Déjà, en Amérique du Nord, on voit se propager à grande vitesse le phénomène des «Hackers», sortes de fanatiques des ordinateurs, qui travaillent, mangent, dorment auprès de leurs machines. Bientôt viendra le temps, si ce n'est déjà fait, où des associations se formeront pour aider les gens à se guérir de ce qu'on appelle ici la «computermanie.» Les vieux relents de McLuhan et de son village

---

[8] L. Sfez, *Critique de la communication*, Seuil, Paris, 1988, pp. 16, 33 et 92.
[9] P. Breton et S. Proulx, *L'explosion de la communication. La naissance d'une nouvelle idéologie*, La Découverte/Boréal (sciences et société), Paris/Montréal, 1989.

global refont surface. Pourquoi d'ailleurs la communication est-elle de plus en plus perçue comme un problème à régler dans nos sociétés occidentales? Nous semblons faire peu de cas de la résistance des citoyens face à toutes ces techniques et surtout nous confondons communication et consommation de biens et services. La vieille métaphore de l'imperméable et de l'éponge, qui permet de saisir le degré d'acceptation des gens par rapport aux nouvelles technologies, est là pour nous rappeler qu'une technique n'engendre pas, par le seul fait de sa présence, des usages immédiats et enthousiastes de la part des gens. Il suffit de penser à l'arrivée sur le marché économique de la vidéo et du magnétoscope, il y a à peine une dizaine d'années, pour se persuader que l'attitude de tout individu varie continuellement entre le scepticisme (l'imperméable) et l'enthousiasme (l'éponge). Pourtant, on a l'impression que la communication est un produit à vendre, comme n'importe quel autre produit marchand et que nous communiquons par des instruments, qui ont précisément affaibli la communication. En fait, la société actuelle est non seulement malade de ses cultures[10], mais elle est sérieusement malade de ses communications, de la communication. Car, cette formulation -société de communication- ne précise pas le type de communication à laquelle on se réfère. Elle assimile les contenus de ce terme général aux outils ou techniques que la société produit et qui en retour la définissent. Le danger de ce truisme est que la société n'apprend plus à se définir et qu'elle nous enferme dans un mouvement hélicoïdal, où l'apparition de nouvelles technologies nous fait croire que nous sommes en situation de communication, ce qui est loin d'être le cas.

*Le faux consensus des sciences de l'information et de la communication*

Le concept de communication engendre donc toutes sortes de paradoxes; ne faut-il pas alors s'étonner de l'ambiguïté qui existe dans le champ scientifique couvert par les sciences de l'information et de la communication et de la constitution de ces sciences en une

---

[10] Je me réfère ici à un très intéressant recueil d'articles publiés par *Le Monde diplomatique* en décembre 1987 sous le titre: *Des sociétés malades de leurs cultures*, dans la collection «manières de voir».

discipline? Certains auteurs[11] n'hésitent pas d'ailleurs à qualifier les S.I.C. «*d'auberge espagnole, de sciences attrape-tout*». Un premier obstacle épistémologique pour les S.I.C. est donc la définition même de ces sciences en une science, compte tenu de l'intégration du concept de la communication dans divers domaines et champs scientifiques. Devant l'abondance des objets de recherche -communication médiatique, communication organisationnelle, communication interpersonnelle, communication verbale et non verbale, communication génétique, etc.-, les S.I.C. se constituent en sciences particulières, où chaque démarche de recherche veut dominer l'autre sans poser la question de son articulation aux autres sciences sociales et humaines. Les S.I.C. apparaissent avant tout comme des sciences consensuelles, sans ennemi et sans exclusion, dans la mesure où elles analysent tous les faits sociaux, qu'il s'agisse d'institutions, d'organisations, de pratiques, de normes, comme de vastes combinatoires, dont la fonction serait de programmer, de mettre en circulation et surtout de mettre en communication des individus, des messages et des outils.

Il ne s'agit pas ici d'expliciter le concept de consensus et son imbrication entre le social et le politique[12], mais plutôt d'essayer de comprendre pourquoi, systématiquement, le consensus est intimement lié à la communication. De prime abord, on considère que le consensus suppose un accord et un consentement des parties en litige. Non seulement on acquiesce à un projet mais encore on prend la décision de ne pas s'y opposer. C'est sans doute pourquoi les recherches en S.I.C. vont d'une extrême à l'autre. D'un côté, nous avons l'attitude, empreinte de pragmatisme et largement dominante, des chercheurs qui vont tenter de faire fonctionner au maximum de leur rendement des outils conceptuels et méthodologiques en s'interrogeant peu sur la provenance de ces concepts. De l'autre côté, nous avons l'attitude, critique et contradictoire avec la première, des chercheurs qui vont essayer d'interroger les fondements et la logique de transposition de ces outils, sans s'orienter vers leur application.

Par exemple, le «médiacentrisme», l'idée du déterminisme des processus d'information et de communication sur l'explication du

---

[11] Y. De La Haye et B. Miège, «les sciences de la communication: un phénomène de dépendance culturelle», dans Y. De La Haye, *Dissonances. Critique de la communication*, La Pensée sauvage, Grenoble, 1984, p.147.
[12] Voir notamment G. Burdeau, *Traité de science politique*, Economica (politique comparée), *Tome X: La révolte des colonisés*, 1986. Tout son premier chapitre (pp. 23-194) est consacré au «problème du consensus».

social, ou celle du déterminisme des technologies de communication sur le processus de communication sociale auront sûrement permis la généralisation de l'étude sur les effets des médias mais ne conduisent pas à formuler une théorie de la signification sociale des médias. La validité des S.I.C. n'est-elle limitée qu'à des analogies de fonctionnement? Si c'est le cas, ne vaudrait-il pas mieux parler de modèles descriptifs cherchant à être opérationnels que de théories en information et en communication? Si ce n'est pas le cas, comment l'ensemble des théories en S.I.C. s'ajustent-elles, entre autres, à la sociologie, la psychologie, l'histoire, l'économie, la philosophie?

Chose curieuse, ce consensus, qui semble caractériser les S.I.C., me semble être un des traits marquants du mode de gestion des sociétés nord-américaines, et en particulier du Québec. Que ce soit dans l'organisation du travail, les institutions sociales, politiques et économiques ou les règlements de conflits sociaux, toute décision à prendre est souvent basée sur le consensus des différentes parties en jeu. Il en devient même la justification de la prise de décision et de la décision elle-même. Pourtant, ce concept de consensus est très équivoque. Cela tient à sa nature même, qui peut recouvrir aussi bien l'adhésion enthousiaste que l'acceptation résignée, voire même l'indifférence des acteurs sociaux. Or le consensus se porte toujours sur un ensemble, sans privilégier un aspect particulier de la décision prise, et, même s'il y a analyse du pour et du contre vis-à-vis de la décision, il englobe le tout dans une adhésion ou un refus.

On se retrouve alors devant ce paradoxe où, le plus souvent, l'on préfère se retrancher derrière ce consensus pour expliquer les décisions prises plutôt que d'affronter le conflit ouvertement. L'affrontement doit être dominé, avant même d'être vécu, et le consensus rend possible cette domination, car il révèle un accord sur l'acceptation des désaccords et des différences et rend nécessaire la recherche d'un compromis qui peut aller au-delà des antagonismes. Bien sûr, toute interaction entre les acteurs sociaux ne prend pas la forme d'une action consensuelle, et parfois le règlement de conflits sociaux va se faire dans la confrontation, où les forces sociales antagonistes vont s'opposer comme dans un duel. Mais le fait de ne pas s'opposer à une décision peut parfois engendrer toutes sortes de malentendus et de frustrations des parties en cause et même faire en sorte que le conflit ne soit jamais réglé. En faisant la promotion du consensus, on réduit les tensions qui opposent les acteurs sociaux, on annule les remises en cause des structures sociales, on arrive à une sorte de conformisme social implicite, où la déviance et la colère deviennent des refus de participer au consensus global. Pourtant, l'accumulation de ces nonrèglements de conflits ne signifie pas consensus au sein de la société. S'agit-il d'une perversion d'un mode de gestion et d'organisation de la société ou d'une peur de l'affrontement, de le dire au moins? La question reste posée. Ne faut-il pas alors s'étonner de l'essor qu'ont pris et prennent encore les recherches en S.I.C. en Amérique du Nord, lieu même de leur naissance, pour ensuite se répercuter en Europe? Ce concept de consensus, allié de la communication, pourrait donc devenir une bonne base de discussion et de réflexion pour arriver à définir les S.I.C. comme une science. Néanmoins, cette peur des S.I.C. de ne pas s'articuler aux autres sciences sociales ne doit pas masquer leurs principes constitutifs. Certains auteurs, comme Paul Beaud, Yves De La Haye, Louis Quéré, Lucien Sfez[13], nous avertissent de ne pas laisser à l'idéologie dominante porte ouverte sur la logique de recherche en S.I.C. Car cette logique est surtout marquée par des consignes de départ, qui ont été mises en place aux États-Unis en réponse à des demandes sociales précises et le plus souvent datées, comme le développement de matériel stratégique militaire, de la gestion de l'ordre social, de la propagande anticommuniste, de la publicité.

**Pour en finir avec le schéma linéaire: émetteur-message-récepteur**

Un deuxième préalable épistémologique pour les S.I.C. porte donc sur la nécessaire différenciation à faire entre les théories de l'information et une théorie globale de la communication, qui ne soit plus basée sur une juxtaposition de théories partielles. Faisant appel entre autres à la psychosociologie (Bateson, Watzlawick), à la sémiologie structurale (Lévi-Strauss), à la cybernétique (Moles), etc., les S.I.C. vont, la plupart du temps, représenter la communication par un schéma, plus ou moins complexe selon les auteurs. La communication apparaît alors comme une mécanique bien régulée, où l'on ne fait référence qu'à l'identité de l'émission ou de la réception, où l'on fait intervenir dans le modèle des

---

[13] P. Beaud, *La société de connivence. Media, médiations et classes sociales*, Aubier (Res Babel), Paris, 1984.
Y. De La Haye, *Dissonances. Critique de la communication*, La Pensée sauvage, Grenoble, 1984.
L. Quéré, *Des miroirs équivoques. Aux origines de la communication moderne*, Aubier (Res Babel), Paris, 1982.
L. Sfez, *Critique de la communication*, Seuil, Paris, 1988.

concepts régulateurs comme l'homéostasie, le feed-back, visant à réduire les écarts entre le but à atteindre et les résultats obtenus. En fait, les études en S.I.C. sont le plus souvent perçues comme des objets d'information, où il s'agit de réduire, par le biais d'une logique formelle, des faits dont le mode d'existence est dialectique. Cela revient à expulser du champ d'observation les phénomènes qui dérangent la combinaison habituelle d'un système. Et ceci est d'autant plus marquant pour les recherches sur les médias de masse, notamment pour la presse d'opinion, non marchande, qui ne peut se plier à ces modèles en forme de boucles, qu'au prix d'une réduction mutilante et normative. En fait, la cybernétique a été bien utile aux chercheurs en S.I.C., car elle prend pour objet non les contenus des relations mais le système des relations qui règle les organismes de toutes sortes. Elle permet ainsi de mettre entre parenthèses, dans une boîte noire, la diversité des contenus des organismes, tout en restant opérationnelle, en contrôlant les à-coups, les tensions, les conflits. Elle présente surtout l'avantage de servir directement le publiciste ou le technocrate, en fournissant des modèles qui ne peuvent remettre en cause la légitimité de l'un des pôles de la relation communicationnelle. Ou bien l'émetteur est tout-puissant, ou bien le destinataire détrône l'émetteur, ou bien les intermédiaires viennent influencer le public, mais à chaque fois on se retrouve face à une image du monde où les rapports sociaux et les rapports internationaux se présentent comme le développement naturel d'une relation à deux, comme des rapports de compréhension mutuelle et non comme des rapports de forces antagonistes entre classes, sexes et nations.

Pourtant, l'ensemble de ces théories descriptives de l'information et de la communication ne sont en fait que des théories de l'information. Cette dernière devient une entité mesurable et quantifiable, à la manière des ingénieurs. Ces prétendues théories de la communication font référence soit à des théories du vecteur, où le seul problème de communication est celui de la transmission des messages dans des conditions d'efficacité maximale, soit à des théories qui se déploient en cercles ouverts les uns sur les autres, englobant la question du sujet et de l'objet dans un mouvement de va-et-vient sans fin. En fait, on en arrive à cette logique dominante de la recherche en S.I.C., qui investit principalement le domaine des communications sociales *réglées* par le biais des langages économiques et des techniques de gestion, et où les contenus des S.I.C. ont moins d'importance que les significations et les fonctions sociales qui leur ont été attribuées dans nos sociétés occidentales. Et, dans le cas particulier des recherches sur les médias de masse, on se retrouve habituellement

avec des modèles de communication où les enjeux sociopolitiques, propres à tout échange social, sont carrément évincés ou réduits à des éléments de dysfonctionnement du système. La société apparaît alors comme une pâte indifférenciée qu'il suffirait d'adapter au potentiel d'une technologie et non pas comme une structure de pouvoir dynamique qui adapte les techniques à ses intérêts déjà existants, en tenant compte des rapports sociaux institués.
Non seulement les S.I.C. ont du mal à se définir comme une science et à formuler leur articulation aux autres sciences sociales, mais encore la logique de recherche en S.I.C. semble largement dominée par des impératifs industriels et technologiques, où l'informatisation de la société aboutit à couper la question des communications de ses enjeux sociaux, politiques et culturels. On finit par modéliser le sociétal comme une variable dépendante, soumise mécaniquement à des offres techniques. On élabore alors toute une série de théories de l'information, qu'on juxtapose pour les englober dans une théorie de la communication, sans s'interroger sur l'élaboration de ces savoirs fragmentés, empiriques et plus ou moins complexifiés dans des modèles, ô combien opérationnels. Mais les moyens de communication ne peuvent pas être analysés comme une totalité indifférenciée, car ils se rattachent à une infrastructure et surtout ils apparaissent dans un contexte sociohistorique déterminé.

**Mise en perspective historique des S.I.C.**

Un troisième préalable épistémologique, particulièrement important pour les S.I.C. et les recherches sur les médias de masse, est la mise en perspective historique de ces sciences, qui exige de replacer l'étude de tout phénomène de communication dans l'histoire. Ne pas prendre en compte les conditions historiques dans lesquelles tout phénomène de communication apparaît ou disparaît, revient, en effet, à formuler des théories qui peuvent être intéressantes du point de vue de la logique formelle mais qui ne sont d'aucun secours pour expliquer le développement des sociétés et des phénomènes de communication. Or, beaucoup de travaux des S.I.C., sinon la majorité, prétendent s'appliquer hic et nunc. Doit-on alors s'étonner que certaines recherches sur les médias paraissent si peu satisfaisantes, alors qu'elles n'accordent qu'une attention limitée aux situations politiques? Par exemple, la revendication de la liberté de presse sous un régime dictatorial peut-elle avoir la même signification sociopolitique que dans la démocratie dite libérale, marquée par la concentration de la presse en des monopoles puissants? Il est évident que lorsqu'une recherche porte sur un média, en l'occurrence ici les presses féministes françaises et québécoises, il est d'une importance primordiale pour les chercheurs de comprendre le contexte sociohistorique dans lequel ce type de presse a émergé et évolué. Car l'environnement sociopolitique, culturel et idéologique est tout aussi essentiel que le média lui-même[14].

La mise en perspective historique des S.I.C. est un défi crucial pour les chercheurs en communication. La relative jeunesse de ces sciences et l'engouement des leaders de la société pour la communication ne peuvent pas servir d'excuse. Les S.I.C. doivent s'articuler théoriquement aux autres sciences et ne plus justifier l'envahissement de la communication dans tous les domaines. Comme le note fort judicieusement Xavier Delcourt[15]:

> *« À peine inscrite sur le registre des sciences, la communication connaît un privilège ambigu: celui de l'exposition maximale à l'historicité. Elle se trouve projetée au coeur des processus de légitimation des décisions. Sur un théâtre d'opérations où s'affrontent stratégies et tactiques de refonte des économies, des cadres politiques et institutionnels, des rapports sociaux. »*

Un des éléments pertinents de réflexion pour la mise en perspective historique des S.I.C. m'apparaît être la proposition de Lucien Sfez[16] sur les sociétés sans mémoire, où il note que *« pour assurer leur cohésion, les sociétés à mémoire se servent de l'histoire, les sociétés sans mémoire de la communication »*. Cela expliquerait peut-être l'origine et la floraison des S.I.C. en Amérique du Nord, car, d'après lui, la technologie et la communication ont formé un couple indissociable pour permettre la conquête des grands espaces et l'intégration dans un melting-pot d'une population composite et hétéroclite. Il en conclut que *« la communication est le recours d'une collectivité pauvre en symboles historiques »*. À cette

---

[14] Certains travaux comme ceux de Gramsci, Hall, Kellner et Van Dijk, pour ne citer que ceux là, sont particulièrement importants pour saisir le rôle des médias dans la perpétuation de l'idéologie dominante.
[15] X. Delcourt, «Sciences de la communication: une discipline en formation», dans M. Guillaume (Dir.), *L'état des sciences sociales en France*, La Découverte, Paris, 1986, p.427.
[16] L. Sfez, *Critique de la communication*, Seuil, Paris, 1988, p.21.

proposition, Philippe Breton et Serge Proulx[17] rétorquent que c'est plutôt *«l'Occident, dans son ensemble, qui est travaillé par la question de la mémoire»*. Après la deuxième guerre mondiale, les meurtres de masse des Nazis, l'instauration de la guerre froide, la menace nucléaire, *«la perte de mémoire apparaît comme une condition de survie quotidienne»*[18]. Mais il ne faut pas oublier également que la crise spécifique des systèmes de commandement et d'autorité, notamment au sein de l'État et des entreprises, a provoqué un appel croissant aux techniques de communication et que le capital s'est retrouvé devant la nécessité impérieuse d'avoir de nouveaux champs d'activité pour se valoriser. D'où l'accroissement extrêmement rapide des secteurs de la communication dans les rouages de l'État et des entreprises.

## Éviter de réduire le journal à sa seule valeur marchande

Ces quelques propositions sur l'historicité des sciences de l'information et de la communication demanderaient bien sûr à être approfondies. Mais j'aimerais, en dernier lieu, insister sur les mises en garde épistémologiques faites par Yves De La Haye[19], en ce qui concerne les analyses de presse. Il faut, d'après lui, se débarrasser une bonne fois pour toutes de la trilogie émetteur-message-récepteur ainsi que de la réduction économiste du journal à sa seule valeur marchande, sans pour autant tomber dans l'excès inverse des médias imposant leur symbolique sociale aux acteurs sociaux. Les cadres d'investigation largement dominants pour les analyses de presse se résument encore bien souvent aux rapports entre émetteurs et récepteurs, où l'erreur majeure était de mettre sur le même plan ces deux pôles, comme si des émetteurs isolés pouvaient réagir de la même façon que des groupes de presse ou des chaînes de télévision. Le déséquilibre est évident, et même si l'influence de l'émetteur est en générale déterminante, elle n'est pas omnipotente. De même, chercher les besoins spécifiques des consommateurs de médias, avec des études d'impact ou des sondages, n'apporte rien sur la signification sociale des médias. En fait ce schéma linéaire empêche d'inscrire la presse dans les

---

[17] P. Breton et S. Proulx, *L'explosion de la communication. La naissance d'une nouvelle idéologie*, La Découverte/Boréal (sciences et société), Paris/Montréal, 1989, pp. 215-216.
[18] P. Breton et S. Proulx, *Idem*, p. 216.
[19] Y. De La Haye, *Dissonances. Critique de la communication*, La Pensée sauvage, Grenoble, 1984, pp. 183 et 187.

structures politiques et socioculturelles, qui, d'après Yves De La Haye, sont *«les véritables déterminations historiques du journal»*[20].

Réduire le journal à sa valeur marchande, en le percevant comme un produit à vendre et à acheter, revient à montrer comment les médias participent aux forces productives de la société, mais cela empêche de voir l'entreprise de presse *«en tant qu'institution sociale, c'est-à-dire lieu d'engendrement du rapport social»*. C'est surtout masquer les liens qui unissent le journal aux structures de la société, les rapports de forces à même l'appareil du journal, en particulier entre la direction et la rédaction du journal. Comment analyser un média sans tomber dans l'écueil de ces réductions, des miniatures monographiques ou de la moulinette cybernétique? Comment dépasser les analyses empiriques et descriptives de l'organisation des médias, de leur fonctionnement et de leurs rapports au public, pour saisir la nature et l'enjeu du travail social des médias, sans pour autant voir des formes de résistance face à leur toute puissance sociale?

Même s'ils ne constituent qu'une amorce d'une véritable épistémologie des S.I.C., ces préalables permettent de rendre compte de la difficulté des chercheurs en communication à se définir par rapport à cette science en formation. Les S.I.C. devraient être en mesure, d'une part, de montrer avec force les rapports et les connexions qu'elles entretiennent avec les multiples énoncés théoriques sur la communication, et, d'autre part, de voir la distribution de ces énoncés et celle des contenus de communication. Dans la même perspective, il me semble nécessaire de poser quelques préalables épistémologiques, concernant la sociologie des femmes.

## Les femmes, sujets de la recherche

La place des femmes dans la sociologie et surtout la perspective féministe pour l'élaboration d'une sociologie des femmes, paraît relativement récente; mais il ne faut pas oublier les travaux de femmes[21] qui furent pionnières tant du féminisme que

---

[20] Y. De La Haye, *Ibid*, p. 183.
[21] Je pense notamment à H. Martineau qui a traduit en anglais les oeuvres d'Auguste Comte et a publié le premier ouvrage de méthodologie en sciences sociales et d'autres études sur les femmes, ou à C. Perkins Gilman qui a consacré de nombreux ouvrages théoriques de sociologie et d'économie à la situation des femmes et aux conditions de leur émancipation.

de la sociologie. Si l'on considère la sociologie comme un lieu privilégié pour poursuivre une critique de la société, il n'est pas étonnant de constater que le féminisme, comme mouvement social contestataire des années 60, s'est immiscé dans le champ scientifique, en particulier dans les sciences sociales. Et, c'est surtout au début des années 70, que des chercheures et universitaires ont commencé à expliquer «le problème sans nom» et à explorer systématiquement la situation des femmes.

Il ne s'agit pas ici de refaire l'historique de milliers de recherches sur les femmes et par les femmes dans des disciplines aussi variées que la psychanalyse, la linguistique, la littérature, la sociologie, l'histoire, l'économie, les mathématiques, mais plutôt de comprendre pourquoi une sociologie des femmes, même sous forme de projet et avec des axes de recherche parfois incompatibles, a permis une véritable rupture épistémologique dans la sociologie. Quels sont les enjeux de cette perception féministe dans la sociologie et à quels obstacles épistémologiques majeurs se retrouve confrontée la sociologie des femmes?

Le plus grand mérite, et l'innovation principale des sociologues féministes, est d'avoir cherché à problématiser «la vie sociale sexuée», qui recoupe plusieurs dimensions: «le sexe social individuel», «la structure sociale de sexe» et «le système symbolique de sexe»[22]. L'irruption de cette nouvelle problématique a bouleversé le champ de la sociologie traditionnelle, à qui l'on reprochait surtout d'occulter la nature sexuée du sujet social et d'établir une équation universalisante entre «homme» et «humain», ce qui revient à nier l'humanité particulière des femmes, quand bien même elle constituerait plus de la moitié de la population étudiée. En s'appropriant le général et l'universel, le sexe masculin tend à refuser aux femmes et au féminin le droit à l'existence non seulement dans le discours social mais aussi dans le discours sur le social, c'est-à-dire les discours et pratiques sociologiques.

La deuxième critique essentielle que les sociologues féministes ont adressée à leurs confrères est que, même si les sciences sociales tentent parfois de tenir compte de la différence sexuelle, elles le font en général en construisant un objet «femmes», qui légitime la

---

[22] Il s'agit de la traduction libre des concepts utilisés par Sandra Harding qui sont respectivement: «gendered social life», «individual gender», «gender structure» et «gender symbolism.» Cette féministe américaine a beaucoup écrit sur des questions d'ordre épistémologique, elle est notamment l'auteure de *The Science Question in Feminism*, Cornell University Press (Ithaca), New York, 1986.

constitution d'une catégorie en soi, mais qui est le plus souvent placé en référence à une norme masculine, devrait-on dire l'étalon «homme». Ainsi la sociologie a parfois pris en considération les femmes, mais seulement dans la mesure où elles avaient des places, des rôles, des fonctions utiles aux hommes, comme par exemple les mères, les épouses, les prostituées, les consommatrices, les électrices, etc. C'est pourtant en mettant à nu le fonctionnement réel des systèmes sociaux et en ne restant pas prisonnier d'un découpage des phénomènes sociaux selon les termes institués par une discipline qu'on est à même de penser le social et d'interroger les rapports hommes/femmes. C'est ce à quoi va s'engager la sociologie des femmes, non seulement en dissociant le sexe biologique du sexe social individuel, en théorisant les différences de sexe comme des faits sociaux, mais aussi en définissant les sexes non pas comme des données d'évidence mais comme les produits d'un rapport de force social.

## Agir plutôt que ré-agir

Les travaux de la sociologie des femmes[23] peuvent être divisés en plusieurs axes de recherche, qui ne sont pas forcément consécutifs dans le temps et qui démontrent à la fois une certaine continuité avec différents courants de la pensée sociologique et une rupture radicale, dans la mesure où il y a émergence d'un nouvel objet de la connaissance. La situation des femmes est devenue l'objet de recherche de ce que les sociologues américaines ont appelé *«Sociology of Gender»*, ce qui a permis de révéler la différence sociale liée au sexe féminin. Ce premier axe de recherche, largement majoritaire dans la sociologie des femmes, a surtout exploré les places et les fonctions particulières des femmes dans notre société, leurs attitudes, leurs comportements, leurs opinions. En fait, les femmes sont apparues là où elles étaient déjà présentes mais restaient invisibles au regard de la discipline. À une sociologie des hommes, on a fait correspondre une sociologie des femmes, en modifiant et en adaptant les outils d'analyse de façon à les rendre opérationnels du point de vue des femmes. Mais dans ce cadre, les femmes demeuraient encore une variable de l'analyse sociologique, même si ces regards ont au moins eu le mérite de sortir les femmes de leur invisibilité et de les réhabiliter

---

[23] Voir à ce propos l'excellente synthèse qu'en fait la sociologue québécoise Nicole Laurin dans son article: «Les femmes dans la sociologie», *Sociologie et sociétés*, Montréal, Octobre 1981, vol. 12, n° 2, pp. 3-18.

collectivement et individuellement. Refusant d'être enfermées dans l'éternel mythe féminin de la victime ou de l'héroïne, les femmes ont commencé à reconstituer leur histoire, leur langage, leurs formes d'échange et d'organisation, leurs propres modèles de carrière, etc., et ont dévoilé les luttes de femmes jusqu'ici dépourvues d'histoire, comme par exemple les nourrices, les paysannes, les ouvrières, les religieuses, les lesbiennes, etc.

Certaines sociologues féministes se sont vite rendu compte que les théories, concepts ou méthodologies de la sociologie étaient inadéquats pour étudier la réalité sociale des femmes. Ainsi, par exemple, les cadres de la sociologie du travail, s'ils convenaient à l'analyse des rapports de production dans le contexte d'une économie marchande, ne pouvaient pas s'appliquer à l'étude du travail domestique et ménager des femmes. En s'inspirant du courant de la sociologie critique, elles ont tenté de mettre en évidence et de reformuler les notions de production, de forces de travail, de rémunération, etc., pour y inclure ce type de travail particulier des femmes. Certaines ont travaillé à la remise en cause de la stratification sociale vue par les fonctionnalistes et d'autres ont montré les interconnexions entre capitalisme et patriarcat pour y introduire les fonctions des femmes et leur mode d'intégration économique et politique. Contrairement au premier axe de recherche, cette démarche critique aura eu pour effet de miner le discours sociologique dominant et de révéler de nouveaux champs de recherche, à savoir par exemple le patriarcat comme système social, la violence contre les femmes comme fondement de la régulation sociale, la division sexuelle du travail comme constitutive de la division sociale du travail, l'articulation production/reproduction, etc.

Mais, comme le fait remarquer Nicole Laurin[24]: «*Cette féminisation des concepts et des théories, dont le mode de production patriarcal, le sexage, la politique du sexe sont des prototypes, est l'équivalent de la reprise perdue des couturières...*» En effet, même si l'irruption dans le champ théorique de tels concepts a plus ou moins effrité les théories marxistes et fonctionnalistes du mode de production de nos sociétés, il n'est pas sûr que le discours sociologique change, car l'ensemble de ces travaux sont le plus souvent ignorés, ou en tout cas marginalisés. Si ces sociologues féministes ont dévoilé l'exclusion des femmes à la fois du discours social et de la société, il s'est par contre avéré difficile de partir du point de vue des femmes, de leurs perspectives

---

[24] N. Laurin, *Idem*, p.10.

et de leurs interrogations pour élaborer une sociologie qui ne soit plus exclusivement un univers masculin du discours. Si nous ne voulons plus être exclues, qui sommes-nous, comment pouvons-nous devenir autre chose qu'une variable ou un objet de l'analyse sociologique? C'est pourtant vers cette troisième voie de recherche que vont s'orienter quelques sociologues, en définissant les femmes, non plus comme variable ou comme catégorie critique, mais comme *sujets* de la recherche scientifique. Il s'agit de donner aux femmes la possibilité de se définir autrement que dans la différence, c'est-à-dire du point de vue de *l'autre*, et donc de permettre aux femmes d'*agir* plutôt que de *ré-agir*. Ce troisième axe de recherche suppose une réorganisation radicale -qui ne veut pas dire extrémiste- de l'appréhension de l'objet scientifique, en reconnaissant que le point de vue des sciences sociales est un regard latéral, biaisé, et qu'il convient de réhabiliter d'autres regards. De même, l'oppression des femmes ne doit pas devenir un nouvel objet de recherche, mais au contraire apporter un regard neuf sur la réalité sociale, regard qui, entre autres, remet en cause les discours naturalistes, psychologisants et culturalistes sur les femmes.

## Combattre l'androcentrisme de la sociologie

C'est donc à plusieurs niveaux que la sociologie des femmes a provoqué une véritable rupture épistémologique en sociologie. En effet, avec ses différents axes de recherche, elle a d'abord déconstruit les fondements de la pensée binaire, qui opère la distinction de couples hiérarchisés, où le premier terme se voit conférer une supériorité épistémologique. Que ce soit la démarcation entre sujet/objet, public/privé, culture/nature, production/reproduction, etc., il y a lieu de s'interroger sur la place centrale accordée en sociologie aux premiers concepts des couples et sur la référence donnée au féminin pour les deuxièmes concepts. Les sociologues féministes ont montré comment la superposition de ces concepts binaires était symptomatique d'un androcentrisme idéologique dans le découpage de l'objet sociologique.

Et plus fondamentalement encore, la sociologie en arrive à nier l'humanité des femmes, par l'utilisation de ces dichotomies. L'opposition entre public et privé[25] qui englobe toutes les autres,

---

[25] Globalement, on définit la sphère privée comme la cellule familiale et la vie domestique. La sphère publique correspond par contre aux espaces sociaux et politiques plus impersonnels, ce qu'on appelait en Grèce antique la polis.

dans la mesure où elle désigne les espaces sociaux dans lesquels s'inscrivent les autres couples, nie les liens bilatéraux entre les deux sphères et empêche que des phénomènes appartenant à la sphère privée soient perçus comme sociaux et politiques. Par exemple, pourquoi le fait qu'une femme sur dix soit battue par son mari au Canada et en France n'est pas considéré comme une forme de violence institutionnalisée, comme l'est la torture sous les régimes dictatoriaux? C'est donc une redéfinition du social-historique, c'est-à-dire de l'être humain, que la sociologie des femmes propose, en remettant en cause le savoir et la connaissance tant de l'espace social masculin que de l'espace social féminin et en tenant compte du caractère proprement humain du vécu des femmes et des hommes. La féminité ne peut donc plus être considérée comme un attribut naturel, comme le voudraient les sociologues naturalistes, comme une marque indélébile qui n'a pas à être expliquée. De même, les discours culturalistes veulent rendre compte des inégalités sociales entre les groupes sociaux en fonction de différences culturelles, mais, tout en permettant à la femme de se valoriser par rapport à l'homme, ces discours auront laissé dans l'ombre les rapports sociaux de sexe et surtout encouragé le culte de la différence. Que penser de ces autres discours psychologisants qui prétendent que les femmes sont instables, intuitives, légères, non intellectuelles, etc., et qui ne font en fait que renforcer les stéréotypes sur leurs comportements? On a plutôt cherché à définir les femmes selon leurs besoins et leurs désirs, en fonction de critères psycho-analytiques, en omettant de comprendre les comportements en fonction des attentes des femmes et en forgeant surtout des images de ce qu'elles devraient être. Si la sociologie repose nécessairement sur la dichotomie nature/culture, le problème est de savoir où placer la ligne de démarcation entre ces deux concepts.

En essayant de faire ressortir le caractère social des rapports de sexe et de comprendre le vécu social des femmes à partir d'un autre découpage, la sociologie des femmes a ouvert la brèche d'un sujet autre que le sujet masculin du discours androcentrique. Mais si le concept de sexe est posé par les sociologues féministes comme un construit social, asymétrique et opprimant pour les femmes, là s'arrête le consensus entre les féministes.

*Se détacher des conceptions essentialistes des sexes*

Le premier préalable épistémologique pour la sociologie des femmes est d'arriver à se détacher des conceptions humanistes et essentialistes des sexes pour ne pas remplacer l'androcentrisme de la sociologie par un centrisme féministe exclusif. En effet, à l'intérieur de chaque axe de recherche évoqué plus haut, se meuvent plusieurs courants théoriques[26] dont la méthodologie et la problématique utilisées apportent des stratégies et des conclusions quant au sujet féminin fort différentes, voire incompatibles. C'est peut-être d'ailleurs de là que viennent les malentendus et les a priori sur les finalités du savoir féministe.

Dans les recherches issues du féminisme de la différence, par exemple, on souhaiterait que les sexes soient construits autrement qu'ils ne le sont, c'est-à-dire que les femmes puissent se définir *par* et *dans* la différence, en faisant émerger une culture, une écriture, une parole, une symbolique «au féminin». Il ne s'agit pas seulement d'être différentes des hommes, mais d'être différentes de la conception patriarcale de «la femme». Pour ce faire, ces féministes se basent sur le concept de l'altérité pour définir la condition des femmes et leurs visions du monde et rechercher une identité-femme. Mary O'Brien [27] par exemple considère que les rôles de chaque sexe dans la reproduction confèrent aux hommes et aux femmes une conscience reproductive différente. Pour les hommes, la conscience reproductive est éclatée, niée, voire aliénée, car il n'y a pas d'unité entre l'acte sexuel reproductif et l'expérience matérielle de la procréation. Pour les femmes, la conscience reproductive est unifiée, elles ont une certitude de la maternité, une cohésion génétique et une unité temporelle: je sais qu'un enfant va naître, je sais qu'il est de moi puisqu'il est le (fruit) produit de mon travail. Les hommes, par contre, ont une incertitude de la paternité, sont séparés de la continuité temporelle et historique. De plus, pour cette auteure, il n'est pas nécessaire d'avoir eu un enfant pour avoir une conscience reproductive, car elle se transmet «culturellement!». Tout en essayant de ne pas privilégier le caractère biologique de la reproduction, Mary O'Brien affirme la différenciation de l'expérience reproductrice, due à l'appartenance de sexe.

De leur côté, Luce Irigaray[28] et Julia Kristeva[29] explorent la psychanalyse et le langage pour définir la spécificité féminine. Pour Luce Irigaray, les spécificités féminines sont directement issues du corps, alors que pour Julia Kristeva, le féminin et le

---

[26] Voir à ce propos le tableau sur la problématique de la division sociale des sexes, pp.
[27] M. O'Brien, *La dialectique de la reproduction*, Remue-Ménage, Montréal, 1987 (1ère édition en 1981).
[28] L. Irigaray, *Ce sexe qui n'en est pas un*, Minuit, Paris, 1977 et *Éthique de la différence*, Minuit, Paris, 1984.
[29] J. Kristeva, *Polylogue*, Seuil, Paris, 1977.

masculin se dissocient des sexes biologiques. Toutes deux sont d'accord pour dire que le «véritable» féminin se situe hors de toute représentation patriarcale et est donc toujours refoulé. Il faut non seulement dénoncer le «phallocentrisme», c'est-à-dire dénoncer la négation de la différence, la réduction de la spécificité féminine en ce qui n'est pas masculin, mais encore se retirer de ce monde phallique pour en créer un autre, essentiellement féminin. Cette tentative de rechercher un Autre, un Ailleurs artificiellement détaché des structures sociales paraît d'autant plus illusoire que les femmes n'ont pas vraiment de passé hors de la relation de sexe. Le principal reproche que d'autres féministes vont attribuer à ce courant de la différence est notamment d'entériner la notion de différence sexuelle qui a fondé historiquement l'infériorité et l'exclusion des femmes. De plus, en se basant sur les discours binaires nature/culture et féminin/masculin, ce féminisme de la différence permet dans une certaine mesure de légitimer, tout en la refusant, la situation inégale des hommes et des femmes dans la société. En effet, ce courant cherche à la fois à abolir cette logique binaire et d'un autre côté exacerbe ces oppositions en redéfinissant le concept de «féminin.» Il est sans doute plus facile de charger les hommes de tous les maux et de poser ce féminin comme solution.

S'il est important de voir par exemple que les mots oppriment les femmes et que le «e» féminin est encore entre parenthèses, il est peut-être plus important de s'interroger sur la dépendance financière, morale et politique des femmes, les nombreux interdits et la violence physique et morale, latente ou effective, omniprésente qu'elles doivent subir. Démasquer toutes les oppressions que les sciences sociales ont jusque là occultées, tels sont les objectifs du féminisme matérialiste qui trouve que le projet de culture féminine du féminisme de la différence est loin d'être subversif et peut même être dangereux pour la cause des femmes, voire régressif. Comme le note Colette Guillaumin[30]:

> «*L'idée de caractères* propres *à un groupe appuie une croyance toute mythique en* l'indépendance *des groupes en présence, en leur existence en soi. Comme si les groupes des* hommes *et des* femmes *pouvaient exister en soi et présenter une permanence qui leur permette de se définir en dehors de leur relation. C'est là* une *façon imaginaire d'affirmer l'indépendance du groupe dominé, de garantir son existence*

---

[30] C. Guillaumin, «Question de différence», *Questions féministes*, Tierce, Paris, septembre 1979, n° 6, pp. 11 et 13.

dans l'éternité. (...)La revendication de la différence est l'expression du fait qu'on est sans défense, et plus, qu'on ne souhaite pas se défendre ni en acquérir les moyens mais qu'on demande l'estime et l'amour. En fait, cela revient à une revendication de la faiblesse.»

Pour les féministes matérialistes, il n'y a pas d'identité-femme. Il n'y a qu'un genre humain; ce sont les rapports sociaux qui nous constituent et notamment les rapports sociaux de sexe. Les recherches issues de ce courant matérialiste vont donc analyser les fondements matériels de l'oppression des femmes, en montrant comment la place des femmes dans la reproduction et la production est tributaire des rapports de domination entre les sexes. Certaines de ces recherches partent du principe que l'oppression spécifique des femmes réside dans la famille, et notamment dans l'obligation et la gratuité du travail domestique. Christine Delphy[31], déjà en 1970, avait fourni les bases d'une analyse matérialiste, en montrant comment le mode de production capitaliste se double du mode de production domestique, où les femmes sont exploitées économiquement, puisque les travaux domestiques et l'élevage des enfants sont la responsabilité exclusive des femmes et sont non rémunérés. Elle explique notamment que ce n'est pas:

«La nature des travaux effectués par les femmes qui explique leurs rapports de production, ce sont ces rapports de production qui expliquent que leurs travaux soient exclus du monde de la valeur. (...)La fourniture gratuite de travail dans le cadre d'une relation globale et personnelle (le mariage) constitue précisément un rapport d'esclavage. (...)En tant que groupe effectivement soumis à ce rapport de production, les femmes constituent une classe, en tant que catégorie d'êtres humains destinés par naissance à entrer dans cette classe, elles constituent une caste.»[32]

---

[31] C. Delphy, «L'ennemi principal», dans *Partisans*. Libération des femmes année zéro, Maspéro (petite collection), Paris, 1972 (1ère édition juillet-octobre 1970), pp. 112-139.
[32] C. Delphy, *Idem*, pp. 117, 132 et 133.

Pour Colette Guillaumin[33], tout rapport social est d'abord un rapport d'appropriation, et le sexage (les rapports de sexe) dévoile comment la classe des femmes est collectivement appropriée par la classe des hommes. Toutes les femmes appartiennent à tous les hommes, car ici, ce n'est pas seulement la force de travail des femmes qui est appropriée mais aussi leurs corps et les produits de leurs corps. L'appropriation privée, qui met en rapport certaines femmes avec certains hommes, par le mariage ou la famille, est une forme particulière et restrictive de l'appropriation collective. La relation d'appropriation entre ces deux classes de sexe que l'auteure théorise apparaît plus globale que dans le contexte du seul mode de production capitaliste.

Danielle Juteau et Nicole Laurin[34] vont affiner la théorie du sexage de Guillaumin, en montrant que peu importe que le travail soit effectué dans le cadre d'une appropriation collective ou privée, qu'il soit rémunéré ou non, la division sexuelle du travail exige que l'ensemble de la classe des femmes accomplisse certains travaux au service de la classe des hommes. Cela leur permet d'historiciser les formes et les modes de l'appropriation des femmes et surtout de montrer que l'appropriation collective connaît une extension sans précédent. Alors qu'autrefois il existait pour les femmes une panoplie de rôles féminins à choisir (la religieuse, la prostituée, la mère de famille, la travailleuse, la célibataire, la vieille fille, etc.), maintenant les femmes non seulement peuvent mais doivent être tout cela à la fois. C'est ce qu'entretient le mythe de la «femme libérée» ou de la «Super-Woman.» Mais si la forme collective de l'appropriation des femmes est actuellement en progression, les femmes ne vivent pas leur oppression comme dans le passé, parce que:

*«D'une part, l'appropriation collective, en particulier celle qui s'effectue par l'intermédiaire des institutions, n'est pas ressentie comme une exploitation ou une domination de classe, ce que pourtant elle est, à cause de l'invisibilité et l'anonymat qu'elle assure aux dominants. (...)D'autre part, l'appropriation privée est vécue sur le mode de la liberté: liberté de choisir son*

---

[33] C. Guillaumin, «Pratique du pouvoir et idée de Nature. (1) L'appropriation des femmes; (2) Le discours de la Nature», *Questions féministes*, Tierce, Paris, février et juin 1978, n°s 2 et 3, pp. 5-30 et pp. 3-28.
[34] D. Juteau et N. Laurin, «L'évolution des formes de l'appropriation des femmes: des religieuses aux mères porteuses», *Revue canadienne de sociologie et d'anthropologie*, Toronto, mai 1988, vol. 25, n° 2, pp. 183-207.

*partenaire, le genre d'union avec ce partenaire, d'avoir ou non des enfants avec ce partenaire, de rompre, divorcer, vivre seule, recommencer... En réalité, les femmes n'ont de liberté que celle qui leur permet de circuler entre les lieux multiples de leur oppression.»* [35]

Je reviendrai sur cette nouvelle théorisation de l'appropriation collective et privée des femmes, car elle constitue la base du courant théorique utilisé pour cette recherche. Néanmoins, notons tout de suite les principales critiques à l'encontre de ce courant matérialiste. On lui reproche de ne pas articuler les rapports de sexe aux autres rapports sociaux (par exemple les rapports de classe et les rapports ethniques), de ne pas démontrer en quoi ceux-ci se complètent ou se contredisent, de nier toute autonomie au symbolique et surtout de refermer les femmes sur elles-mêmes, voire de les normaliser, en reconstruisant ce concept globalisant des «femmes opprimées». On lui reproche aussi de ne pas reconnaître la multiplicité des expériences féminines et des consciences situationnelles qui en résultent, de ne pas tenir compte des différences historiques ou géographiques dans les recherches d'une homogénéité conceptuelle sur cette unité, pour certaines artificielle ou fictive, «des femmes opprimées». En fait, on lui fait le grief d'être trop pessimiste, voire fataliste, dans sa définition des rapports hommes/femmes, et la métaphore de la cage de l'écureuil[36] pour décrire l'univers des femmes, qui se déplacent dans un mouvement circulaire incessant d'un barreau à l'autre, c'est-à-dire d'une forme ou d'une modalité de l'appropriation à l'autre, est là pour en attester.

*Les différents niveaux de la vie sociale sexuée*

Néanmoins, même si ces deux courants -différence et matérialisme- ne posent pas leurs théories comme exclusives, le danger d'en arriver à une théorie unifiante et universalisante pour percevoir la réalité sociale des femmes est très présent. Plutôt que de rechercher à tout prix un sujet unitaire pour une théorie globale, que ce soit «le féminin» ou «l'oppression des femmes», il faudrait tenter de laisser s'exprimer une multitude de voix, même si cela amène des limites ou des contradictions. Comme le souligne

---

[35] D. Juteau et N. Laurin, *Idem*, pp. 202-203.
[36] D. Juteau et N. Laurin, *Ibid.*, p. 203.

judicieusement Marie Victoire Louis[37] :

> «Si assurément les femmes sont un groupe social dominé, notre oppression, pas plus que notre différence, ne saurait résumer notre être, d'autant plus (et pourquoi l'oublie-t-on donc si souvent?) que nous avons été un des sujets collectifs majeurs des transformations sociales récentes. Nous devons continuer à analyser les formes multiples de l'oppression, mais aussi les mécanismes par lesquels nous participons à la reproduction des rôles sociaux sans jamais oublier que les femmes elles-mêmes sont situées dans des rapports sociopolitiques différents, contradictoires, voire opposés, et que les relations amoureuses et/ou de couple comme celles de la parentalité, ne peuvent se réduire au schématisme du seul rapport de domination.»

Le deuxième préalable épistémologique auquel est contrainte la sociologie des femmes est de reconnaître les différents niveaux de la vie sociale sexuée et d'en poursuivre l'étude, non pas séparément mais conjointement. On a vu que le concept de sexe, tel qu'il convient de le théoriser, se définit à trois niveaux: le sexe social individuel, la structure sociale de sexe et le système symbolique de sexe. Or tous ces niveaux ne sont pas reconnus comme tels par les féministes. Chaque courant aurait plutôt tendance à privilégier l'un ou l'autre de ces niveaux plutôt que de les analyser dans leur interdépendance. Ainsi, dans les débuts de la recherche féministe, on avait tendance à expliquer la variable sexe, tandis que les féministes matérialistes travaillent surtout au niveau des rapports de sexe dans la structure sociale de sexe et les féministes de la différence s'intéressent principalement au système symbolique de sexe. Il serait donc important que les sociologues féministes admettent le caractère partiel de leurs analyses de la réalité sociale des femmes.

Même s'il apparaît difficile de ne pas se referrer sur un concept quelque peu totalisant, l'enjeu pour la sociologie des femmes est d'éviter d'entrer dans le ghetto des études sur les femmes, car bien souvent la sociologie relègue les travaux des féministes dans ce domaine, en leur enlevant la portée et la valeur scientifiques qu'ils ont pourtant. Parce que leurs représentations sont posées au départ comme partiales et fragmentées, elles sont

---

[37] M. V. Louis, «Recherches sur les femmes, recherches féministes», dans M. Guillaume (Dir.), *L'État des sciences sociales en France*, La Découverte, Paris, 1986, p. 462.

sujettes à toutes sortes de critiques et remises en cause de la part des sociologues (non féministes) et parfois elles servent aussi à légitimer l'ordre social existant. Néanmoins, si la sociologie des femmes est plus ou moins sortie de la clandestinité, ce n'est pas pour en arriver à masquer les divergences à l'intérieur de ses approches théoriques, encore moins pour mettre en place une science féministe qui ne serait que totalitaire. Il s'agit plutôt d'élaborer une pensée non sexiste, en saisissant bien les différents niveaux de la vie sociale sexuée, dans leur interdépendance et leur autonomie relative.

**Projet émancipatoire de la recherche féministe**

Le troisième préalable épistémologique pour la sociologie des femmes concerne l'engagement émancipatoire qui est à la base de son projet et qui doit amener des clarifications entre les recherches féministes et les mouvements politiques des femmes. En effet, comme toute autre sociologie critique, la sociologie des femmes ne se contente pas de décrire les phénomènes sociaux, elle prend parti, car elle est directement intéressée par ce qu'elle produit, à savoir comment améliorer la condition des femmes dans nos sociétés patriarcales. La grande force de la recherche féministe réside sans aucun doute dans cette conscience qu'elle a des enjeux sociaux et politiques du mouvement auquel elle est liée. S'il est vrai que le temps où la révolte et la subjectivité des femmes faisait fonction de théorie, où la recherche féministe s'appréciait moins par la rigueur de ses méthodes que par les finalités qu'elle s'assignait, si ce temps semble être révolu, il n'empêche que les sociologues féministes ne doivent pas perdre de vue cet engagement émancipatoire qui est à la fois d'analyser les formes de l'oppression des femmes et de contrer les forces qui s'opposent au processus d'émancipation des femmes. Plus que tout autre courant critique récent, la sociologie des femmes est certainement celui qui s'est montré le plus soucieux de lier théorie et pratique.

Mais si la sociologie des femmes tente d'élaborer une sociologie de la libération des femmes, il n'est pas toujours facile de conserver une distance critique entre sa personne et le mouvement ou la théorie qu'on épouse. Ce va-et-vient entre la théorie et la pratique, entre la vie personnelle de chaque femme et la lutte collective des femmes, entre les premières prises de conscience de leur oppression et les nouvelles formes et les nouveaux lieux de cette même oppression, ne se fait pas sans ambiguïtés et contradictions. L'engagement chez certaines peut dangereusement virer à de l'anti-intellectualisme, ou du moins finit par donner une conception du féminisme très dogmatique et autoritaire, comme ce sera le cas de la tendance Psychépo du M.L.F. français. Ces dépositaires de l'orthodoxie féministe sont de mauvais augure pour la pensée en général et pour la pensée féministe en particulier. D'un autre côté, les changements sociaux intervenus au cours des vingt dernières années ne doivent pas nous laisser croire que l'émancipation des femmes est chose acquise, surtout depuis que le devenir des femmes est placé sous la tutelle de la bureaucratie et de l'État, comme en témoigne la création de divers ministères de la condition des femmes dans nos sociétés occidentales.

Il n'est certes pas aisé de se battre sur tous les fronts à la fois: élaborer des théories, des méthodes qui permettent de rendre compte de l'oppression des femmes, sans tomber dans le monologisme féministe, briser le silence actuel sur le prix à payer pour se libérer des carcans de notre société patriarcale, mais aussi tenir compte de la résistance masculine et de ses nouvelles formes de domination, que les femmes perçoivent comme des problèmes personnels et singuliers. L'engagement émancipatoire féministe affecte non seulement tous les aspects du savoir, de l'élaboration d'une problématique à l'adoption de certaines méthodes et à l'interprétation des phénomènes étudiés, mais aussi toutes les pratiques en voie de transformation de la sexualité, du mariage, de la maternité, de l'éducation des enfants, etc. Nombreuses sont les interventions faites auprès des femmes battues, des mères chefs de famille monoparentale, des divorcées, etc., dans une perspective féministe. Car, si «la» femme dans le discours patriarcal est une «fiction» et le concept de sexe un construit social, il ne faut pas oublier que les gestes perpétués au nom de cette fiction ou de ce construit sont très réels et exigent des actions concrètes. Si la sociologie des femmes s'efforce de mesurer et d'analyser la situation des femmes à partir de l'expérience particulière du sujet, elle ne doit pas pour autant négliger la mise en oeuvre de toute tactique ou stratégie visant à transformer cette situation. C'est sans doute un des obstacles majeurs qu'elle doit résoudre, car sinon la sociologie des femmes ne restera qu'une prise de conscience et de parole, ce qui est déjà beaucoup, mais insuffisant.

Ces quelques préalables épistémologiques concernant les S.I.C. et la sociologie des femmes me semblaient nécessaires pour offrir des balises théoriques à cette recherche. Il s'agit maintenant de trouver un point de rencontre entre la sociologie critique de la communication et la sociologie des femmes du point de vue des minoritaires et arriver à donner une définition conséquente du concept de communication. D'un côté, la pensée critique de l'École de Francfort, notamment celle de Jürgen Habermas, offre un cadre conceptuel fort intéressant pour qui veut mettre à nu les mécanismes de contrôle et les rapports sociaux en jeu dans toute communication. Cette philosophie, conçue comme une théorie critique de la société, une pensée qui puisse critiquer l'ordre social existant, ses idéologies et ses pratiques, permet enfin de rejeter le positivisme des S.I.C. Car, la pensée positive, avec sa machinerie industrielle, comme l'industrie des communications, exige du consommateur une disponibilité a-critique et une neutralité quasi-totale. Et surtout, la plupart des discours euphorisants sur l'information, comme élément de démocratie, qu'on a pu entendre par exemple après la destruction du mur de Berlin et les bouleversements sociopolitiques survenus en Europe de l'Est ou pendant la guerre du Golfe, dissimulent la logique marchande de l'information, qui ne demande qu'à étendre sa sphère d'influence.

De l'autre côté, une des voies de recherche en sociologie des femmes, développée notamment par Danielle Juteau-Lee[38], qui propose d'adopter le point de vue des minoritaires, c'est-à-dire des groupes sociaux opprimés, apparaît d'autant plus pertinente qu'elle semble s'appliquer au discours féministe qu'on va étudier. Ce n'est pas une sociologie qui porte sur les minoritaires mais qui part de leur point de vue. Reconnaître que l'on est minoritaire n'est pas facile, cela suppose que l'on cherche à comprendre pourquoi et comment on est dominé, sous tutelle, et c'est aussi placer au centre de la problématique la question de l'oppression des minoritaires. Cette réflexion théorique permet non seulement de voir les femmes comme groupe social opprimé mais elle fonde la logique des rapports dominants/dominés pour toute autre situation d'oppression, que ce soit celle des Noirs, des communautés culturelles dominées, des sociétés dépendantes, etc. Globalement, elle remet en cause la conception de la sociologie comme science universelle et neutre de la société et veut réintroduire les visions «partielles et partiales» des minoritaires, qui ont longtemps été exclues des visions du social, jusqu'ici totalisantes et neutres. Cette auteure montre comment le discours des minoritaires en sociologie, des «ethniques» aux femmes, rend visible leur statut concret et symbolique de minoritaires. Celui-ci n'est pas lié à une nature ou à une culture particulière mais repose sur un rapport social objectif de domination.

---

[38] D. Juteau-Lee, «Visions partielles, visions partiales: visions (des) minoritaires en sociologie», *Sociologie et sociétés*, Montréal, octobre 1981, vol. 13, n° 2, pp. 33-47.

Articuler ces deux visions minoritaires dans la sociologie suppose donc de mettre en place une discussion théorique, qui ne soit plus descriptive mais plutôt explicative et réflexive. Pour ce faire, je vais tout d'abord partir des concepts les plus larges comme l'agir communicationnel, l'espace public de communication, le principe de Publicité, la communication instituante, le tiers symbolisant, etc. Ensuite, je vais intégrer à la discussion les critiques de ces concepts et la perspective féministe. Cela me permettra d'arriver à ceux que nous côtoyons tous les jours comme la presse, les médias, le journalisme, l'information, etc.

# 2

# Communication et lien social

Le problème de la communication sociale a toujours préoccupé Jürgen Habermas, depuis l'espace public de communication jusqu'à la conception d'un agir communicationnel[39]. Même si ses théories sont plus d'ordre philosophique et que la construction d'une théorie de la communication sociale qu'il propose est particulièrement ardue, je désire reprendre quelques-uns de ses concepts, afin de mieux cerner la communication dans son rapport à la société. Il ne s'agit pas ici de résumer en quelques pages l'ensemble de la théorie de Jürgen Habermas, mais plutôt de voir en quoi l'agir communicationnel, tel qu'il le conçoit, peut apparaître comme le fondement d'une théorie critique de la communication.

La philosophie de Jürgen Habermas est sous-tendue par la volonté de penser les ambiguïtés de la modernité, avec d'un côté, les promesses d'émancipation d'une sphère publique critique au siècle des Lumières, et de l'autre côté, les effets dévastateurs d'une colonisation du monde vécu (Lebenswelt). Il précise que ce monde vécu, construit par les membres d'un groupe à partir de traditions

---

[39] Je fais référence à deux ouvrages qui vont se révéler essentiels pour ce chapitre:
J. Habermas, *L'espace public. Archéologie de la publicité comme dimension constitutive de la société bourgeoise*, Payot, Paris, 1978 (1ère édition en 1962).
J. Habermas, *Théorie de l'agir communicationnel. Tome I: Rationalité de l'agir et rationalisation de la société. Tome II: Pour une critique de la raison fonctionnaliste*, Fayard (L'espace du politique), Paris, 1987, (1ère édition 1981).

culturelles communes, est coextensif à la société. Il tente alors de redéfinir le concept de rationalité, en se basant sur une théorie de l'argumentation pour en arriver à une théorie critique de la société, où le concept d'agir communicationnel en est le principe moteur. D'emblée, il précise que: «*La rationalité a moins à voir avec la connaissance et la production de savoirs qu'avec la façon dont les sujets capables de parler et d'agir* appliquent ces savoirs»[40]. Puisque, selon lui, le thème fondamental de la philosophie est la raison, il nous propose de fonder une nouvelle raison critique, autonome, qui permettra de distinguer les pathologies sociales de la société moderne et de faire en sorte que le monde vécu puisse s'instituer en volonté politique, indépendante des systèmes économiques et administratifs qui dominent le jeu politique de notre société. Cette volonté nous autorise à imaginer une nouvelle séparation des pouvoirs où la solidarité, liée à l'intercompréhension, se constituerait en force sociopolitique, avec des potentialités d'émancipation, distincte des mouvements de résistance et de refus actuellement perceptibles.

## Vers un agir «social» communicationnel

La théorie de l'agir communicationnel de Jürgen Habermas peut se lire selon plusieurs strates. Premièrement, elle propose une définition de la philosophie à l'âge de la modernité, après les visions religieuses et métaphysiques, pour repenser l'être et l'unité du monde, en appréhendant le concept de vérité. C'est l'éthique de la discussion. Jürgen Habermas met en évidence la liaison interne qui existe entre une théorie de la société et une théorie de la rationalité, en allant d'une conception téléologique de l'action vers les concepts d'action communicative et de monde vécu. Il ordonne ainsi la diversité des actions communicatives suivant les types d'actions langagières. Pour lui, les actions communicatives«*servent à l'organisation des discours, à leur articulation en thèmes et en contributions, à la distribution des rôles dans les discussions, la régulation des tours de parole, etc.*»[41]. Cette classification des actions sociales présente l'avantage de faire ressortir le fait que celles-ci incarnent différents types de savoirs: savoirs de technologies et de stratégies, savoirs théoriques, savoirs sous forme

---

[40] J. Habermas, *Théorie de l'agir communicationnel*, Fayard (l'espace du politique), Paris, 1987, tome I, p. 24.
[41] J. Habermas, *Idem*, pp. 333-334.

de représentation du droit et de la morale, savoirs sous forme d'oeuvres d'art. C'est donc en tentant de saisir l'activité communicationnelle à partir du locuteur et pas seulement selon les réactions du destinataire que Jürgen Habermas ouvre une brèche dans les théories de la communication.

Deuxièmement, la théorie de l'agir communicationnel qu'il développe réside essentiellement dans une théorie de la raison, qui n'est pas une faculté mais un certain type de conduites et d'actions sociales. Il va donc distinguer deux grands types de conduites rationnelles: celles qui s'organisent selon des rapports de moyen à fin (raison instrumentale) et celles qui visent l'intercompréhension (raison communicationnelle). Et il va interpréter l'histoire de la modernité qui sera marquée par le conflit et l'imbrication de ces formes de raisons. A partir de la théorie de l'action de Max Weber, il différencie les actions sociales selon leurs orientations d'action: le succès ou l'intercompréhension. Ce concept d'intercompréhension (Verständigung) fait référence à la notion d'entente (Einigung) entre sujets sociaux capables de parler et d'agir réciproquement l'un vers l'autre, ce qui est différent de la notion d'accord (Einverständnis) qui repose sur des convictions communes. Alors que l'intercompréhension est inhérente au langage humain, toute intervention médiatisée par le langage n'offre pas, d'après lui, un exemple d'activité orientée vers l'intercompréhension. Avec ce concept, il entend donner aux plans d'action des acteurs sociaux une rationalité propre, qui n'est plus liée obligatoirement aux buts individuels d'un agir stratégique. Si les actions sociales orientées vers le succès exigent un programme, des compromis, des actes politiques qui passent par le rationnel, les actions orientées vers l'intercompréhension sont plus difficiles à cerner, car elles s'installent sur des a priori inconnus de ceux et celles qui les mettent en pratique, sur un implicite de coutumes, de préjugés. C'est ce que Jürgen Habermas appelle le savoir d'arrière-fond, qui, implicitement, peut être présenté dans beaucoup de propositions, qui a une structure donnée d'emblée, comme allant de soi (structure holiste), et qui surtout est un savoir «*dont* nous ne disposons pas à discrétion, *dans la mesure où nous ne pouvons à volonté le rendre conscient et le mettre en doute*»[42].

La question de Jürgen Habermas est alors la suivante: comment faire coïncider ce monde vécu (Lebenswelt), perçu comme quelque chose de commun à un groupe d'individus unis justement par ce savoir d'arrière-fond, avec le système social? Pour lui, le concept de société doit être rattaché à celui du monde vécu, où les parties

---

[42] J. Habermas, *Ibid.*, p. 344.

prenantes de la communication s'entendent mutuellement au sujet de quelque chose. C'est alors que l'agir communicationnel devient intéressant comme principe de socialisation, où les processus de rationalisation sociale s'accomplissent plutôt selon les structures du monde vécu que selon les orientations d'action. En reprenant les travaux de George H. Mead et d'Émile Durkeim, Jürgen Habermas essaie de joindre ce monde vécu à la théorie des systèmes. Il montre que l'individu n'est pas dissociable de la société, de la langue et de la culture et c'est ici qu'il recherche une rationalité communicative, intersubjective, autocritique, fondée sur une compréhension mutuelle, une libre reconnaissance et une autodétermination des sujets sociaux.

À un troisième niveau, la théorie de l'agir communicationnel propose une analyse de la société moderne, où l'emprise des systèmes sur la vie sociale fait apparaître des phénomènes de pathologie sociale. Le processus de modernisation de notre société est marqué, fondamentalement, par une ambivalence. D'un côté, les exigences de reproduction des systèmes économiques et administratifs ne cessent de détruire ce monde vécu, ce que Max Weber appelait bureaucratisation et Karl Marx aliénation. La décomposition de la sphère morale est d'après Jürgen Habermas attribuable à la monétarisation et à la bureaucratisation de la vie quotidienne. L'éthique de l'autonomie a fait place au mode de vie utilitariste et hédoniste, les questions pratiques sont transformées en questions techniques et le principe d'équité disparaît sous les procédures légales. L'école ou l'université est un cas exemplaire de la colonisation du monde vécu, car, alors qu'elle devrait rester une institution de socialisation, elle est devenue une entreprise de production de main d'oeuvre. D'un autre côté, l'emprise des systèmes économiques et administratifs peut également être vue comme ouverture d'espaces de liberté, puisque Jürgen Habermas considère que ces systèmes d'action, différenciés par l'argent et le pouvoir, deviennent le point de mire de potentialités de protestation des sujets sociaux. En effet, comme il l'explique[43]:

*«L'échange entre sphère privée et sphère publique d'une part, entre système économique et système administratif d'autre part, (...)s'institutionnalise dans les rôles de salarié et de consommateur, de client et de citoyen. Ces rôles précisément sont les cibles de la protestation. L'action alternative s'érige contre le travail professionnel instrumentalisé par la*

---

[43] J. Habermas, *Théorie de l'agir communicationnel*, Fayard (l'espace du politique), Paris, 1987, tome II, pp. 435-436.

*dépendance du profit, contre la mobilisation de la force de travail en dépendance du marché, contre la pression de la concurrence et du rendement, qui exerce ses effets jusque dans l'école élémentaire. (...)En fin de compte, ces formes de protestation refusent les définitions de la citoyenneté et les pratiques invétérées consistant à imposer ses intérêts rationnellement en vue des fins à atteindre.»*

## Disjonction entre le monde vécu et la communication

Qu'en est-il des médias de masse et de la culture dans cette disjonction entre système et monde vécu? Pour lui, ils participent à l'ambivalence du processus de modernisation de nos sociétés. D'une part, en canalisant les flux de communication dans un réseau centralisé, ils renforcent l'efficacité des contrôles sociaux, mais, d'autre part, cette forme d'autorité sociale reste précaire, car les structures de communication renferment en elles-mêmes le contrepoids d'un potentiel d'émancipation.

C'est ce dernier point qui est au centre de ma problématique de recherche sur les médias de masse. Je pense, en effet, qu'à partir de la théorie de l'agir communicationnel, perçue comme théorie critique de la société, il est possible de déceler un rapport entre le fondement d'un agir social, d'une action et la mise en public de la communication, telle que pratiquée par les médias de masse. Comme Jürgen Habermas, je reste persuadée que les médias de masse ne peuvent échapper sans conflits aux obligations nées de leur mission journalistique et que la rivalité entre des points de vue économiques, idéologiques, politiques, professionnels différents, engendre une rupture avec ce que l'on appelle la culture de masse. Il paraît erroné de croire que les messages envoyés par les médias atteignent leurs destinataires sans critique; en général, ils ratent le plus souvent leur visée idéologique.

Les impératifs des systèmes se heurtent violemment à des structures communicationnelles résistantes pour les médias de masse, car ceux-ci sont incapables de canaliser les nouveaux conflits qui apparaissent depuis plusieurs décennies, même s'ils tentent de les contrôler en les plaçant dans le dysfonctionnel social. Dans nos sociétés occidentales, ces conflits ne surgissent plus dans les sphères de reproduction matérielle, ils ne sont plus pris en charge par des syndicats ou des partis et ne sont plus apaisés par des indemnités conformes au système. Au contraire, ils apparaissent dans les sphères de la reproduction culturelle, de l'intégration sociale et de la socialisation et ils revêtent des formes de protestation hors-institution. Jürgen Habermas montre comment les déficiences à l'origine des mouvements de protestation sont le reflet d'une réification des sphères d'action structurées par la communication. Parmi ces mouvements de protestation, il distingue ceux qui détiennent des potentialités d'émancipation, comme le mouvement féministe, et ceux qui ont des potentialités de résistance ou de refus, comme le phénomène des Verts en Allemagne fédérale, le mouvement alternatif en général (squatt, commune rurale, etc.), le mouvement des jeunes, les minorités, etc. Comme il le souligne[44]:

> «*Seul le mouvement féministe reste dans la tradition des mouvements civils-socialistes de libération. La lutte contre l'oppression patriarcale, (...), confère au féminisme le dynamisme d'un mouvement offensif, alors que tous les autres mouvements avaient plutôt un caractère défensif. Les mouvements de résistance et de refus ont pour objectif* d'endiguer *les sphères d'action formellement organisées, au profit de sphères structurées par la communication, et non de reconquérir de nouveaux territoires. Certes, un point central de type spécifique lie le féminisme à ces mouvements: l'émancipation des femmes n'est pas seulement censée établir une égalité de droits* formelle: *faire disparaître les privilèges masculins, mais renverser les formes de vie concrète, marquées par les monopoles masculins.*»

### *Les mouvements de libération des femmes face à la colonisation du monde vécu*

En fait, ces mouvements de résistance et/ou de refus s'opposent aux tentatives de colonisation du monde vécu. La composition de ces mouvements est multiple: on y retrouve la classe moyenne qui se sent menacée par les grands projets techniques, les jeunes, sensibles à l'absurdité d'un certain développement industriel, les chômeurs, les minorités ethniques, mais aussi les femmes. En fait pratiquement les minoritaires. La souffrance qui résulte de la frustration d'une vie quotidienne pratique, appauvrie culturellement et rationalisée dans un seul sens, finit par engendrer des communautés de communication, protégées dans des sous-cultures, à la recherche d'une identité personnelle et aussi collective. Il y a donc recherche de formes de vie alternative, avec un accent mis sur le particulier, le local, les échanges décentralisés, les activités non réservées aux spécialistes. Cette valorisation d'espaces sociaux à

---

[44] J. Habermas, *Ibid.*, p.433.

taille humaine devrait revitaliser les possibilités de communication et d'expression, qui ont été ensevelies par la colonisation du monde vécu.

En fait, dans ce dernier point, on retrouve l'intérêt émancipatoire, cher à Jürgen Habermas, dans toute action sociale, mais qui fait aussi partie du projet de la sociologie des femmes. Mais surtout, l'agir communicationnel, se rapportant à des structures du monde vécu, permet d'expliciter les rapports que la communication entretient avec la société, où par le biais de la monétarisation et de la bureaucratisation, les impératifs de ces deux sous-systèmes contraignent l'agir communicationnel à s'assimiler aux domaines d'action formellement organisées. Certains mouvements sociaux vont s'ériger contre cette colonisation du monde vécu par les systèmes économiques et administratifs, d'où l'émergence de mouvements de protestation. En l'occurrence le mouvement féministe refuse non seulement de conserver en l'état ces systèmes, mais propose une alternative de vie pour rendre notre monde «habitable», sans monopoles masculins et surtout sans l'emprise d'actions formellement organisées. Les mouvements de libération des femmes en France et au Québec en sont des cas d'exemple.

Mais, à ce niveau de discussion, peut-être est-il possible de comprendre la communication comme le pont, fragile certes, entre un média -les presses féministes- et un mouvement social d'émancipation -le M.L.F.- Si, comme le démontre Jürgen Habermas, la communication est dans le social, dans la langue qui est sociale, dans l'implicite, qu'elle n'est pas mécanique mais compréhensive et qu'elle émerge au moment de ruptures, on peut comprendre que le rapport entre certaines actions sociales et la mise en public de la communication passait pour ce mouvement social particulier, et passe encore, par la prise de parole des femmes sur la place publique. En fait, c'est le rôle de citoyenne et non seulement celui de cliente que les femmes réclament, celui de pouvoir parler en leur nom et pas seulement qu'on parle d'elles, celui de participer activement aux débats publics, politiques, sociaux et culturels, de nos sociétés. Car, dans la mise en public de la communication, c'est non seulement l'état du rapport des forces sociales qui nous est donné à voir, mais ce sont aussi des attitudes, des comportements et des stratégies sociales qui, le plus souvent, s'établissent sans les femmes, ou tout du moins en méprisant leurs aspirations, comme nous le verrons plus tard.

Malgré les critiques[45] apportées à la théorie de l'agir communicationnel de Jürgen Habermas, ce concept reste très utile pour définir un point médian entre un média et un mouvement social. Même s'il est difficile de thématiser la vie sociale sexuée à l'intérieur d'une structure théorique qui justement ne problématise pas le sexe. Néanmoins, cette discussion théorique m'a permis de saisir qu'un média ne peut pas se comprendre en dehors de sa fonction sociale dans la société et réciproquement que les rapports sociaux peuvent aussi se lire à travers le prisme des médias. À partir de cette orientation théorique, il faut maintenant expliciter ce qu'on entend par communication et voir comment cette définition incite à adopter une méthodologie qui rend compte justement de ce point médian.

## La communication instituante

L'emploi de cette expression renvoie à une définition de la communication en rapport avec la société, et plus précisément avec la production de rapports sociaux. La communication instituante, c'est donc l'activité communicationnelle qui consiste à produire ou à instituer l'identité et le lien social des sujets sociaux par rapport à leur société[46]. Cette conception de la communication m'intéresse particulièrement, puisque les presses féministes françaises et québécoises tentent entre autres de reconstituer une identité des femmes, autre que les trois F que nous connaissons, à savoir la Femme-épouse, la Femme-mère, la Femme-travailleuse. En se basant sur le travail de Louis Quéré[47] on peut dégager les dimensions symbolique, politique et médiatique de la communication, et surtout on peut voir, à partir de la problématique des rapports sociaux de sexe, que ces trois dimensions, si elles permettent de percevoir les rapports sociaux dans la

---

[45] Celle de L. Sfez, *Critique de la communication*, Seuil, Paris, pp. 128-130 et celle de N. Fraser, «What's critical about Critical Theory? The Case of Habermas and Gender», dans S. Benabib et D. Cornell (Eds.), *Feminism as Critique. On the Politics of Gender*, University of Minnesota Press, Minneapolis, 1987, pp. 32-56, sont particulièrement intéressantes pour mettre à jour les points aveugles de la théorie de J. Habermas.
[46]Je dois cette définition à L. Quéré, dans son ouvrage, *Des miroirs équivoques. Aux origines de la communication moderne*, Aubier (Res Babel), Paris, 1982.
[47] L. Quéré, *Idem*.

communication, n'en dissimulent pas moins une certaine vision androcentrique.

## Dimension symbolique

La communication est avant tout une forme d'échange social, c'est-à-dire une interaction entre les sujets sociaux qui est médiatisée par du symbolique. Les sujets sociaux entrent en activité communicationnelle, non pas en se branchant l'un sur l'autre par l'intermédiaire d'un canal, qui a pour objectif d'éliminer le maximum de bruits, comme le voudrait le paradigme cybernétique, ni en s'ouvrant l'un sur l'autre dans toute leur authenticité et leur honnêteté, comme le voudrait le paradigme psychologique, mais plutôt en faisant appel à un ordre tiers, neutre, qui leur est commun. C'est ce que Louis Quéré appelle le tiers symbolisant. Cette forme d'échange social s'établit entre les sujets sociaux par des relations de réciprocité et de confrontation, ce que Jürgen Habermas nomme l'intersubjectivité. Dans une même collectivité, les sujets sociaux sont donc liés sur la base de symboles, de règles, de normes, dont la validité semble admise par tous et toutes. La communication instituante consiste alors à fonder une communauté intersubjective entre les sujets sociaux.

Louis Quéré explique l'existence de cette médiation symbolique par la réflexivité inhérente de l'échange social, c'est-à-dire la capacité d'avoir une conduite double: produire une action et agir sur cette action. Dans la communication, cette réflexivité se concrétise par le message et le méta-message. À chaque fois que nous communiquons quelque chose à quelqu'un, nous donnons un énoncé qui relate un fait, une observation, une expérience, mais nous donnons aussi un énoncé qui définit la relation interpersonnelle dans laquelle la signification du premier énoncé peut être comprise et acceptée. Le rôle de ce méta-message dans la communication est particulièrement important, car il renvoie directement au tiers symbolisant, multiple et articulé par un ensemble d'éléments composites. Louis Quéré[48] voit dans ce tiers symbolisant à la fois des structures cognitives et des cadres normatifs, des repères discriminatoires, des règles de choix, des croyances, des jeux de rôles, etc. Mais, comme il l'explique, certains de ces éléments sont actualisés dans les discours et les pratiques, d'autres sont formalisés et rationalisés. Ensemble, ils vont constituer le point de référence unique qui va permettre aux sujets sociaux

---

[48] L. Quéré, *Ibid.*, pp. 84 et 85.

séparés de s'impliquer dans un rapport collectif en fonction de leurs relations communes avec ce tiers. Comme il le souligne[49]:

> «Ce complexe constitue la symbolique à l'aide de laquelle les sujets sociaux trouvent accès au réel, construisent leur identité et leur communauté, acquièrent la capacité de penser et d'agir, se constituent en acteurs historiques.»

Dans cette perspective historique, l'information ne trouve plus son sens dans une opération de codage et de décodage, mais bien plus dans la mise en rapport d'un énoncé et du système de références (tiers symbolisant) par le récepteur. L'information n'est donc pas porteuse de sens en elle-même, car le sens n'est donné que dans un contexte précis d'activité communicationnelle, même s'il ne faut pas exclure la possibilité de médiations techniques. Un des principaux apports de la médiation symbolique dans la communication instituante est donc de réintroduire le caractère actif et responsable des récepteurs-sujets, ce qui a été longtemps escamoté dans le paradigme empiriste de la communication. Néanmoins, les rapports de domination, qui sont inscrits à même cet espace fictif qu'est le tiers symbolisant, ne sont pas pour autant gommés. En effet, ce tiers symbolisant est produit et construit dans la dynamique des rapports de forces sociales existants dans nos sociétés occidentales. Or, il me semble important de définir la place des femmes dans ce système référentiel et de voir comment il interfère dans la prise de connaissance des éléments communs entre les émetteurs et les récepteurs.

La position des hommes et des femmes dans les rapports sociaux de sexe, marquée par un rapport de domination, suggère que la base de symboles, de règles et de normes, liant les sujets sociaux, n'a pas la même validité pour les femmes que pour les hommes. Comme le précise Nicole-Claude Mathieu[50]:

> «(...)Il existe chez les dominés plusieurs types de conscience et de productions de connaissance, fragmentés et contradictoires, dus justement aux mécanismes mêmes de l'oppression. (...)Il y a un champ de conscience structuré et donné pour les dominants, et de toute façon cohérent face à la moindre menace contre leur pouvoir; et diverses modalités de

---

[49] L. Quéré, Ibid., p. 84.
[50] N. C. Mathieu, «Quand céder n'est pas consentir», dans N. C. Mathieu (Dir.), L'arraisonnement des femmes. Essais en anthropologie des sexes, EHESS (Cahiers de l'homme), Paris, 1985, n° 24, p.176.

*fragmentation, de contradiction, d'adaptation ou de refus... plus ou moins (dé)structurées de la part des dominées.»*

La communauté intersubjective de Louis Quéré est donc une notion qui est produite, à mon avis, par les dominants dans les rapports sociaux de sexe, les femmes n'ayant pas accès au même système de références que les hommes, ou tout du moins pas entièrement. Si les femmes sont conscientes de leur position de dominées dans la communication sociale, elles ne peuvent pas partager, en termes d'égalité et de réciprocité, les normes et les règles qui les lient aux autres sujets sociaux. Ce système de valeurs, ces modes de représentations du social, ces règles ne sont pas des choix ou des repères pour les femmes, ils leur sont imposés. Il est donc important de souligner le caractère inégal de la place des hommes et des femmes dans la communication sociale, car cela va induire la dimension politique de la communication instituante.

## Dimension politique

On peut situer la dimension politique de la communication dans le processus de constitution du tiers symbolisant. Or, la constitution de ce tiers est l'enjeu des luttes entre les forces sociales qui veulent s'approprier la légitimité de sa définition. Comme les interactions entre les sujets sociaux communicants passent par cet espace perspectif, qui donne le sens de leurs messages, les actes de communication incorporent fondamentalement la dimension de domination. Il est en effet totalement erroné de considérer la communication comme un simple échange réciproque entre partenaires équivalents. Stuart Hall[51], par exemple, montre que pendant toute période sociohistorique donnée, il existe un système dominant de valeurs et de représentations. Ce système est dans un processus de constitution/destitution du rapport de forces dans lequel il s'inscrit avec les autres systèmes de valeurs, non dominants. Ce qui fait qu'il y a un système dominant, ce sont les mécanismes qui permettent de sélectionner, d'accepter ou de refuser ces nouvelles valeurs. A ce niveau, Stuart Hall introduit la définition double et conflictuelle de la culture. Une première définition renvoie à la culture «populaire», qui est vécue et qui reflète les pratiques et les relations de classes exprimées en valeurs et en sens. Cette culture est en quelque sorte authentiquement produite par chacun des groupes sociaux. A l'inverse, une deuxième définition

---

[51] S. Hall, «Culture, the media and the ideological effect» dans J. Curran et als, *Mass Communication and Society*, E. Arnold Publishing, London, 1977.

renvoie à la culture «référentielle»[52], qui a pour fonction de positionner l'individu dans un cadre idéologique préconstitué. Cette culture référentielle est donc à la fois le produit et le mécanisme de filtrage et d'organisation des systèmes de valeurs et de représentations qui permettent d'en constituer un en dominant. Il semblerait donc qu'il existe dans la communication deux dimensions: une dimension cognitive, liée au mode de connaissance de la société et une dimension normative, liée au mode de domination de la société dans lequel le sujet social connaissant trouve sa position. La combinaison de ces deux dimensions marquerait ce qu'on définit par dimension politique de la communication. En effet, l'activité communicationnelle s'établit dans le but de créer une communauté intersubjective entre sujets sociaux. Ceux-ci échangent des messages qui ont une composante cognitive, mais aussi des méta-messages qui ont une composante normative, c'est-à-dire qui fixent les cadres prétendus sincères et convenables à l'échange. Et d'après Louis Quéré[53], c'est grâce à la distanciation que permet le tiers symbolisant que les sujets sociaux peuvent concevoir la totalité sociale à laquelle ils appartiennent objectivement. Or, ce procès de distanciation de la société par rapport à elle-même, à travers lequel elle se rend visible à ses membres, n'apparaît pas détenir la même valeur heuristique pour les hommes et pour les femmes. Nicole-Claude Mathieu[54] montre comment le partage des idées et des connaissances entre les classes de sexes est un partage inégal et biaisé, car il dépend avant tout de l'application qu'on en donne pour les deux classes de sexe. Selon l'auteure, l'accès à la connaissance de la société n'est pas le même pour les hommes et pour les femmes et renforce le rapport de domination entre les sexes, car la connaissance que les femmes peuvent avoir du monde et de la société est donnée par les hommes.

On le verra ultérieurement, lors du chapitre sur le travail social des médias, mais l'exemple de l'information transmise par eux, qui, tout en se voulant exhaustive et totalisante, en englobant les hommes et les femmes, se fabrique en fait sans les femmes et

---

[52] S. Hall, *Idem*, p.322. Cet auteur n'emploie pas directement l'expression de culture référentielle dans son texte en anglais. Mais ce concept me semble correspondre à ce qu'il se contente d'appeler «le deuxième sens du concept de culture».
[53] L. Quéré, *Ibid.*, p.85.
[54] N. C. Mathieu, «Quand céder n'est pas consentir», dans N. C. Mathieu (Dir.), *L'arraisonnement des femmes. Essais en anthropologie des sexes*, EHESS (Cahiers de l'homme), Paris, 1985, n° 24, pp. 212-225.

surtout sans leur vision du monde, est à ce titre probant. Nicole-Claude Mathieu va même plus loin dans son explication sur cet accès inégal à la connaissance, en affirmant que la connaissance des faits et des idées sur la domination n'est pas partagée par les deux classes de sexe. Elle précise que:

> «*(Le dominant)* connaît le mode d'emploi, *les mécanismes économiques et les justifications idéologiques, les contraintes matérielles et psychiques à utiliser et utilisées. Certes la conscience dominante peut être aussi mystifiée (les bourgeois n'avaient pas fait l'analyse de la plus-value), mais le dominant connaît* les moyens *de l'exploitation et de la domination. Mais si le dominant connaît la* domination, *il ne connaît pas le vécu de* l'oppression, *c'est-à-dire l'autre versant.* (...) *Un inconvénient majeur est que si vivre en dominant n'est pas connaître l'oppression, vivre en opprimé(e) est peut-être encore moins connaître (avoir la pleine connaissance de) la domination et l'oppression...*»[55]

Il existe également un autre aspect de la communication que l'on peut inscrire dans la dimension politique. C'est la fonction de création du lien social et de l'identité sociale, qui permettent aux sujets sociaux de se reconnaître comme positionnés dans un système social donné. Cette fonction est primordiale pour saisir le rôle des presses féministes françaises et québécoises dans la constitution d'une identité-femme. Mais elle fait aussi référence à ce qu'on appelle plus généralement la fonction phatique des médias, c'est-à-dire celle d'instaurer un contact, une relation entre interlocuteurs dans la quotidienneté, et de servir de point d'ancrage. C'est d'ailleurs le nom qu'on donne aux présentateurs des journaux télévisés aux États-Unis: «anchor man». Mais même si la fonction des médias se retrouve dans le lien social, elle n'en délimite pas moins les cadres de référence des débats, les définitions permises et finit par codifier le rapport de forces sociales.

## Dimension médiatique

La dimension médiatique de la communication découle de sa dimension symbolique et est éminemment liée à la fonction sociopolitique de l'activité communicationnelle. Selon Louis Quéré, le tiers symbolisant opère une distanciation de la société par rapport à elle-même, en créant donc un espace perspectif, fictif, qui permet

---

[55] N. C. Mathieu, *Idem*, p.181.

aux sujets sociaux de reconnaître leur position dans la société. Mais cette distanciation doit être «objectivée», c'est-à-dire rendue visible par un support pratique. C'est ainsi que les médias sont une des formes d'objectivation de la médiation symbolique. Mais ils ne sont pas les seuls, il en existait avant.

Louis Quéré distingue schématiquement trois types de sociétés, ayant eu des modes d'objectivation de la médiation symbolique[56]. La première est la société prémoderne qui repose sur un ordre social transcendant. Tout ce qui se passe dans la société trouve sa signification au-dessus d'elle. Les références et les représentations de cette société ont une source transcendantale, l'objectivation de la médiation symbolique se fait par la religion. Le deuxième type de société est la société moderne née avec la bourgeoisie. Ici sa raison d'être n'est plus recherchée dans une instance transcendante, mais dans l'immanence. À la logique d'enfermement qui précédait se substitue une rationalisation des idées. Celles-ci s'inscrivent dans une logique d'équivalence, produisent un équivalent au réel, mais, ce faisant, insèrent une dimension normative qui structure l'ordre social en un système de domination, légitimé par l'immanence.

Le troisième type de société est celui qui est en train de s'instituer. Il nous faut donc réfléchir en terme de transition pour dégager les principes universels nouveaux. Il semblerait qu'à la logique de l'équivalence de la société moderne se substitue la logique de la simulation. La médiation symbolique ne consiste plus à fabriquer un équivalent au réel au moyen d'idées rationnelles, mais au contraire, elle crée des simulacres relativement autonomes par rapport au réel et surtout qui donnent figure à des stratégies et à des modèles de références. On retrouve ici la pensée de Jean Baudrillard[57,] où l'ère actuelle de la simulation marque la fin du social. Et, les médias semblent être le support privilégié de cette objectivation de la médiation symbolique. Ce que je cherche à expliciter, c'est la double fonction des médias, celle de fabriquer un semblant de réel avec les récits des événements et la citation des faits (simulation) et celle de mettre en place, à partir de ces simulacres, des modèles, qui, inlassablement répétés, s'imprimeront dans les représentations et les conduites de la vie sociale. Si les médias construisent des simulacres, ceux-ci sont mués en connaissance scientifique grâce à un travail empirique (dimension cognitive) et ils acquièrent le statut de modèles en raison de leur

---

[56] L. Quéré, *Des miroirs équivoques. Aux origines de la communication moderne*, Aubier (Res Babel), Paris, 1982, pp. 87-119.
[57] Notamment: J. Baudrillard, *Simulacres et simulation*, Galilée, Paris, 1981 et *Les stratégies fatales*, Grasset (figures), Paris, 1983.

Communication et lien social 65

validité «objective» (dimension normative). Ce travail de simulation des médias renvoie à une définition particulière de l'information médiatique (information-fiction), qui sera développée, en étudiant le statut de l'information et la pratique journalistique au chapitre sept. Afin d'opérationaliser cette définition de la communication instituante, voyons comment une analyse sociologique nous permet de lire les journaux, de comprendre ce qui est dit et ce qui est implicite dans les discours et stratégies médiatiques.

## Pour une analyse sociologique des médias

Un journal est beaucoup plus qu'une simple véhicule de messages. En le concevant comme un produit marchand et un appareil de production, mais aussi comme le support du lien social entre acteurs d'une même société, on peut mettre en place une méthodologie qui permet de sortir les analyses de presse des analyses traditionnelles de contenu[58]. Car, appréhender le journal à partir des rubriques diverses qui le composent, même si cela est nécessaire, n'est pas suffisant. La multiplicité des rubriques, leur spécificité et leur mise en rapport, ainsi que les pratiques de lecture différentes du public font éclater l'unité du phénomène de presse. Le journal apparaît plus comme opérateur d'un rapport social dans une société. Il faut donc chercher à comprendre comment il contribue à transformer ou à reproduire les rapports sociaux et quelles médiations articulent l'appareil producteur au système social. En d'autres termes, il semble essentiel d'évaluer les multiples formes sociales impliquées dans le fonctionnement du journal pour définir le rapport presse-société et également pour replacer les presses féministes dans leur contexte d'évolution en France et au Québec.

### Les étages de fonctionnement du journal

Pour ce faire, je me suis inspirée du mode de décomposition du journal effectué par Renaud Dulong et Louis Quéré[59], qui dans leur analyse particulière du quotidien régional français Ouest-France proposent des éléments méthodologiques tout à fait

---

[58] L'ouvrage de J. Kayser, *Le quotidien français*, A. Colin, Paris, 1963, a longtemps servi d'ouvrage méthodologique pour ce genre d'analyse de presse.
[59] R. Dulong et L. Quéré, *Le journal et son territoire. Presse régionale et conflits sociaux*, EHESS-CEMS (A.T.P.- CNRS), Paris/Tours, 1978.

appropriés pour saisir la signification sociale de la presse et des médias en général. C'est ce qu'ils ont appelé des «étages de fonctionnement du journal». Ils ont ainsi explicité quatre niveaux de réalité qui confrontent l'appareil de production du journal pour définir le produit écrit.

Premièrement, en tant qu'objet de lecture, le journal effectue une mise en rapport des individus aux différentes instances de la société, que celles-ci s'expriment en terme d'institutions ou en terme de champ de forces. C'est ce qu'on appelle *la mise en page de l'espace institutionnel*. Je n'insisterai pas beaucoup sur cet étage de fonctionnement, car c'est surtout pour le journal local qu'il revêt une importance particulière. Néanmoins, la mise en page de la société par l'écriture de ses éléments institutionnels principaux permet aux individus de réitérer leur assentiment à l'ordre social. On le verra lors de l'analyse de l'événement de l'École Polytechnique, où, plutôt que d'expliciter les enjeux sociaux d'une telle tragédie, les journaux parlent pour ne rien dire, c'est-à-dire que l'information n'est plus qu'un prétexte à signifier et à reproduire idéologiquement la pertinence des points nodaux d'une société.

Deuxièmement, en tant qu'il véhicule une idéologie, le journal s'inscrit dans un champ spécifique, ce que ces deux auteurs ont appelé *le champ de la presse*, qui n'est pas directement assimilable au champ politique. La position du journal dans le champ de la presse définit les rapports de contiguïté ou d'opposition entre les différents journaux, et dans le cas des presses féministes françaises et québécoises, cette position dévoilera les différentes tendances politiques inhérentes aux mouvements de libération des femmes. Mais ces rapports ne renvoient pas qu'aux options marquantes du champ politique. Dans le champ de la presse interviennent aussi la place de l'audiovisuel, le fonctionnement corporatiste des journalistes, la dimension économique du journal, etc. Si l'on peut facilement déduire la position d'un journal dans ce champ à partir de sa présentation des événements ou de la ligne directrice de ses éditoriaux, l'existence ou non d'une concurrence détermine la mise en valeur de cette position ou son effacement dans le contenu explicite. À l'intérieur de la presse d'opinion par exemple, les attaques de journal à journal vont permettre d'homogénéiser les publics des différents titres. Cet étage de fonctionnement est fort utile pour différencier définitivement les presses féministes des presses féminines et pour situer chaque journal dans un lieu précis du champ de la presse, ce qui fera ressortir les clivages à l'intérieur même des presses féministes. En France, ces publications font surtout référence à des tendances du M.L.F., et on verra comment ce positionnement aura permis à un journal féministe français de s'ériger en monopole et de se constituer en unique représentant du M.L.F. Au Québec, les clivages se situent plutôt autour du problème de la non-mixité et de l'autonomie, voire entre hétérosexuelles et lesbiennes.

Troisièmement, en tant que système organisationnel, le journal est un lieu de conflits internes, qui peuvent, comme pour toute entreprise, porter sur les salaires ou la division du travail par exemple, mais qui ont pour enjeu les contradictions spécifiques à l'activité journalistique. Bien sûr, *le système organisationnel* d'un journal est un étage de fonctionnement qui transparaît peu dans les pages écrites mais qui pourtant détermine puissamment l'écriture des textes et leur mise en page. Bien souvent, un numéro apparaît comme l'oeuvre d'une seule équipe mais certaines formulations, titres ou silences renvoient directement à la complexité des enjeux qui régissent les rapports entre les agents de production, notamment entre la direction, la rédaction et les publicitaires. Même si cet étage de fonctionnement est difficile à exploiter pour les presses féministes françaises et québécoises, puisque ces publications ont pratiquement toutes disparu, cet aspect est primordial pour comprendre le fonctionnement interne de ces presses et à la limite les raisons de leur disparition.

Quatrièmement, en tant qu'entreprise commerciale fonctionnant dans un secteur du marché, le journal est soumis à une logique de fonctionnement et de développement qui commande à son tour directement le produit, avec les parts de publicité et/ou de subventions par exemple. *Ce rapport au marché économique de l'information* permet de saisir le journal comme produit marchand et on verra qu'il devient de plus en plus déterminant pour les presses féministes à mesure que s'affaiblit l'articulation au politique.

À partir du repérage de ces différents étages de fonctionnement du journal, qui apparaît tour à tour comme produit écrit, produit marchand, appareil de production et support du lien social, on peut obtenir un ensemble d'enjeux sociaux qui définit l'éventail du champ d'action délimité par le phénomène de presse, et donc une analyse sociologique de presse. Bien sûr, ce repérage doit être croisé avec le découpage effectué par les rubriques du journal, même si ce croisement ne fournit pas pour autant une multiplicité de cases ayant la même pertinence. On sait en effet qu'une «nouvelle» n'est pas reçue de la même manière selon qu'elle figure à la Une (première page du journal dans le jargon journalistique) ou dans une page intermédiaire, car il ne faut pas oublier que la classification des faits offerte par le journal représente entre autres un des mécanismes de reproduction des rapports sociaux. En fait, chaque rubrique fait souvent fonctionner les instances de définition du journal, mais avec une intensité différente. Il en est de même pour les étages de fonctionnement du journal, qui ne sont pas indépendants les uns des autres. Il existe une interrelation, voire une interaction entre eux, mais d'un point de vue méthodologique, il est important de les différencier pour comprendre les niveaux de lecture d'un journal.

J'ai donc choisi de traiter le phénomène des presses féministes françaises et québécoises à partir de cette approche des différentes étages du journal, parce que leur spécificité est justement de traverser l'ensemble du système de la presse et de devenir le lieu de l'action des rapports sociaux. Avant de vous faire partager ce que j'ai lu, vu et entendu des presses féministes, j'aimerais souligner leur fonction politique, qui à l'opposé des médias majoritaires, semble avoir été leur projet de diffusion d'information pour les femmes.

## La fonction politique des presses féministes en France et au Québec

De quelle fonction politique s'agit-il? On pourrait la résumer ainsi: contrer les informations émanant des médias traditionnels, que l'on peut qualifier de médias de domination, et fournir des nouvelles pour les femmes. La première question qui se pose avec cette définition de la fonction politique est de savoir comment les presses féministes peuvent contrer ces informations «officielles»; la deuxième question porte sur le terme nouvelles: en quoi sont-elles différentes des informations officielles?

Contrer les informations émanant des médias majoritaires, signifie, à mon avis, en finir une bonne fois pour toutes avec cette information médiatique «neutre et objective». Pour l'instant, on peut affirmer qu'un des desseins de ces presses, brièvement évoqué en introduction, était de répondre, au discours «d'intoxication, de falsification et de mensonge» de la grande presse. En France comme au Québec, les presses féministes refusent d'être une presse de spectacle, de subir un événement dans le drame ou la sensation et encore moins d'en rendre compte de cette manière là. Une des revendications importantes des mouvements de libération des femmes en France et au Québec au début des années 70 a été de considérer que «le privé est politique» et que cette sphère privée constitue justement un des lieux privilégiés de l'oppression des femmes. Ce refus de considérer la politique comme une affaire de spécialistes et cette remise en cause de la politique politicienne entraînent en premier lieu pour les presses féministes françaises et québécoises une politisation du domaine privé. En prenant l'exemple du travail, on pourra remarquer que ce type de presse refuse de découper la vie des femmes en morceaux, voire en plusieurs vies. Il n'y a pas d'un côté la vie professionnelle et de l'autre la vie de famille. Contrairement au découpage habituel en rubriques des médias dominants, et en particulier de la presse féminine, les presses féministes françaises et québécoises s'approprient pour mieux les contester les lieux et les modalités de l'oppression des femmes comme le travail domestique (travail à la maison, prise en charge des enfants, etc.) et le travail salarié. En fait ces presses se veulent un instrument pour l'élaboration d'une véritable politique pour les femmes, et ce faisant, elles deviennent un moyen de lutte politique.

Leur deuxième objectif est de fournir des nouvelles. Il s'agit en quelque sorte de prouver que n'importe quel petit fait de la vie quotidienne, n'importe quelle anecdote peut signifier quelque chose du moment qu'on lui donne de l'importance. Il s'agit d'*informer* les femmes, c'est-à-dire publier (dans le sens de rendre public) des informations sur la condition des femmes. Les presses féministes françaises et québécoises se veulent plus qu'un espace de visibilité pour les femmes. Leurs pages doivent servir d'espace de lecture et de signification. Elles refusent d'être un espace de référence topographique et institutionnel, elles désirent donner sens à la vie et à la place des femmes dans leurs sociétés. Fournir des nouvelles implique donc pour ces presses de rompre le silence des médias sur certains sujets et lieux de leur oppression, comme les femmes battues ou l'exploitation des femmes au foyer. Elles veulent relater les faits concernant les femmes en ne ménageant aucun public ni aucune raison d'État par un quelconque aménagement des faits eux-mêmes. Leur intention est de faire du reportage, dans le sens où l'entendent Mezioud Ouldamer et Rémy Ricordeau[60]:

> «*Nous désignons par reportage la faculté de témoigner d'un événement, d'une situation, qui suppose moins le désir de* montrer *que la volonté de* voir *et de* laisser à voir, *c'est-à-dire à comprendre,* a contrario *de l'actuelle profusion d'images qui fait du lecteur-télé-spectateur le témoin* aveugle *d'une actualité lointaine. (...)Le reportage dont nous parlons est ainsi plutôt l'aptitude à rendre proche et directement sensible une réalité*

---

[60] M. Ouldamer et R. Ricordeau, Le mensonge cru. De la décomposition de la Presse dans l'achèvement de l'aliénation médiatique, SIHAM, Paris, 1988, p. 52.

*qui de prime abord semble éloignée, à susciter l'indignation ou l'enthousiasme, bref, à créer des* mouvements d'opinion.»

Ces deux objectifs sont particulièrement difficiles à mettre en place, comme nous allons le souligner dans les prochains chapitres. La conquête pratique du droit à l'expression et à la communication des femmes paraît très ambiguë: d'un côté elle est indispensable pour les femmes, car elle témoigne d'une circulation des opinions qui échappe à l'emprise d'une gestion technocratique du développement social. D'un autre côté, elle permet de réguler au sein de la société les attentes d'un public un peu marginalisé, les féministes. La question qui se pose est de savoir si justement les presses féministes françaises et québécoises ne seraient que le relais entre les médias et une certaine frange de la population, en l'occurrence ici les féministes. La fonction politique de ce type de presse se résumerait-elle à une fonction tribunitienne? Le rôle des presses féministes n'est-il que de mettre à la disposition des femmes un journal qui servirait de «tribune» à une nouvelle couche sociale restreinte, cherchant à accéder à l'expression et à la reconnaissance dans la société, à se légitimer par rapport à une demande sociale spécifique? Pour le dire autrement, les presses féministes se présenteraient-elles comme soupape de sûreté au système social?

S'il paraît évident que les femmes se sont insurgées contre le découpage de la réalité produit par les médias dominants, en décidant de créer leur propre média, il n'est pas sûr que cette conquête pratique du droit à l'information *avec* la communication ait pu engendrer une innovation dans la communication sociale. Autrement dit, il s'agit de vérifier si c'est le projet politique que les presses féministes françaises et québécoises portent en elles qui les mène à une impasse stratégique et qui a raison de leur survie.

# 3

# D'histoires d'Elles à La Vie en Rose: la précarité d'une parole de Femmes

Si le féminisme est une vision particulière du monde, que partagent aussi bien les Françaises que les Québécoises, leurs presses féministes semblent confrontées aux mêmes problèmes de visibilité et de durée. Il est donc important de commencer par situer ce type de presse dans le temps. Pour ce faire, j'ai repris et actualisé la classification que donne Chantal Bertrand-Jennings[61] de la presse féministe française. Elle permet, par une série de recoupements, de dresser un profil de chaque publication. Pour le Québec, j'ai adopté la même classification, en intégrant ces publications dans le cadre plus large qu'est le Canada. Car, si le Québec se définit comme une société distincte, ce n'est pour l'instant encore qu'une province parmi les dix du pays et sa presse féministe fait partie de cet ensemble.

## Rétrospective historique des presses féministes en France et au Canada

Les presses féministes françaises et québécoises peuvent se différencier à trois niveaux: ce par quoi elles se font connaître aux lectrices (journal, bulletin, magazine, etc.), leur infrastructure (dates de parution, périodicité, tirage) et ce que j'appelle la spécificité de chacune. Ce dernier terme vague recouvre en fait la tendance politique du périodique, son lien avec les associations et les groupes

---

[61] C. Bertrand-Jennings, «La presse des mouvements de libération des femmes en France de 1971 à 1982», dans S. Lamy et I. Pagès, *Féminité, subversion, écriture*, Remue-Ménage, Montréal, 1983, pp. 15-49.

de femmes, son orientation intellectuelle et culturelle, son niveau d'abstraction ou sa vocation pratique, son appartenance à un groupe d'âge, de langue ou de nationalité. De 1970 à 1990, 142 périodiques féministes français (98 pour Paris, 6 pour la région parisienne et 38 pour la province) et 220 canadiens (49 pour le Québec) ont ainsi vu le jour. Comme on peut le remarquer dans ces deux rétrospectives (voir tableaux pages suivantes), la périodicité de ces publications s'étale en un large éventail: du semestriel jusqu'à l'hebdomadaire, en passant par les intermédiaires: trimestriels, bimestriels et mensuels. Mais la grande majorité d'entre elles ne paraît qu'irrégulièrement. D'ailleurs, la plupart du temps, elles n'indiquent pas, comme le font les journaux dominants, leur périodicité. Plusieurs journaux n'existent que le temps d'un numéro (*L'Cause*, F; *Manifeste des Québécoises*, Q; *L'Acayenne*, C), quelques autres un petit peu plus longtemps (*Le Mercure des femmes*, F, 5 n°s; *Velvet Fist*. C, 4-5 n°s (?); *Les sourcières*, Q, 2-3 n°s (?)). D'autres, par contre, auront une durée de vie assez longue (*R.A.I.F.*, Q, tëtera à l'été 1991 son centième numéro; *Broadside*, C, 12 ans; *Antoinette*, F, 26 ans). De plus, la périodicité est parfois différente de celle annoncée par le titre (*Le quotidien des femmes*, F, est en fait un mensuel; *Histoires d'Elles*, F, quotidien politique et imaginaire, se contente aussi d'être un mensuel). Cette irrégularité dans la parution vient donc déjà confirmer leur caractère militant.

Le tirage de ces publications est lui aussi très varié et très disproportionné. Il varie entre 300-700 exemplaires par numéro (*Les mûres prennent la parole*, F; La Ligue des Femmes, Q), de 1 000 à 5 000 (*Les Cahiers du GRIF*, F; *Canadian Woman Studies/Les Cahiers de la femme*, C; *Marie-Géographie*, Q), plus de 10 000 (*Histoires d'Elles*, F; *La Parole mètèque*, Q; *The Womanist*, C), 100 000 et plus (*Des Femmes en Mouvements*, F; *La Gazette des Femmes*, Q). Néanmoins, toute proportion gardée en regard du bassin de population, on est loin des plus de 300 000 exemplaires de *Châtelaine*, Q, ou de 1.500.000 de *Modes et Travaux*, F. Non seulement on peut parler d'audience quasi-confidentielle, mais encore la périodicité de ces publications variant sans cesse, il est particulièrement difficile de les trouver en kiosque.

La presse féministe française (1970-1990) 73

| Nom du périodique | Dates de parution | Périodicité | Tirage | Spécificité |
|---|---|---|---|---|
| Actualité du travail féminin | 1972 - 1980 | trimestriel | ? | Ministère du Travail |
| Ah! Nana | 1976 - 1978 | trimestriel (9 numéros) | ? | B.D. de femmes Les humanoïdes associées |
| Antoinette | 1964 - ➡ | mensuel | ? | C.G.T. (syndicat) |
| Archives | 1984 - ➡ | trimestriel | ? | Recherches et cultures lesbiennes |
| Audiovisuel Femmes | nov. 1987 - ➡ | ? | ? | Bulletin d'information édité par la Délégation à la condition féminine |
| B.I.E.F. | nov. 1978 - ? | ? | ? | Bulletin d'information des études féminines de l'Université d'Aix-en-Provence |
| Bulletin de l'A.F.I. | mars 82-août 86 | hebdomadaire | abonnement | Agence - Femmes - Information |
| Bulletin de l'A.V.F.T. | 1986 - ➡ | mensuel | ? | Association contre les violences faites aux femmes au travail |
| La Bulletine bisontine | été 1979 - ? | irrégulière | ? | Besançon |
| Bulletin du Cercle Flora Tristan | 1973 - 1979 | irrégulière | ? | Lyon |
| Bulletin du C.R.I.F. | automne 82 - ➡ | trimestriel | ? | Centre de recherche, de réflexion et d'information féministe |
| Bulletine des Femmes en Mouvements | mai 1982 - ? | mensuel | ? | Édition de Marseille des Femmes en Mouvements - Psychépo. |
| Bulletin des Lesbiennes féministes | début 1976 - fin 1977 | irrégulière | 400 | Lesbiennes féministes |
| Bulletin d'information du service de documentation | juin 83-mars 86 avril 86-avril 88 mai 88 - ➡ | mensuel | ? | • Ministère des Droits de la femme • Délégation à la Condition féminine • Secrétariat d'État chargé des droits des femmes |
| Les Cahiers du féminisme | nov. 75 - ➡ | mensuel | 3 000 | Ligue communiste révolutionnaire «Lutte de classes» |
| Les Cahiers de Colette | 1978 - ? | annuel | ? | St-Sauveur-en-Puisaye |
| Les Cahiers du G.R.I.F. | nov. 73 - 1978 1985 - ➡ | mensuel | 2 500 | Revue thématique avec Françoise Collin - Bruxelles/Paris - (éd. Tierce) |
| Centre de documentation féministe | 1978 - 1979 | trimestriel (3 numéros) | ? | Documentation - femmes |
| C.F.D.T. - Magazine | 1976 - ➡ | mensuel | ? | C.F.D.T. (syndicat) |
| Choisir | avril 83- fév. 84 | mensuel | 11 000 | «La cause des Femmes» Association de Gisèle Halimi |
| C.I.D.F.- Information | 1982 - ➡ | mensuel | ? | Centre national d'information sur les droits des femmes (C.N.I.D.F.) |
| Citoyennes à part entière | sept.81-mars 86 | mensuel | ? | Ministère des Droits de la femme |

74  La presse féministe française (1970-1990)

| Nom du périodique | Dates de parution | Périodicité | Tirage | Spécificité |
|---|---|---|---|---|
| C.O.D.I.F. - Femmes | déc. 75 - ? | ? | ? | Centre d'orientation, de documentation et d'information des femmes - Marseille |
| Colère | mai 78-janv. 80 | irrégulière (3 numéros) | 1 500 | Libertaire, anarchiste |
| Coordination nouvelle des groupes de femmes | oct. 79-janv. 80 | mensuel | 1 000 | Organe de liaison |
| CRI - Infos | 1973 - 1978 | ? | ? | Mouvement de réinsertion sociale et d'information pour les femmes-Dijon |
| La criée | fév. 77 - ? | ? | ? | Association pour une libre expression populaire - Marseille |
| Désormais | juin 79-janv. 80 | mensuel | 4 500 | Femmes lesbiennes |
| Les dévoilées | mai 76 - ? | ? | ? | Centre des femmes de Marseille |
| Dévoilées | 1980 - 1984 | annuel | ? | Nantes |
| D.F.I. | avril 86-avril 88 | mensuel | ? | Documentation-Femmes-Information Délégation à la Condition féminine |
| Différence | avril 1979 - ? | trimestriel | ? | Toulouse |
| Diplômées (Femmes diplômées) | 1947 - ➞ 1930 - 1947 | trimestriel | ? | Association française des femmes diplômées des universités |
| Documentation - Femmes | sept.78-oct. 79 | irrégulière | 400 | Information féministe |
| Donni corsi in lutta | 1977 - ? | ? | ? | Femmes corses |
| DTXXI | 1986 - 1987 | ? | ? | Éd. Antilope - Conflans |
| L'écho du macadam | mai 1981- juilt./août 1983 | ? | ? | Association nationale d'action et de défense des femmes prostituées |
| Égalité | 1987 | 2 numéros | ? | Bulletin de liaison des femmes en lutte pour leurs droits |
| Elles journalent | 1979 - ➞ | ? | ? | Villetaneuse |
| Elles voient rouge | mai 79 - début 82 | irrégulière | 3 000 | Dissidentes du PCF (Parti communiste français) |
| Esclavage | 1984 - ➞ | trimestriel | ? | Document social sur la traite des femmes et des enfants |
| Espaces | 1982 - ➞ (n° 9) | ? | ? | Bulletin de liaison entre lesbiennes radicales |
| Et ta soeur | déc. 77 - ? | ? | ? | Strasbourg |
| Études féministes | 1983 - ➞ | ? | ? | Bulletin de liaison de l'association pour les études féministes - Maule |
| Ex elles | 1988 - ➞ | trimestriel | ? | De la création des femmes |
| F.A.I. | 1937 - 1984 1985 - 1987 1988 - ➞ | trimestriel | ? | Fédération abolitionniste internationale |
| Faille | juin 80 - avr. 81 | trimestriel | ? | P.S.U (Parti socialiste unifié) |
| Femmes algériennes en lutte | janv.78-déc. 78 | irrégulière | ? | Femmes algériennes |

La presse féministe française (1970-1990) 75

| Nom du périodique | Dates de parution | Périodicité | Tirage | Spécificité |
|---|---|---|---|---|
| Femmes d'Auvergne | juillet 1985 - ? (no 2) | ? | ? | Revue des droits des femmes en Auvergne, Clermont-Ferrand |
| Femmes d'Europe | mars-avr. 1978 (n° 2)- ➡ | ? | ? | Édition française de la Commission des communautés européennes |
| Femmes de notre région | 1985 - ➡ (n° 3) | ? | ? | Nord - Pas de Calais - Lille |
| Femmes en Mouvements (F.M.) | janv.78-janv.79 | mensuel | 150 000 | «Psychépo» |
| Femmes en Mouvements hebdo (F.M.H.) | octobre 79 - juillet 82 | hebdomadaire | 45 000 (70 000) | «Psychépo» |
| F & F | janv. 80 - ? | ? | ? | Angers - Poitiers - Tours |
| F. Magazine | janv.78-déc.81 | mensuel | 250 000 | Magazine féminin à prétention féministe |
| Femmes et hommes dans l'église | 1980 - ➡ | trimestriel | ? | Revue de réflexion sur les rapports féminisme/religion |
| Femmes information | avr. 75-mars 76 | mensuel | ? | Organe de liaison |
| Femmes information | 1975 - ➡ | bimensuel | ? | Marseille/CODIF |
| Femmes et monde | 1968 - 1980 1985 - ➡ | trimestriel | ? | Mouvement du Nid (Mouvement de réinsertion des protituées), Clichy |
| La femme nouvelle | 1981 - ➡ (n° 10) | ? | ? | Revue d'information historique, artistique, littéraire. (Revue féminine ?) |
| Les femmes s'entêtent | avril 75-mai 75 | 2 numéros | 5 000 | Féministes révolutionnaires libertaires |
| Les femmes s'entendent | 1976 - ? | ? | ? | Besançon |
| Femmes et sociétés | août 83 - ➡ | semestriel | ? | Revue de la Commission internationale pour l'abolition des mutilations sexuelles |
| Femmes travailleuses en Lutte I | printemps 74 - novembre 77 | irrégulière | ? | Organe de liaison, proche de «Révolution»/«Lutte de classes» |
| Femmes travailleuses en Lutte II | fin 78 - 1983 | irrégulière | ? | Organe de liaison, proche de «Révolution»/«Lutte de classes» |
| Folles Alliées | mars - oct. 83 | 3 numéros | ? | Journal humoristique féministe |
| G.L.I.F.E. | mars 75 | 2 numéros | ? | Groupe de liaison Femmes-enfants |
| Grain de sel - Rencontres | 1984 - ➡ | bimensuel | ? | Bulletin de liaison |
| La grimoire | print. 87 - ➡ | trimestriel | ? | Une journale lesbienne (poésie, etc.) |
| Herejias | mai 79 - 79 ? | irrégulière | ? | Femmes latino-américaines |
| Histoires d'elles | mars 77-avr.80 | mensuel | 20 000 | Politique et imaginaire |
| Homophonies | 1983 - ➡ | mensuel | ? | Comité d'urgence anti-répression homosexuelle (CUARH)/Gays & lesbiennes |
| Il était une fois les femmes | 1974 - ? | ? | ? | Marseille |

# La presse féministe française (1970-1990)

| Nom du périodique | Dates de parution | Périodicité | Tirage | Spécificité |
|---|---|---|---|---|
| les Infâmes | 1978 - ? | ? | | La maison des femmes de Caen |
| l'Information des femmes | nov.75-déc. 77 | mensuel (20 numéros) | 5 000 | Journal de liaison des groupes de femmes |
| International Women's News | fév. 78 - ➡ | ? | ? | Journal de la Ligue française pour le droit des femmes |
| Jamais contentes | nov. 79 - 1980 | 3 numéros | ? | Femmes autonomes |
| Journal des femmes d'Aix | fév. 79 - ? | ? | ? | Aix-en-Provence |
| Journal des femmes de Poitiers | juin 1978 - ? | ? | ? | Poitiers |
| Journal des groupes de femmes | mars 77 - ? | ? | ? | Montpellier |
| Journal des groupes de femmes | 1977 - ? | ? | ? | Bordeaux |
| L'Cause | nov. 75 | un numéro | ? | Féministes lesbiennes |
| La lune rousse | janv.77-sept.83 | irrégulière (13 numéros) | ? | Journal de la maison des femmes - Toulouse |
| La moitié du ciel | 1973 - ? | ? | ? | La Courneuve |
| Lesbia | avril 83 - ➡ | mensuel | ? | Femmes lesbiennes |
| Lettres à Sapho | oct./nov. 85 - ? | ? | ? | Bulletine gratuite d'annonces lesbiennes |
| Le Nouveau Choisir | sept./oct. 81 - ? | bimensuel | ? | Le Mouvement Choisir - Gisèle Halimi |
| Ligue internationale des femmes pour la paix et la liberté | juin 1985 - ➡ | mensuel | ? | Bulletin d'information sur la paix, section française |
| Marie-Colère | 1977 - 1979 | ? | ? | Grenoble |
| Mais qu'est-ce-qu'elles veulent? | janv.78-mars 78 | mensuel (3 numéros) | ? | Reims |
| Masques | 1979 - 1985 | mensuel | ? | Homosexualité masculine et féminine |
| Mathusalem | 1976 - 1977 | ? | ? | Journal qui n'a pas peur des vieilles |
| Médisances | mars 81 - ? | ? | ? | Journal du groupe de femmes «la lézarde». Mont Saint-Aignan |
| Mères célibataires | nov. 78 - ➡ | mensuel | ? | Revue pour les mères célibataires |
| Le Mercure des femmes | oct.79-juillet 80 | 5 numéros | ? | Revue des associations féministes |
| MFPF | janv. 78 - ? | irrégulière | ? | Bulletin du Mouvement français pour le planning familial |
| Mignonnes, allons voir sous la rose | juin 79 - mai 82 | irrégulière | 4 000 | P. S. (parti socialiste) |
| MLAC | 1976 - ? (n° 3) | irrégulière | ? | Mouvement liberté avortement et contraception |

La presse féministe française (1970-1990)

| Nom du périodique | Dates de parution | Périodicité | Tirage | Spécificité |
|---|---|---|---|---|
| Monde des femmes | juin 78 - ➡ | mensuel abonnement | ? | Revue des réseaux féminins internationaux - Liens Nord Sud Paris - Genève |
| Mujeres | été 78 - fév. 79 | irrégulière | ? | Femmes latino-américaines |
| Les Mûres prennent la parole | mai 79 - oct. 79 | irrégulière | 350 | Féministes d'un certain âge |
| Mytilène | avril 1987 - ? (n° 2) | trimestriel | ? | Journal lesbien - Vincennes |
| Naître et grandir | 1986 - ? | ? | ? | Marie-Odile Sanguinetti - Vincennes |
| NEUF | 1984 | 3 numéros | ? | Parole des femmes et écoute des hommes |
| Nosotras | janv.74 - été 76 | bimestriel | 1 000 | Femmes latino-américaines |
| Nouvelles de l'A.F.I. | juin 87 - ➡ | bimestriel | abonnement | A.F.I. (Agence - Femmes - Information) |
| Nouvelles féministes | déc. 74 - mai 77 | irrégulière (15 numéros) | 1 000 | Ligue des droits de la femme |
| Nouvelles Questions féministes (N.Q.F.) | mars 81 - ➡ | trimestriel | 1 500 à 2 500 | Revue théorique - Éd. Tierce |
| Now or never | print. 78 | un numéro | 200 | Femmes américaines |
| Paris-féministe | nov. 83 - ➡ | irrégulière | ? | Bulletin de la maison des femmes de Paris |
| Parole | print. 78 | un numéro | 3 000 | Revue théorique - Éd. Tierce |
| Paroles des lesbiennes féministes | ? | ? | ? | Aix-en-provence |
| Pénélope | juin 79-nov. 85 | semestriel | 2 000 | Revue pour l'histoire des femmes, Groupe de recherches féministes de l'université de Paris VII |
| Pénélope | été 79 - juillet/août 80 | irrégulière (7 numéros) | ? | Journal des femmes détenues - Rennes |
| Les Pétroleuses | déc.74 - déc.76 | irrégulière (7 numéros) | 6 000 | «Lutte de classes» |
| POW | nov.73-juin 75 | ? | ? | Paris Organization of Women (USA) |
| Présence de Georges Sand | fév. 84 - ? (n° 19) | ? | ? | Revue de l'Association pour l'étude et la diffusion de l'oeuvre de Georges Sand - Echirolles |
| Promo-Femmes-Information | 1980 - ➡ | mensuel | ? | Mouvement pour la promotion de l'image professionnelle de la femme - (revue féminine?) |
| Prospectives | juin 84-mars 85 | trimestriel | ? | Les femmes du dictionnaire |
| La Puce à l'oreille | hiver 83 - ? (n° 9) | irrégulière | ? | Bulletin du MFPF de l'Hérault- Montpellier |
| Quand les femmes s'aiment | avril 78 - ? | ? | ? | Lyon |

78  La presse féministe française (1970-1990)

| Nom du périodique | Dates de parution | Périodicité | Tirage | Spécificité |
|---|---|---|---|---|
| Questions féministes (Q.F.) | nov. 77 - fév. 80 | trimestriel | 2 500 | Revue théorique - Féminisme matérialiste (Delphy, Guillaumin) |
| Le Quotidien des femmes | juin 74 - juin 76 | 10 numéros | ? | «Psychépo» |
| Regards au féminin | ? | ? | ? | Revue d'expression et de création féministes - Bordeaux |
| Remue-ménage | mai 79 - avril 80 | mensuel | 3 000 | Luttes féministes |
| Réseau Femmes et développement | juillet 84 - ➡ | mensuel | ? | Ministère des Affaires extérieures |
| Réseau - Femmes - Informatisation | juin 85 - ➡ | mensuel | ? | Bulletin d'information sur l'informatisation et les femmes |
| La Revue d'en face | mai 77 - fin 81 1984 - 1987 ? | semestriel | 2 000 | «Lutte de classes» - Revue théorique |
| La sexualité autrement | juin 84 - ? (n° 4) | ? | ? | Journal du Planning familial des Pays de Loire - Nantes |
| Société internationale d'études yourcenariennes | nov. 87 - ? | ? | ? | Université de Tours |
| Sorcières | janv. 76 - sept. 81 | bimestriel/ semestriel | 6 500 | Revue littéraire et artistique - Xavière Gauthier |
| Soroptimist International | fév. 89 - ? (n° 16) | ? | ? | Union féminine (?) interprofessionnelle |
| Sors dehors si tu es une femme | 1978 - ? | ? | ? | Viry-Châtillon |
| Sphinx | hiver 1984 - ? | ? | ? | Women's international Literary Review - Paris |
| Le Temps des femmes I | mars - juin 78 | irrégulière | 5 000 | Luttes féministes |
| Le Temps des femmes II | mai 79 - 1983 | mensuel | 3 000 | Luttes féministes |
| Le Torchon brûle | oct. 70 - été 73 (n° 0) - (n° 6) | irrégulière (6 numéros) | 35 000 | Premier journal du M.L.F. |
| Visuelles | fév. 80 - janv. 81 | irrégulière | ? | Femmes de l'audio-visuel |
| La Voix des femmes | 1975 - ? | ? | ? | Bulletin du Cercle Dimitriev-Lyon |
| Vlasta | avr. 83 - 1987 ? | trimestriel | 10 000 | Lesbiennes |
| Les Yeux ouverts | fév. 84 - 1986 | irrégulière | ? | Femmes maghrébines |

# La presse féministe canadienne (1970-1990)

| Nom du périodique | Dates de parution | Périodicité | Tirage | Spécificité |
|---|---|---|---|---|
| About Women (E)[1] | 1977 - sept 84? | bimensuel | | Newsletter of the Women's Bureau - Dept. of Labour & Manpower - *Manitoba* |
| About Women (E) | 1980? - ? | trimestriel | | Newsletter of the Women's Division - Saskatchewan Labour - *Saskatchewan* |
| L'Acayenne (F) | mai 1975 (vol. 2, n° 7) | numéro spécial de l'Acayen | | Journal de femmes acadiennes - *Nouveau-Brunswick* |
| A.C.T.I.O.N. (E) | ? - mars 85 | 10 numéros/an | | Newsletter of the Manitoba Action Committee on the Status of Women - *Manitoba* |
| Action! (E/F) | 1985 - ➡ | semestriel | gratuit | Bulletin de la Direction générale de la condition féminine du N.-B. - Fredericton *Nouveau-Brunswick* |
| A.F.E.A.S. (F) | janv. 67-juin 77 | 10 numéros/an | 15 000 | Revue de l'A.F.E.A.S. - Montréal - *Québec* |
| Agir | 1987 - ➡ | irrégulier 3-4 n°/an | 120 | Bulletin d'information d'un Regroupement des groupes de femmes de l'Outaouais - Hull - *Québec* |
| Amazones d'hier, Lesbiennes d'aujourd'hui (F) | mars 1982-1988 | trimestriel | 400 | Revue nationale et internationale pour les lesbiennes - Montréal - *Québec* |
| Arcade (F) | 1981 - ➡ | 2 numéros/an | 500 - 600 | Revue littéraire thématique sur l'écriture des femmes - Montréal - *Québec* |
| Aspen (E) | 1980? - ? | 5 numéros/an | | Newsletter by and for Northern Women WERA (Women's Equal Rights Association) - *Colombie-Britannique* |
| Atlantis (E/F) | aut. 1975 - ➡ | semestriel | 1000 | Women' studies Journal/Journal d'études sur la femme - Universitaire - Halifax - *Nouvelle-Écosse* |
| l'Autre Parole (F) | sept. 1976- ➡ | 4 numéros/an | 500 | Féministes et chrétiennes Montréal - *Québec* |
| Baldwin Street Gallery News letter (E) | mars/avril 82- ? | mensuel? | | Art's Newsletter about this gallery - Toronto - *Ontario* |
| Branching Out (E) | déc. 73 - 1980 | irrégulier | | Feminist Magazine - Edmonton *Alberta* |
| Breaking the Silence (E) | print. 82 - 1986 | trimestriel | 1500 | Feminist Quartely to give women a voice-Ottawa-*Ontario* |
| Breakthrough for Women (E) | 1980 - ? | hebdomadaire | | Newspaper for women in the Toronto area - *Ontario* |

[1] Légende: (E) = English (F) = Français (E/F) = Bilingue

| Nom du périodique | Dates de parution | Périodicité | Tirage | Spécificité |
|---|---|---|---|---|
| Briarpatch (E) | 1980? - ? | mensuel | | Saskatchewan's independent Newsmagazine - *Saskatchewan* |
| Bridges Between Manitoba Women - (E) | 1980? - ? | 3 numéros/an | | Newsletter by the YWCA of Manitoba - *Manitoba* |
| Broadside (E) | print. 79 - ➡ | 10 numéros/an | 2000 | Feminist Newspaper - Toronto - *Ontario* |
| Bulletin de l'A.E.F. (F) | 1980 - ➡ | mensuel | | Bulletin Action-Éducation-Femmes (A.E.F.) - Ottawa - *Ontario* |
| Bulletin de l'ANFD/ ANWL Newsletter (E\F) | 1975 - avril 83 | ? | | Bulletin de l'Association nationale de la femme et le droit - Ottawa - *Ontario* |
| Bulletin de l'ICRAF/ CRIAW Newsletter (E\F) | automne 81 - print./été 84 | mensuel / trimestriel | | Institut canadien de Recherche pour l'avancement de la femme - Universitaire - Ottawa - *Ontario* |
| Bulletin de ressources/ Resource Bulletin (F/E) | 1980? - ? | trimestriel | | Bulletin du Programme de promotion de la femme - Secrétariat d'État - *Ontario* |
| Bulletin du CCCSF/ CACSW Newsletter (E/F) | 1973 - ➡ | mensuel | | Conseil canadien consultatif sur le statut de la femme - Ottawa - *Ontario* |
| **Bulletin du CIRF/ WIRF Newsletter (E\F)** | 1972 - 1980 | mensuel | 3 000 | Centre d'information et de référence pour femmes - Montréal - *Québec* |
| **Bulletin/Newsletter Institut Simone De Beauvoir (E/F)** | 1980 - ➡ | semestriel | 300 - 400 | Institut Simone De Beauvoir - Université Concordia - Montréal *Québec* |
| Business (E) | 1980? - 1981 | trimestriel | | Woman's Conference Institute Magapaper - Toronto - *Ontario* |
| the Business and (E) Professional Woman | 1980? - ? | 5 numéros/an | | Canadian Federation of Business and Professional Women's Clubs - Ottawa - *Ont.* |
| Calgary Women's Newspaper (E) | 1975 - 1981 | mensuel | | Calgary Status of Women Action Committee - Calgary - *Alberta* |
| CARAL Newsletter (E) | print. 85 - ? | 3-4 numéros/an | | Canadian Abortion Rights Action League - Toronto - *Ontario* |
| CASAC Newsletter/ ACCCV Bulletin (E/F) | 1975 - ? | 3 numéros/an 1 F - 2 E | | Association canadienne des centres contre le viol - Tenace - *Colombie-Britannique* |
| Canadian Committee on Women's history Newsletter (E) | 1980? - juillet 84 | semestriel | | Department of History - Ottawa Simone Fraser University - Vancouver - *Ontario - B.-C.* |
| **Canadian Journal of Feminist Ethics (E)** | 1986 - 1988? | 3 numéros/an | 400 | Journal for academic, political and feminist community about feminist ethics - Concordia University, - Montréal - *Québec* |

*La presse féministe canadienne (1970-1990)* 81

| Nom du périodique | Dates de parution | Périodicité | Tirage | Spécificité |
|---|---|---|---|---|
| Canadian Housewives Register Newsletter (E) | 1980? - 1981 | ? | | Newsletter for autonomous groups of Housewives - Willowdale - *Ontario* |
| Canadian Human Rights Commission Newsletter / CCDP Bulletin (E/F) | 1980? - ? | ? | | Commission canadienne des droits de la personne - Ottawa - *Ontario* |
| Canadian Journal of Women and the Law/ Revue juridique «la femme et le droit» (E/F) | 1985 - ➡ | semestriel | 1500 | Revue juridique pour les femmes - Ottawa - *Ontario* |
| Canadian Labour Congress, Women's Bureau Newsletter (E) | avril 65 - ➡ | mensuel | | Congrès du travail canadien - Ottawa - *Ontario* |
| Canadian Newsletter or Rescarch on Women / Recherches sur la femme (bulletin) (E/F) | mai 72 - ➡ | 3 numéros/an | | Ontario Institute for studies in Education (OISE) - Toronto - *Ontario* |
| Canadian Women and Religion Newsletter (E) | 1975 - ➡ | 5 numéros/an | | Christian Feminists - Saskatoon *Saskatchewan* |
| Canadian Woman Studies/Les Cahiers de la femme (E/F) | aut. 1978 - ➡ | trimestriel | 3 500 - 5000 | Magazine féministe national - York University - Toronto - *Ontario* (s'appelait Canadian Women Studies au début) |
| CARDWO Newsletter (E) | 1981 - ? | ? | | Committee for the Advancement of the Rights of Domestic Workers - Vancouver *Colombie-Britannique* |
| CAULDRONE (E) | mai 1988 - ? | trimestriel | 500 | Periodical for the New-Brunswick Womens community - Fredericton - *Nouveau-Brunswick* |
| CAWIS News (E) | 1981 - ? | | | Canadian Association for Women in Science - Toronto, *Ontario* |
| Cayenne (E) | nov. 1984 - 1988 | trimestriel | 600 | A Socialist Feminist Bulletin - Toronto - *Ontario* |
| CCCA Newsletter (E) | 1981 - ? | bimestriel | | Concerned Citizens for Choice on Abortion - Vancouver - *Colombie-Britanique* |
| CCLOW News (E) | 1981 - ? | ? | | Canadian Congress for learning opportunities for Women - Toronto - *Ontario* |
| CFUW/FCFDU Journal (E/F) | 1981 - ➡ | abonnement | ? | Canadian Federation of University Women - Ottawa - *Ontario* |
| City Women (E) | 1979 - ? | 5 numéros/an | | A magazine for the «new» urban Woman - Toronto - *Ontario* |

La presse féministe canadienne (1970-1990)

| Nom du périodique | Dates de parution | Périodicité | Tirage | Spécificité |
|---|---|---|---|---|
| Clearinghouse for feminist Media (E) | janv. 72 - juin 74 | irrégulier | | A feminist Journal about Media and Litterature - *Ontario* |
| CLIC Newsletter (E/F) | 1980 ?- 1981 | 11 numéros/an | | Conseil canadien de la documentation juridique - Ottawa - *Ontario* |
| CLSC Santé (F) | Mars 78 - ➡ | mensuel | ? | Bulletin du Centre local de santé communautaire - Montréal - *Québec* |
| Common Ground (E) | mars 82 - ➡ | bimestriel | 1000 | Journal for Island Women - Charlottetown - *Ile-du-Prince-Edouard* |
| Communiqu'elles (E/F) | sept. 74 - ➡ | bimestriel gratuit | 6 000 | Journal féministe indépendant, proche du Centre des femmes de Montréal - Montréal - *Québec* |
| Community Women's Centre Newsletter (E) | janv. 74 - juin 74 | mensuel? | | Community Women's Centre - Régina - *Saskatchewan* |
| Congress of canadian Women Newsletter (E) | 1980? - ? | ? | | Women's International Democratic Federation - Toronto - *Ontario* |
| Connexions (E) | 1981 - ➡ | 5 numéros/an trimestriel | | An International Women's Quarterly - Baltimore/Toronto - *USA/Ontario* |
| CPATF on Women's Issues Newsletter (E) | 1980? - ? | ? | | Canadian Psychiatric Association Task Force on Women's Issues - Toronto - *Ontario* |
| Diversity (E) | mai 1988 - ? | trimestriel | 3 000 | Magazine for Lesbians - Vancouver - *B.-C.* |
| Domestic Worker Newsletter (E) | 1980? - ? | ? | | The Official Newsletter of LRDS (Labour rights for Domestic Servants)-Toronto - *Ontario* |
| DFR/RFR (E/F) | 1972 - ➡ | trimestriel | 1500 | Documentation sur la recherche féministe de l'ICREF/CRIAW - Toronto - *Ontario* |
| Elisabeth Fry Society Newsletter (E) - version française: **Femmes et Justice** | 1980? - ? oct. 85 - ➡ | ? bimestriel (Montréal) | | Newsletter about Woman and the criminal of Justice system - Toronto - *Ontario* |
| Emergency Librarian (E) | fév. 1974 - ➡ | bimestriel | | Journal pédagogique - London - *Ontario* |
| **Entrelles** (F) | sept. 79 - 1981 | trimestriel | ? | Revue féministe des femmes de l'Outaouais - Hull - *Québec* |
| EOW News (E) | 1980? - ? | ? | | News of the Office of Equal Opportunities for Women - Ottawa - *Ontario* |

## La presse féministe canadienne (1970-1990) 83

| Nom du périodique | Dates de parution | Périodicité | Tirage | Spécificité |
|---|---|---|---|---|
| Ex-Aequo (E/F) | oct. 79 - mars 85 | trimestriel | | Newsletter of the New-Brunswick ACSW - Moncton - Nouveau-Brunswick |
| l'Expressive (F) | 1985 - ➡ | 2 numéro/an | 1000 à 500 | Bulletin du CEAF (Centre d'éducation et d'action des femmes) - Montréal - *Québec* |
| FAES/LEAF-Exprès (E/F) | 1986 - ➡ | trimestriel | | Fonds d'action et d'éducation juridique pour les femmes - Toronto - *Ontario* |
| Le féminisme en revue (F) | nov. 87 - ➡ | 6 numéros/an | 1 200 | Bulletin de la Fédération des femmes du Québec - Montréal - *Québec* |
| Feminist - Action - Féministe (E/F) | juillet 85 - ➡ | 7 numéros/an | 3 500 | Publication du comité canadien d'action sur le statut de la femme - Toronto - *Ontario* |
| Feminist Communication Collective (E) | 1967 - avril 74 | ? | ? | Journal féministe d'information - Montréal - *Québec* |
| The Feminist Forum (E) | 1981 - ? | ? | | Newsletter of Queen's Women's Centre Kingston - *Ontario* |
| Feminist party of Canada News/Nouvelles (E/F) | juillet 79 - ? | ? | | Parti féministe canadien - Toronto - *Ontario* |
| Femmes d'action (F) | automne 1971 - ➡ | 5 numéros/an | 2 000 | Revue d'information et de réflexion des femmes francophones - Ottawa - *Ontario* |
| Femmes d'ici (F) | sept. 77 - ➡ | 10 numéros/an puis trimestriel | 30 000 pour les membres | Revue de l'A.F.E.A.S. (Association féminine d'éducation et d'action sociale) Montréal - *Québec* |
| Femmes du Québec (F) | mars/avril 79 - mars/avril 80 | mensuel | ? | Journal sur la femme au Québec Montréal - *Québec* |
| FFQ-Bulletin (F) puis FFQ-Petite Presse | 1968 - 1980 Janv. 81 - 1983 | 4 - 5 nos/an abonnement | 1 200 | Bulletin de la Fédération des femmes du Québec - Montréal - *Québec* |
| Fire weed (E) | 1978 - ➡ | trimestriel | 1 800 | Quarterly of poetry, fiction, etc., from a feminist perspective Toronto - *Ontario* |
| Flagrant (E) | 1986 - ? | ? | | Victoria - *B.-C.* |
| FLQ Newsletter (F/E) | 1970 | un numéro ? | ? | Women's Collective Front de libération des Québécoises - Montréal - *Québec* |
| F. Lip (E) | mars 1987 - ? | trimestriel | 1 000 | A Newsletter of innovative Writing - Vancouver - *B.-C.* |

84  La presse féministe canadienne (1970-1990)

| Nom du périodique | Dates de parution | Périodicité | Tirage | Spécificité |
|---|---|---|---|---|
| A Friend Indeed / Une véritable amie (E/F) | avril 84 - mai 1988? | 10 numéros/an | 3 000 en anglais; 600 en français | Bulletin pour les femmes dans la force de l'âge - Montréal - *Québec* |
| Furie Lesbienne/Lesbian Fury (E/F) | automne 1984 - 1988? | semestriel | 350 | Journal de lesbiennes - Montréal - *Québec* |
| Fuse - Magazine (E) | automne 76 - ➡ | 5 numéros/an dont un double | | Publication devoted to news and media analysis - Toronto - *Ontario* |
| FWATD Newsletter (E) | 1980? - ? | 7 numéros/an | | Federation of Women Teacher's Associations of Ontario - Toronto - *Ontario* |
| Gay Archivist (E) | 1973 - ? | trimestriel | | Publication for gays and lesbians - Toronto - *Ontario* |
| La Gazette des femmes (F) | sept. 79 - ➡ | bimestriel | 100 000 | Revue du Conseil du statut de la femme - Québec - *Québec* |
| le GIERF - Info (F) | 1988 - 1990? | semestriel | ? | Bulletin du Groupe interdisciplinaire d'enseignement et de recherches féministes - UQAM - Montréal *Québec* |
| Grapevine (E) | 1986 - ➡ | 2 ou 3 numéros/an | | Lesbian Mothers' Defence Fund Newsletter - Toronto - *Ontario* |
| Harpies (E) | 1980? - ? | mensuel | | Women's Centre Newsletter - Winnipeg - *Manitoba* |
| Health care for Women International (E) | 1978 - 1984 | bimensuel | | Journal of the School of Nursing - Dalhousie University Halifax - *Nouvelle-Écosse*. |
| Health mothers (E) | 1983? - ? | ? | | Women's Health - Vancouver - *Colombie-Britannique* |
| Health shearing (E) | hiver 1979 - ➡ | trimestriel | 6 000 | Canadian Women's Health Quarterly - Toronto - *Ontario* |
| Herizons (E) | 1980 - avril 85 | 8 numéros/an | | Women's News and Feminist Magazine - Winnipeg - *Manitoba* |
| Homember's magazine (E) | 1980? - ? | 10 numéros/an | | Magazine - Toronto - *Ontario* |
| Hysteria (E) | 1980 - ? | trimestriel | | Feminist Magazine - Kitchener *Ontario* |
| Images (E) | oct. 1972 - sept. 84 | bimestriel 4 à 6 nºs/an | 1 000 | Kootenay Women's Paper - Nelson - *Colombie-Britannique* |
| Indian rights for Indian women Newsletter (E) | 1971 - ? | mensuel | | Newsletter for Indian Women - Edmonton - *Alberta* |
| Informelles (F) | 1983 - 1988 | 5 à 6 numéros/an | 125 | Bulletin pour les Franco-Manitobains - St-Boniface - *Manitoba* |
| Informelles (F) | Été 1985 - ➡ | trimestriel | ? | Bulletin du Centre des femmes de l'Estrie - Sherbrooke - *Québec* |

La presse féministe canadienne (1970-1990) 85

| Nom du périodique | Dates de parution | Périodicité | Tirage | Spécificité |
|---|---|---|---|---|
| International Women's day Comittee Newsletter (E) | 1980? - ? | ? | | Newsletter for IWD Toronto - Ontario |
| International Women's Year (E) | 1974 - 1975 | ? | | International Women's Year Secretariat Ottawa - Ontario |
| Isthar (E) | juillet 73 - juin 74 | irrégulier | | Women's Resource Centre and Transition House - Aldergrove - Colombie-Britannique |
| Jurisfemme (E/F) | 1980 - ➡ | trimestriel | | Bulletin de l'A.N.F.D. (Association de la femme et du droit) - Ottawa - Ontario |
| Kinesis (E) | 1972 - ➡ | mensuel (10 numéros/an) | 2 700 | Feminist Magazine - Vancouver Colombie-Britannique |
| Labour Studies Research Bulletin (E) | 1981 - ? | ? | | Bulletin of Dept. of Political Science - Carleton University - Ottawa - Ontario |
| Leftwords (E) | 1981? - ? | 9 numéros/an | | Socialist Newspaper (socialist feminists) - Vancouver - Colombie-Britannique |
| Lesbian/Lesbiennes (E/F) | fall 1980 - ➡ | ? | | Publication for Lesbians - Toronto - Ontario |
| Lesbian Manuscript Group Newsletter (E) | 1983? - ? | ? | | Lesbians Newsletter - Toronto - Ontario |
| Liaison femmes (F) | 1987 - ➡ | mensuel | ? | Bulletin de solidarité entre femmes du Québec et d'Amérique latine - Montréal - Québec |
| Ligue des femmes du Québec (F) | 1981 - ➡ | annuel | 600 | Bulletin de la Ligue des droits des femmes - Montréal - Québec |
| Long time coming (E) | juillet 73 - juin 74 | irrégulier | ? | Lesbian Journal - Montréal - Québec |
| Des luttes et des rires de Femmes (LRF) (F) | oct-nov 78 - juin-juillet août 81 | 10 numéros | 2 700 | Tribune d'échange et de liaison des femmes (MAF) - Montréal - Québec |
| Mamma (E) | 1981 - ? | 7 numéros/an | | Newsletter - Modern Activities for Mother's Mental Awareness Willowdale - Ontario |
| Manifeste des Québécoises (F) | 1971 | un numéro | ? | Manifeste du FLF (Front de Libération des femmes) - Montréal - Québec |
| Manitoba women's Newspaper (E) | 1980? - 1981 | 10 numéros/an | | Womens's Newspaper - Winnipeg - Manitoba |
| Marie Géographie (F) | hiver 84 - 1988 | 3 numéros/an | 1 000 à 1 500 | Magazine féministe et socialiste Québec - Québec |
| Match Bulletin (E/F) | 1978 - ➡ | bimestriel | | Bulletin de la Coalition des ressources et des besoins féminins du Canada et du Tiers-Monde - Ottawa - Ontario |

| Nom du périodique | Dates de parution | Périodicité | Tirage | Spécificité |
|---|---|---|---|---|
| Maternal Health News (E) | 1976 - juillet 1978<br>1978 - 1988 | bimestriel | 5 000 | Newspaper on maternal /child health care - Vancouver - Colombie-Britannique |
| Matrix (E) | 1981 - ? | bimestriel | | Newsletter of London Status of Women Action group - London Ontario |
| Matulu (F) | mars 78 - ⇒ | trimestriel | | Revue de la Fédération des Dames d'Acadie -Bathurst - Nouveau-Brunswick |
| Minerva (E) | 1988 - ⇒ | trimestriel | | Bulletin du C.C.D.E.F. (Congrès canadien pour la promotion des études chez la femme) - Toronto - Ontario |
| Montreal Women's Liberation Newsletter of YMCA of Canada (E) | juin 70 | un numéro? | ? | Montreal Women's Liberation Movement - Montréal - Québec |
| Montreal Women's Network (E) | 1980 - ⇒ | trimestriel irrégulier | 300 | Newsletter of Women's Network for Montreal English Women, Montréal - Québec |
| NAC Memo (E/F) | oct 80 - ⇒ | irrégulier | | Newsletter of the NAC (National Action Committee on the Status of Woman) - Toronto Ontario |
| National Newsletter of YMCA of Canada | 1981 -? | bimestriel | | Newsletter of YMCA - Toronto Ontario |
| Native Sisterhood (E) | 1969 - fév. 76 | irrégulier | | Canadian Native Sisterhood / Organization of Penitentiory Women - Kingston - Ontario |
| Network of (E) Saskatchewan Women | oct. 1983 - 1988? | 8 numéros/an | 1 000 | Magazine for Saskatchewan Women - Regina - Saskatchewan |
| The New Feminist (E) | nov. 69 - mars 73 | trimestriel | | Feminist Newspaper - Toronto - Ont.ario |
| Newfoundland Teachers' Association (E) | 1981 - ⇒ | ? | | Newsletter from the Concil on Women's Issues in Education - St.John's - Terre-Neuve |
| Newfoundland status of Women Concil Newsletter (E) | janv./fév. 74 - ⇒ | irrégulier | | NFSWC - St.John's - Terre-Neuve |
| News/Nouvelles (E/F) | 1981 - ? | trimestriel | | Journal of the Planned Parenthood Federation of Canada - Ottawa - Ontario |
| The Newsmagazine for Alberta Women (E) | juillet 1985 - ⇒ | bimestriel | 1 500 | Journal of the Planned Parenthood Federation of Canada - Ottawa - Ontario |
| Newsheet for the Conference of Indo-chinese and North America Women (E) | juin 1971 - ? | irrégulier | | Women's Journal about sexism and racism - Vancouver - Colombie-Britannique |

## La presse féministe canadienne (1970-1990)

| Nom du périodique | Dates de parution | Périodicité | Tirage | Spécificité |
|---|---|---|---|---|
| No-Name Newsletter (E) | 1981 - ? | ? | | Occasional Newsletter of OISE Toronto - *Ontario* |
| Northern Woman Journal (E) | printemps 1973 - ➟ | bimestriel | 1 000 | Feminist Journal - Thunderbay *Ontario* |
| North Shore Woman Newsletter (E) | 1980? - ? | bimestriel | | Journal of the Northern Women's Centre - Thunderbay - *Ontario* |
| On our way (E) | 1973 - fév. 79? | mensuel ? | | Women's Magazine about Rights, mental Health, etc. - Edmonton - *Alberta* |
| Ontario Association of Midwives Newsletter (E) | 1981 - ? | trimestriel | | Newsletter of this Association - Guelph - *Ontario* |
| Ontario Committee on the Status of Women Newsletter (E) | 1980 ? - ? | 3 numéros/an | | Newsletter of the NAC of Ontario - Ottawa - *Ontario* |
| Ontario Native Women's Association (E) | 1981 - ? | ? | | Newsletter -Thunder Bay - *Ontario* |
| OAWE Exchange Newletter (E) | 1980 ? - ? | ? | | Newsletter of Ontario Association for women & Education - OISE - Toronto *Ontario* |
| the Open door (E) | 1983 - oct 84 | trimestriel | | Northern Lesbians - Terrace - *Colombie-Britannique* |
| the OptimSt (E) | mars 73 - ➟ | mensuel puis trimestriel | 650 | A Voice for Yukon Women (Newspaper) - White horse - *Yukon* |
| Other Wise (E) | oct. 84 - ➟ | mensuel | | Feminist Newspaper at University of Toronto - Toronto- *Ontario* |
| The Other Women (E) | mai 72 - 1977 | irrégulier | | National Feminist Newspaper - Toronto - *Ontario* |
| Our Lives (E) | mars 1986 - 1988? | trimestriel | 2 000 | Newspaper for Black Women - Toronto - *Ontario* |
| Our Newsletter (E) | 1974? - ? | un numéro | | Vancouver Women's health Collective- Vancouver - *Colombie-Britannique* |
| Pandora (E) | sept. 85 - ➟ | trimestriel | 2 500 | Feminist Newspaper - Halifax - *Nouvelle-Écosse* |
| La Parole métèque (F) | print. 87 - ➟ | trimestriel | 10 000 à 20 000 | Le magazine du renouveau féministe - Montréal - *Québec* |
| La Partenaire (F) | 1983 - ➟ | trimestriel | 600 à 800 | Bulletin de l'Association des femmes collaboratrices - Montréal - *Québec* |
| Pauline McGibbon Culture Centre Newsletter (E/F) | 1980? - 1981 | ? | | Newsletter from this centre (Women & Arts) - Toronto - *Ontario* |

| Nom du périodique | Dates de parution | Périodicité | Tirage | Spécificité |
|---|---|---|---|---|
| Pluri-elles (F) | juin 77 - été 78 | 6 numéros | ? | Bulletin de liaison des groupes autonomes de femmes - Montréal - *Québec* |
| Powerhouse Gallery Newsletter (E/F) | 1973 - 1985 | bimestriel | ? | Newsletter of the Women's Gallery - Montréal - *Québec* |
| Prairie Women (E) | 1980? - 1981 | mensuel | | Newsletter of Saskatoon Women's Liberation - Saskatoon - *Saskatchewan* |
| Priorities (E) | 1980? - ? | bimestriel | | a Feminist Socialist Perspective of B.C. N.D.P. - Vancouver - *Colombie-Britannique* |
| Québécoises Deboutte! (F) | nov. 71 - mars 74 | irrégulier | ? | Journal du mouvement des femmes de Montréal - Montréal *Québec* |
| the Radical Reviewer (E) | juin 1980 - 1986 | encart dans Kinesis | ? | Lesbian Literary Collective (LLC) - Vancouver - *B.-C.* |
| R.A.I.F. (F) | déc. 1973 - ➡ | trimestriel | 700 | Revue d'action et d'information pour les femmes - Québec - *Québec* |
| Rebel Girl Rag (E) | mars 1987 - ➡ | trimestriel | 500 | Newsletter of an Active Socialist Feminist Group - Toronto - *Ontario* |
| Recherches féministes (F) | 1988 - ➡ | semestriel | 1 000 | Revue du GREMF(Groupe de recherche multidisciplinaire féministe)- Université de Laval Québec - *Québec* |
| Regina Lesbian Newsletter (E) | 1986 - ? | ? | | Lesbians Newsletter - Régina - *Saskatchewan* |
| Relais - Femmes (F) | 1980 - ➡ | ? | ? | Bulletin - Centre de documentation et d'information pour femmes - Montréal - *Québec* |
| Répercussion (F) | mai 83 - ? | bimestriel | 500 à 1 000 | Journal du Centre des femmes de Laval Laval - *Québec* |
| Réseau des femmes du N.-B./Women's Network of N.-B. (E/F) | aut. 85 - été 86 | trimestriel | 10 000 | Journal du Réseau des femmes du N-B. (Acadiennes, anglophones, autochtones) - Fredericton - *N.-B.* |
| Room of one's own (E) | print. 75 - ➡ | trimestriel | | Feminist Quartely on Arts & Literary - Vancouver - *Colombie-Britannique* |
| La Revue (F) | 1981 - 1986 | trimestriel | ? | Magazine pour lesbiennes radicales - Montréal - *Québec* |
| Saskatoon Women's (E) Liberation Newsletter | fév. 74 - ? | irrégulier | | Saskatoon Women's Centre - Saskatoon - *Saskatchewan* |
| Sisterhood (E) | 1980? - ? | trimestriel | | Women's Rights Committee - B.C. Federation of Labour - Burnaby - *B.-C.* |

## La presse féministe canadienne (1970-1990)    89

| Nom du périodique | Dates de parution | Périodicité | Tirage | Spécificité |
|---|---|---|---|---|
| SORWUC News (E) | 1980? - ? | ? | | Newsletter of the Union of Women Bank & Service workers - Vancouver - *B.-C.* |
| Les Sourcières (F) | 1980? - ? | ? | ? | Bulletin d'un groupe de sorcières - Montréal - *Québec* |
| Spirale (E) | 1981 - ? | trimestriel | | A Woman's Art & Culture Quartely - London - *Ontario* |
| Spokes Woman for Abortion Law Repeal (E) | avril 72 | un numéro | | Canadian Women's Coalition to repeal Abortion Laws - Toronto - *Ontario* |
| Status of Women News (E) | été 73 - été 80 | trimestriel | | Newsletter of the NAC - Toronto - *Ontario* |
| Sudbury Women's Centre Newsletter (E/F) | 1981 - ? | ? | | Newsletter of Women's Centre - Sudbury - *Ontario* |
| Surfacing (E) | avril 1974 | un numéro | | Women's Centre - Victoria - *Colombie-Britannique* |
| SWAP Newsletter (E) | 1980? - ? | 3 numéros/an | | Section on Women & Psychology - University of Guelph - Guelph - *Ontario* |
| S/W Newsletter (E) | 1981 - ? | bimestriel | | Status of Women Programme B.C. Teacher's Federation - Vancouver - *B.-C.* |
| Le Tablier déposé (F) | 1979/80 - 1984 | irrégulier | 100 | Une collective de femmes de l'Est ontarien - Rockland - *Ontario* |
| Tamarack (E) | 1981 - ? | ? | | Newsletter of Women's Centre - Tenace - *B.-C.* |
| Tapestry (E) | automne 1981 - 1988? | trimestriel | 200 | Okanagan Women's Coalition - Vernon - *B.-C.* |
| TCLSAC Reports (E) | 1981 - ? | 8 numéros/an | | Toronto Committee for the Liberation of Southern Africa - Toronto - *Ontario* |
| Tessera (E) | janv. 1985 - 1988? | annuel | | Magazine focus on Feminist Literary's Criticism - Vancouver - *B.-C.* |
| Les Têtes de Pioche (F) | mars 76 - juin 79 | mensuel | 2 000 à 1 500 | Journal de femmes (féminisme radical) - Montréal - *Québec* |
| Tiger Lily (E) | déc. 1986 - ➡ | trimestriel | 7 000 | The Magazine for Women of Colour - Toronto - *Ontario* |
| Tightwire (E) | 1960 - 1988? | trimensuel | 600 | Publication by Women Prisoners - Kingston - *Ontario* |
| Toronto Women and Education News (E) | 1981 - ? | ? | | A Cooperative Publication of the Affirmative Action Advisor & Women's Studies Consultant - Toronto - *Ontario* |
| Toronto women's Liberation movement Newsletter (E) | mars 1971 | ? | | Toronto Women's Liberation Movement - Toronto - *Ontario* |

| Nom du périodique | Dates de parution | Périodicité | Tirage | Spécificité |
|---|---|---|---|---|
| Treize (F) | sept. 73 - ➡ | bimestriel | 300 | Revue lesbienne - Montréal - Québec |
| Two Birds (E) | 1978 - ➡ | ? | | A Journal of Underdevelopment Studies & Women' Studies - Toronto - Ontario |
| l'Une à l'Autre (F) | déc. 73 - ➡ | trimestriel | 2 000 à 6 000 | Magazine féministe de santé/maternité - Montréal - Québec |
| Union Women Newsletter (E) | 1981? - ➡ | 5 numéros/an | | Organized working Women - Don Mills - Ontario |
| UniversElles (F) | oct. 88 - ➡ | 3 à 4 numéros/an | 500 | Bulletin féministe de solidarité internationale (le 5e Monde) - Québec Québec |
| U. of T. Women's Newspaper (E) | 1980 - ➡ | 6 numéros/an | | University of Toronto - Toronto Ontario |
| Upstream (E) | 1977 - juillet 80 | mensuel | | Feminist Journal for all Canadian Women - Ottawa - Ontario |
| Velvet Fist (E) | sept. 70 - 1972 | irrégulier | | Women's liberation Newspaper - Toronto - Ontario |
| Video Guide (E) | 1981 - ? | bimensuel | | Women's Media (feminist issue) - Vancouver - Colombie-Britannique |
| La Vie en Rose (F) | mars 80 - fév. 81 (inséré dans Le Temps Fou) mars 81 - mai 87 | 10 numéro/an | 16 000 à 25 000 | Magazine féministe d'actualité - Montréal - Québec |
| Vitality (E) | 1979 - ➡ | 4 numéros/an mensuel en 1981 | 1 000 | Women's Health education Network - Debert - Nouvelle-Écosse |
| Voices (E) | 1986? - ? | ? | | Lesbien Journal - Kenora - Ontario |
| Voices Rising / À Pleine Voix (E/F) | août/sept. 87 - ➡ | bimestriel | | Bulletin about Women and popular Education (ICAE) - Toronto - Ontario |
| VOW Newsletter (E/F) | 1960 - avril 74 1975 - ➡ | 5 numéros/an | | Voice of Women//La Voix des femmes - Toronto - Ontario |
| the Wages of Housework Campaign Bulletin (E) | 1980? - ? | ? | | Lesbian Mothers' Defence Fund Toronto - Ontario |
| Western Canadian Women's News (E) | juin 74 - juin 76 | mensuel ? | | Feminist Journal on Politics, Rights, Lobbying - Vancouver - Colombie-Britannique |
| WHEN (E) | 1980? - 1981 | ? | | Women's Health Education Network - Lower Debert - Nouvelle-Écosse |
| Women and Environments (E) | 1976 - ➡ | trimestriel | 1 300 | Centre for Urban and Community Studies - U. of T. - Toronto - Ontario |

La presse féministe canadienne (1970-1990) 91

| Nom du périodique | Dates de parution | Périodicité | Tirage | Spécificité |
|---|---|---|---|---|
| Women and Work (E) | nov. 81 - ? | bimestriel | | Ministry of Labour - Burnaby - Colombie-Britannique |
| Women at Work (E) | déc. 73 - avril 74 | irrégulier | | Woman's Bureau - Dept. of Labour - Burnaby - B.-C. |
| Women Can (E) | automne 69 - mars/avril 75 | irrégulier | | Vancouver women's Caucus - Vancouver - B.-C. |
| Women for political Action Newsletter (E) | 1980 ? - ? | ? | | WPA - Toronto - Ontario |
| the Womanist (E) | nov./déc. 88 - ? | bimestriel | 12 000 gratuit | A Feminist Newspaper across Canada - Ottawa - Ontario |
| Women in Trades (E) Association Newsletter | 1980 ? - ? | bimestriel | | WITA - Winnipeg - Manitoba |
| Women's Bureau Newsletter (E) | mars 76 - ➡ | trimestriel | | Women's Bureau Resource Centre - Ministry of Labour - Toronto - Ontario |
| Women's concerns Newsletter (E) | juin 78 - mars 85 | 4 numéros/an | | Feminism and United Church of Canada - Toronto - Ontario |
| Women's Education des Femmes (E/F) | sept. 1982 - ➡ | trimestriel | 1 000 | Journal du CCPEF/CCLOW (Congrès canadien de promotion des études chez la femme) - Toronto - Ontario |
| Women's Liberation News (E) | oct. 70 - fév. 71 | irrégulier | | Women's Liberation Alliance - Vancouver - B.-C. |
| Women's Network Newsletter (E) | janv/fév. 70 ? - ? | irégulier | | Women's Liberation Committee Ottawa - Ontario |
| the Women's Place Newsletter (E) | juillet 72 - juin 74 | irrégulier | | Newsletter on self-help, childcare, education - Toronto - Ontario |
| Women Speaking (E) | 1973 - avril/juin 76 | bimestriel | | An Unifying Periodical for Women's Activities and Problems - Toronto - Ontario |
| York Women's Centre Newsletter (E) | 1980? -? | ? | | Newsletter of Women's Centre - York University - Downsview - Ontario |
| YW Women (E) | 1970 - oct. 84 | trimestriel | | News on YWCA Affaires - Winnipeg - Manitoba |

Pour la France, je me suis fiée à l'évaluation donnée par Chantal Bertrand-Jennings[62] et à celle donnée parfois par les journaux eux-mêmes. En fait, aucune de ces publications n'a été contrôlée par l'O.J.D. (Office des journaux et de la diffusion), ce qui explique que quelquefois je n'ai pas pu disposer de chiffre. Pour le Canada et le Québec, la situation est encore pire. Ni The Canadian Periodical Publisher's Association, ni l'Alternative Press Index (équivalent de l'Annuaire de la presse et de la publicité française), où ces revues ont pu être répertoriées, ne donnent de tirage. Ces chiffres, obtenus parfois par des contacts personnels ou par téléphone doivent donc être relativisés. Mais cela fait aussi partie de leur refus de classification et de codage, de cette mouvance si chèrement revendiquée.

## Des journaux par et pour des femmes

Pour ce qui est de leur spécificité, on retrouve, aussi bien pour la France que pour le Québec, les trois rangées de la trirème évoquée en introduction. La presse féministe canadienne n'échappe pas au navire, mais son étude comme telle demanderait un autre livre, je m'y référerais seulement de temps en temps. C'est sans aucun doute la première rangée de la trirème, *la presse d'expression féministe*, qui occupe la place la plus importante: F: 118 publications; Q: 45 et C: 188. Je l'ai décomposée en trois autres rangées de rames : tout d'abord les publications qui parlent *des actions et des initiatives de femmes, en liaison avec le mouvement de libération des femmes*. Elles oscillent entre le journal, le bulletin, la revue ou le magazine. Pour la France, on retrouve évidemment les trois grandes tendances du M.L.F., mais aussi des publications dont la spécificité se définit autrement: liaison entre les différents groupes de femmes (*Le Temps des femmes*), femmes latino-américaines (*Nosotras*), femmes prostituées (*L'écho du macadam*), l'Association contre les violences faites aux femmes au travail (*Bulletin de l'A.V.F.T.*) et des revues plus littéraires comme *Sorcières* ou thématiques comme *Les Cahiers du GRIF* (au départ cette revue était publiée à Bruxelles mais a eu une certaine influence en France. Depuis 1985, elle est publiée par les Éditions Tierce à Paris). Pour le Québec, il y a bien sûr la différence entre le féminisme radical (*Les Têtes de Pioche*) et le féminisme réformiste (*R.A.I.F.*), mais aussi la liaison entre les groupes autonomes de femmes (*Pluri-Elles* ou *Communiqu'Elles*), des associations de

---

[62] C. Bertrand-Jennings, *Ibid.*, pp. 19-21.

femmes féminines/féministes (*Femmes d'ici* ou *Le féminisme en revue*) et des revues littéraires comme *Arcade*. Ensuite viennent celles qui sont le reflet d'*associations et de centres spécifiques*, en relation avec les revendications des femmes, comme *L'Une à l'Autre* (Q, Mouvement Naissance-Renaissance), *UniversElles* (Q; Solidarité internationale, le 5e monde), les publications du *MLAC* et du *MFPF* (F), *Choisir* (F, groupe animé par Gisèle Halimi), *Paris-féministe* (F, Maison des femmes de Paris). Interviennent aussi les publications qui couvrent un *champ spécifique d'information et de réflexion*, comme *L'Autre Parole* (Q, féministes et chrétiennes) et *Esclavage* (F, document social sur la traite des femmes et des enfants). Enfin, la troisième rame de cette presse d'expression féministe est formée par les revues *lesbiennes*, y compris celles qui parlent de l'homosexualité en général comme *Masques* (F), bien que parfois certaines refusent le label féministe comme *Vlasta* (F) et *Treize* (Q).

La deuxième rangée de la trirème, qui, en importance pour la France, suit la première (F: 14; Q: 1 et C: 26), constitue ce que j'avais désigné comme *la presse du féminisme institutionnel*. Il s'agit d'abord des bulletins et revues des deux ministères français et québécois relatifs à la condition féminine. En France, son évolution est particulièrement significative: de juillet 1974 à août 1976, il s'agit d'un Secrétariat d'État auprès du premier ministre, chargé de la condition féminine (Françoise Giroud); de septembre 1976 à juin 1978, de la Délégation à la condition féminine auprès du premier ministre (Nicole Pasquier jusqu'en février 1978, puis Jacqueline Nonon); de septembre 1978 au début 1981, du Ministère délégué auprès du premier ministre, chargé de la condition féminine et de la famille (Monique Pelletier); de mai 1981 à mars 1986, du ministère des Droits de la femme, délégué auprès du premier ministre (Yvette Roudy); d'avril 1986 à avril 1988, de la Délégation à la condition féminine auprès du ministère des Affaires sociales (Hélène Gisserot); d'avril 1988 à 1989, du Secrétariat d'État, chargé des droits de la femme (Michelle André). Au Québec, la situation est beaucoup plus simple, il y a le Conseil consultatif sur le statut de la femme (actuellement Diane Lemieux) et le ministère délégué à la Condition féminine (actuellement Louise Harel), qui un temps fut Ministère d'État, chargé de la condition féminine (Lise Payette). On trouve ici les deux grandes publications: *Citoyennes à part entière* (F) et *La Gazette des femmes* (Q). Sont aussi intégrées dans cette rangée les publications issues de femmes syndicalistes ou dissidentes d'un parti politique, comme *Elles voient rouge* (F), même si ces dernières ne disposent pas de moyens aussi importants que celles issues des ministères.

La troisième rangée de la trirème comporte *la presse de réflexion féministe*, c'est-à-dire des revues plus universitaires apportant une réflexion idéologique et théorique sur le mouvement de libération des femmes, leurs oppressions, etc., (F: 10; Q: 3; C: 8). Pour le Québec, il s'agit de la deuxième rangée en importance de la trirème. Citons par exemple *Pénélope* (F, qui se voulait un organe de liaison entre universitaires s'intéressant à l'histoire et à la condition des femmes); *Questions féministes*, puis *Nouvelles Questions féministes* (F); *La Revue d'en Face* (F); *Le GIERF-Info* (Q) et *Recherches féministes* (Q). On peut à ce titre intégrer plusieurs revues canadiennes qui ont une certaine influence au Québec: *Atlantis*; *Canadian Journal of Women and the Law/Revue juridique la femme et le droit*; *Canadian Woman Studies/Les Cahiers de la femme*; *Documentation sur la Recherche Féministes/Resources for Feminist Research*.

Voici donc à quoi ressemblent les presses féministes en France et au Canada. Elles se positionnent différemment des autres médias majoritaires dans le champ de la presse. Mais de quoi parlent-elles? Comment en parlent-elles? C'est qu'on va découvrir dans le prochain chapitre.

# 4

# Le discours subversif des féministes

Rentrons maintenant un peu plus dans l'intimité de ces presses féministes françaises et québécoises. Comme je l'ai précisé en introduction, les différents niveaux d'analyse proposés pour saisir la portée et la fonction politique et critique de ces journaux et revues ne peuvent pas se mettre en place pour l'ensemble de la rétrospective historique. J'ai préféré étudier six publications correspondant à *la presse d'expression féministe* et couvrant une période importante pour les femmes: la décennie des femmes (1975-1985). Pour la France, je devais garder l'inévitable «tendancisation» du M.L.F. J'ai donc pris trois revues qui me semblaient être pertinentes de ce point de vue. J'aurais pu seulement analyser le mensuel *Des Femmes en Mouvements*, dont l'hebdomadaire *Des Femmes en mouvements Hebdo* est la suite, mais la période d'étude n'aurait pas été assez couverte, puisque cette «mensuelle», *FM,* s'est éteinte en janvier 1979. Pour le Québec, j'ai voulu favoriser une certaine évolution du féminisme québécois dans le temps, même si j'ai rejeté le féminisme réformiste, dont le R.A.I.F. semblait être le représentant. Il est à noter que ce n'est pas l'ensemble de la presse d'expression féministe qui est couverte par le choix de ces publications, puisque j'ai évincé la presse d'expression féministe liée à des associations ou des centres de femmes spécifiques, et celle couvrant un champ spécifique d'information et de réflexion. Mais ce corpus représente un échantillon important de journaux (pour la France: 132 numéros et pour le Québec: 88 numéros) sur une période de temps assez longue (1974-1987). Il s'agit de tous les numéros de ces six journaux, du début à la fin de leur diffusion.

Puisque la parole des femmes a été longtemps décriée par les médias en général, laissons-leur donc le soin de dire elles-mêmes ce qu'elles voulaient faire avec leurs journaux féministes. Voici donc les caractéristiques[63] et les intentions des six journaux choisis:

*Les Pétroleuses* appartiennent à la tendance «luttes de classe» et sortiront de façon irrégulière de 1974 à décembre 1976 (8 numéros). Pour ce journal[64], il s'agit de «commencer à lutter ensemble pour construire un autre monde où nous existerons. (...)*Le but de ce journal: faire connaître, répercuter la lutte quotidienne des femmes contre leur oppression et contribuer à construire un grand Mouvement des Femmes qui se battent pour leur libération.*»

*Histoires d'Elles* se veut un mensuel «politique et imaginaire», qui durera le temps de 23 numéros, de mars 1977 à avril 1980. Ce journal appartiendrait à la tendance définie comme «les luttes féministes». Elles[65] constatent que «nulle part dans la presse *nous n'avons l'initiative. Histoires d'Elles est né d'une volonté de construire un lieu où les femmes puissent faire entendre une parole autonome. (...)Nous avons à créer une autre actualité, qui nous soit propre, à partir des histoires individuelles et collectives des femmes. Des histoires qui sont toutes des morceaux d'une lutte unique de subversion de l'ordre patriarcal. (...)Mais toutes ces histoires éparpillées ne prennent leur véritable sens et toute leur force qu'en apparaissant dans leur addition et leur unité essentielle. Nous voudrions que ce journal serve à cette addition.*»

*Des femmes en Mouvements Hebdo (FMH)* est l'hebdomadaire de la tendance «psychanalyse et politique», communément appelée «Psychépo» et il paraîtra de novembre 1979 à l'été 1982 (101 numéros). Ce magazine[66] veut créer un «lieu pour s'informer sans *les vitres et les filtres de tous les ismes. Un Hebdo geste pour arracher nos corps à l'emprise patriarcale, notre information aux professionnels de la falsification journalistique, l'écriture aux professionnels de la plume, l'inconscient aux professionnels du*

---

[63] D'autres caractéristiques de ces publications seront données au chapitre 5 avec le marché économique de l'information.
[64] Extrait du premier éditorial des *Pétroleuses*, 1974, n° 0, p.2.
[65] Extrait du premier éditorial d'*Histoires d'Elles*, mars 1977, n° 0, pp. 1-2.
[66] Extrait du premier éditorial de *Femmes en Mouvements Hebdo*, faisant suite au mensuel *Femmes en Mouvements*, du 9 au 16 novembre 1979, n° 1, p.15.

*fauteuil, le pouvoir-faire aux professionnels de l'émancipation-intégration. Un hebdo guérilla, un hebdo résistance pour repérer l'ennemi principal et sa cohorte d'ennemis secondaires et pour établir de justes alliances, etc..»*

*Les Têtes de Pioche* se définissait comme le journal des féministes radicales et paraîtra mensuellement de mars 1976 à juin 1979 (23 numéros). Elles[67] se veulent un journal «*pour parler des actions de femmes, de leurs regroupements. Nous avons besoin d'un journal pour parler de nos démarches, longues et pénibles. (...)Nous ne voulons pas produire pour produire, mais partir de notre vécu quotidien et des questions et sujets qui nous touchent profondément. Nous ne voulions pas ignorer notre besoin d'être bien entre femmes. Nous ne voulions pas ignorer encore une fois notre subjectivité, mais l'intégrer à notre action, à notre langage.»*

*Des Luttes et des Rires de Femmes (LRF)* représentent plus ou moins les groupes de femmes autonomes (MAF) et sortira irrégulièrement le temps de 15 numéros (d'octobre/novembre 1978 à juin/juillet/août 1981). Ce journal[68] désire poser «*un regard sur nous et sur les autres, action/réaction/interaction, remises en question personnelles et collectives, tribune à inquiétudes, échanges d'incertitudes, outil de lutte et de recherche, collection d'interrogations, baromètre à frictions, balance à certitude. (...)À l'origine Des Luttes et des Rires se voulait un bulletin des Groupes Autonomes de Femmes. De fil en aiguille, le bulletin est devenu une TRIBUNE D'ÉCHANGE ET DE LIAISON DES FEMMES.»*

*La Vie en Rose* se définissait comme le magazine féministe d'actualité. De mars 1980 à novembre 1980, ce journal sera inséré dans *Le Temps fou* (4 numéros), puis de mars/avril/mai 1981 à juillet/août 1984, il sera d'abord trimestriel et ensuite bimestriel, et enfin, de septembre 1984 à mai 1987, il sera mensuel. En tout il y aura 50 numéros. *La Vie en Rose*[69], qui se considère comme «*un projet dérisoire, un misérable 24 pages*

---

[67] Extrait du premier éditorial des *Têtes de Pioche*, mars 1976, n° 1, p.2.
[68] Extrait du premier éditorial des *Luttes et des Rires de Femmes*, faisant suite à *Pluri-Elles*, octobre-novembre 1978, vol. 2, n° 1, p.1.
[69] Extrait du premier éditorial de *La Vie en Rose*, paru dans *Le Temps Fou*, mars-avril-mai 1980, vol. 1, n° 1, p.4.

*dans une revue qui tire à 6 000 exemplaires et rejoint à peu près un millième de la population du Québec. (...)Nous tâcherons de faire, à contre-courant dans un monde où les communications sont de plus en plus centralisées et uniformisées, une presse subjective, une presse d'opinion. Nous ne prétendons pas cerner la réalité ou lui faire suivre une ligne; nous nous contenterons de regarder et de commenter le monde qui nous entoure sans chercher refuge derrière les paravents sacrés de l'objectivité et de la représentativité».*

## De quoi parlent-elles?

En quoi les presses féministes françaises et québécoises sont-elles différentes de la presse féminine? Comment se démarquent-elles des autres médias? Bref, comment se rendent-elles visibles aux lectrices et comment leurs contenus en font-ils des presses d'opinion? Pour apporter une réponse à ces questions, j'ai établi une fiche pour chaque numéro de publication privilégiée et confronté l'ensemble des thèmes abordés par chacune, afin de présenter une grille d'analyse qui puisse s'appliquer aux publications aussi bien françaises que québécoises.

Avant de voir comment ces publications féministes informent les femmes, j'aimerai formuler quelques remarques, qui permettent de rendre compte de la richesse de ces journaux et des biais que j'ai rencontrés pour faire cette analyse thématique. Tout d'abord, il y a deux types de publications. Des journaux de format plus ou moins tabloïd: *Les Pétroleuses, Histoires d'Elles* (sera plié en deux à partir du numéro 7), *Les Têtes de Pioche*; des revues ou magazines: *Des Luttes et des Rires de Femmes, La Vie en Rose, Des Femmes en Mouvements Hebdo*. À part *les Pétroleuses* qui utiliseront comme logo le symbole des femmes avec le slogan (elles ont fait de leur jupon un drapeau rouge), les deux autres publications françaises n'auront que leur titre pour se démarquer. Par contre les publications québécoises auront chacune une mention particulière: Journal des femmes pour *Les Têtes de Pioche*; Bulletin de liaison des groupes autonomes de femmes qui deviendra Tribune d'échange et de liaison des femmes pour *Des Luttes et des Rires de Femmes*; Le magazine féministe d'actualité à partir du numéro 10 pour *La Vie en Rose*. Comme ces publications n'ont pas la même périodicité, la fréquence des thèmes abordés doit donc être modulée, surtout pour *Des Femmes en Mouvements Hebdo*.

Un premier problème à résoudre est qu'il n'existe pas comme dans la presse traditionnelle d'en-têtes de rubriques. Ici, point de «vie économique», «société» ou «arts et spectacles». Au contraire, la mise en forme de l'information que dans le jargon journalistique on appelle la mise en page est aussi éclatée et mouvante que les structures de ces publications. Le plus souvent, ce sont les titres des articles qui serviront de rubriques comme telles. Bien sûr, il existe des rubriques comme «le féminaire», sorte d'agenda politico-culturel de *FMH*, ou «journal intime et politique» qui servira de chronologie des événements vus par une femme dans *Histoires d'Elles*, mais qui pour *La Vie en Rose* sera la page réservée à la fiction, aux poèmes, à la création. On notera que plus la publication sera structurée à la manière d'un média «traditionnel», plus le découpage en rubriques sera évident, même si l'intitulé exige de lire l'article pour en définir le contenu. Ce sera surtout le cas pour *La Vie en Rose* et *FMH*. Il est à ce point-ci intéressant de noter que *FMH* a une manière très particulière de mettre en page ses informations. Elle distribue des étiquettes «à proximité» à ce qui lui ressemble, à un ensemble de luttes, solidarités, mouvements qui vont dans le sens du courant Psychanalyse et politique. Par contre la rubrique «de l'étranger» constitue ce contre quoi elle s'érige, c'est-à-dire les autres tendances du M.L.F. et non pas forcément des articles relevant de situations de femmes de l'étranger. On retrouve dans cette dernière rubrique de manière générale tout ce qui a trait au pouvoir institutionnel (gouvernement, parlement, ce qu'elle appelle les associations «droitières», etc.). On verra d'ailleurs que ce découpage correspond à l'appropriation du mouvement des femmes à son seul courant de pensée.

Autre exemple qui montre à quel point ces publications refusent la classification et le découpage classiques des autres médias, c'est l'absence d'éditorial comme rubrique pour ces journaux, à l'exception des *Têtes de Pioche* (17 sur 23 numéros) et de *La Vie en Rose* (un pour chaque numéro). Comme on le sait, les éditoriaux ont une fonction très particulière pour un journal, ils servent en général de ligne directrice du journal et d'auto-information pour les journalistes qui doivent tenir compte de cet encadrement de la pensée. Cela ne veut pas dire que les autres publications n'écrivent pas d'éditoriaux, mais elles ne les répertorient pas comme tels. Pour *Des Luttes et des Rires de Femmes*, cette forme d'éditorial est située dans la rubrique «dans ce numéro», qui présente le numéro et prend des positions sur le dossier privilégié; pour *Les Pétroleuses*, il s'agira de diverses brèves selon les sujets; pour *Histoires d'Elles*, d'un article plus long sur le journal ou le thème, ainsi que pour *FMH* qui souvent l'intitulera «chronique de ...»

## La cuisine aigre-douce des féministes

J'ai donc retenu une quinzaine de thèmes (voir tableau de la page suivante), qui bien sûr ne sont pas toujours aussi marqués que leurs intitulés et qui souvent se recoupent. Je me suis efforcée de retenir le thème principal de l'article pour le classement. Ici pas de recettes de cuisine, de modes d'emploi pour des produits de beauté, de psychologie pour assurer sa vie de couple ou pour trouver un mari, de mode pour séduire et plaire à nos alter ego, etc. Au contraire, l'ensemble de ces publications féministes parlent des droits physiques, moraux, politiques, sociaux et culturels des femmes. On y analyse la condition des femmes à l'intérieur de chaque société et ailleurs dans le monde. On met en lumière les actions de certaines femmes pour transformer la structure patriarcale des sociétés. On situe le mouvement de libération des femmes dans son contexte historique, social et philosophique. On donne des analyses et des interprétations de l'aliénation et de l'oppression des femmes sur le plan professionnel, affectif et économique. On parle d'avortement, de contraception, de procès contre le viol, de la maternité, des relations entre les femmes et les hommes. Bref, on utilise la presse comme un moyen entre autres de combattre l'oppression des femmes et de divulguer des idées féministes. Ce qui fait la force et la richesse de ces presses féministes, ce sont à la fois leurs dossiers (ensemble de reportages, témoignages, entrevues, brèves, critiques, etc.) et la manière dont elles les abordent. *Les Pétroleuses* vont s'attacher à développer le thème du travail, en y englobant le travail domestique ou ménager des femmes, ce qui fut d'ailleurs le premier dossier de *La Vie en Rose* autonome (mars-avril-mai 1981). Un peu plus tard, ce magazine féministe se risque dans un dossier sur l'érotisme (n° 28), tandis que *Des Luttes et des Rires de Femmes* abordent également le thème de la sexualité dans un dossier (vol. 2, n° 5) et celui de la famille (vol. 4, n° 3). Du côté des *Têtes de Pioche*, on retrouve trois dossiers sur le mouvement de libération des femmes (n°s 1, 3, vol. 2, n° 2) et un dossier sur la médecine et l'auto-santé (vol. 3, n° 3); *Histoires d'Elles* consacre quatre dossiers au politique (élections municipales, n° 0, Mai 68, n° 6, la nouvelle droite, n° 18 et la guerre et le pacifisme des femmes, n° 20), mais c'est surtout l'international, tout comme *FMH* (29 dossiers), qui les intéresse (5 dossiers dont deux sur les femmes iraniennes). *Histoires d'Elles* propose également un ensemble de reportages sur la violence et le terrorisme en Allemagne (n° 2) et *La Vie en Rose* un dossier sur le terrorisme: des sorcières comme les autres (n° 30).

Le discours subversif des féministes                                    101

Analyse thématique des presses féministes françaises et québécoises

| Journaux féministes<br><br>thèmes | Les Têtes de Pioche | Des Luttes et des Rires de Femmes | La Vie en Rose | Les Pétroleuses | Histoires d'Elles | Des Femmes en Mouvement Hebdo |
|---|---|---|---|---|---|---|
| Agenda | 6 (30) | 5 (84) | 9 (128 | 13-14 (1) | 11 (27) | 8 (94) |
| M.L.F. | 2 (103) | 2 (158) | 4 (286) | 5 (37) | 3 (71) | 4 (252) |
| Santé | 9 (26) | 9 (52) | 11 (136) | 13-14 (1) | 12 (16) | 15 (48) |
| Sexualité/ corps | 3 (62) | 4 (124) | 6 (244) | 3 (43) | 6 (56) | 9 (85) |
| Monde du Travail | 5 (31) | 10 (46) | 10 (141) | 1 (64) | 10 (30) | 7 (203) |
| Famille | 8 (29) | 7 (64) | 12 (133) | 11 (8) | 9 (32) | 13 (55) |
| Politique | 10 (19) | 8 (53) | 5 (257) | 7 (27) | 5 (58) | 5 (250) |
| International | 15 (2) | 6 (67) | 7 (236) | 2 (44) | 2 (84) | 2 (519) |
| Création | 7 (30) | 11 (40) | 8 (220) | 10 (11) | 7 (53) | 6 (223) |
| Mode de vie | 14 (4) | 12-13 (24) | 13 (120) | 9 (13) | 8 (36) | 12 (56) |
| Éducation | 11-12 (11) | 14 (2) | 15 (56) | 8 (19) | 15 (6) | 11 (67) |
| Médias (45) | 1 (156) | 1 (283) | 3 (812) | 4 (37) | 1 (167) | 1 (537) |
| Loisirs | 13 (5) | 12-13 (24) | 14 (70) | 12 (7) | 14 (9) | 10 (80) |
| Culture | 4 (36) | 3 (140) | 2 (1427) | 6 (28) | 4 (70) | 3 (438) |
| Publicité | 11-12 (11) | 15 (0) | 1 (2066) | 15 (0) | 13 (13) | 14 (50) |

Source: Tableau établi à partir de ma recherche. Le premier chiffre indique le rang qu'occupe le thème pour l'ensemble des numéros de la publication considérée. Le chiffre entre parenthèses indique le nombre d'articles qui traitent du thème considéré.

## Le problème des autres médias, encore et toujours

On peut remarquer que le thème *médias* l'emporte sur tous les autres thèmes, sauf pour *Les Pétroleuses*, ce qui n'est guère étonnant, puisque ce journal place au centre de son combat l'exploitation des femmes dans le travail à l'extérieur et au foyer. Il reste tout de même en quatrième position. Pour *La Vie en Rose* (3ième rang), il faut relativiser la place accordée à la publicité commerciale (1er rang), car j'ai relevé à chaque fois une publicité, même si elle n'occupait qu'un huitième ou un seizième de place dans la mise en page. C'est pourquoi ce chiffre est anormalement gonflé. Les féministes ne seraient-elles que *«ces bavardes, dont les paroles s'envolent aussitôt prononcées et qui, chaque fois, reprennent à zéro (à* l'année zéro *comme* Partisans) *les mêmes colères, les mêmes révoltes, les mêmes mouvements et peut-être les mêmes journaux?»*[70]

Ou peut-on y voir la confirmation du difficile et douloureux rapport des presses féministes avec les autres médias? En fait, dans ce thème, ce que j'ai appelé l'auto-publicité, c'est-à-dire les brèves relatives à l'organisation comme telle (sommaire + ours[71]), appels aux collaboratrices, annonces pour les prochains dossiers et autres informations sur le journal, son fonctionnement, ses finances, etc., occupe une place privilégiée dans ces journaux. Ceci est surtout vrai pour *FMH* qui profitera de son espace pour parler des éditions des femmes qu'elles ont créées et de toutes les initiatives directement liées au M.L.F. *«déposé»*. Mais ce n'est rien face au courrier des lectrices: sur un ensemble de 239 lettres concernant seulement ce thème, on retrouve 221 lettres de louanges pour cette publication contre 8 seulement qui oseront exprimer une légère critique. Il est d'ailleurs tout à fait significatif de voir que *FMH* parle beaucoup des autres médias français mais ne souffle mot des autres journaux féministes français, symptôme de la stratégie qu'adopte ce journal. Pourtant *Histoires d'Elles* fonctionne à l'inverse, car parler des autres journaux féministes passe même avant le fait de parler d'elle-même (dossier, n° 14), tout comme *Des Luttes et des Rires de Femmes* ( dossier, vol. 3, n° 1) et *La Vie en Rose* (dossier, n° 36). Une autre constante que l'on retrouve aussi bien en France qu'au Québec reste l'appel pour les

---

[70] L. Kandel, "Journaux en mouvement: la presse féministe aujourd'hui", *Questions Féministes*, Tierce, Paris, février 1980, n° 7, p. 28.
[71] Dans le jargon journalistique, ce qu'on appelle l'ours ou le cartouche correspond aux données relatives à la composition de la rédaction, de la publicité, de la distribution, du numéro de dépôt légal, etc.

souscriptions et les campagnes d'abonnement, une des caractéristiques de la presse militante et alternative en général[72].

Autres thèmes qui semblent être privilégiés par ces publications, ce sont ceux que j'ai intitulés *M.L.F.* et *culture*. Le mouvement de libération des femmes et le féminisme correspondent sans aucun doute à leur vocation première, puisqu'il s'agit de parler des actions et initiatives de femmes. Là encore *FMH* se démarque des autres, puisqu'elle rend compte surtout de ce que les femmes de leur M.L.F. «*déposé*» font et elle en appelle beaucoup à la solidarité de toutes, aussi bien pour défendre les droits ou la vie de Jiang Quing que pour se révolter contre un attentat commis contre ... les éditions des Femmes. Par contre, *Histoires d'Elles, Les Pétroleuses, Les Têtes de Pioche* et *Des Luttes et des Rires de femmes* montrent toutes les facettes du mouvement dans son ensemble. Les témoignages de féministes sont surtout à remarquer dans *La Vie en Rose*, notamment des interviews de Kate Millet, Benoîte Groult, Simone De Beauvoir, Lise Payette, Pauline Marois, etc., même si ce thème arrive en quatrième position. Ce que j'ai appelé théorie correspond à la fois aux théories développées sur le féminisme et à celles qui sont en rapport avec cette conception du monde. Par exemple, ces journaux traitent de la religion, du pacifisme, du socialisme, avec comme ligne directrice le féminisme.

La *culture* est à prendre au sens large et ce sera le deuxième en importance pour *La Vie en Rose*. Il s'agit en fait des initiatives de femmes qui seront relatées et critiquées dans le domaine du cinéma, de la danse, de la littérature, des arts visuels, de la musique, etc., d'un point de vue national et international, mais aussi des questionnements vis-à-vis des stéréotypes véhiculés dans ces domaines. Notons par exemple pour cette publication des reportages sur l'humour féministe (n° 4, dans *Le Temps fou*), les romans policiers (n° 10), ou la bande dessinée (n°s 22 et 23). Notons que *Les Têtes de Pioche* consacrent un dossier aux Éditions du Remue-Ménage et à la pièce de théâtre «Môman travaille pas, a trop d'ouvrage». Faut-il souligner que *FMH* parle d'abord et avant tout des initiatives de femmes qui lui sont proches? Les expositions faites à la galerie des femmes, appartenant à la librairie des femmes, sorte de succursale du journal, sont largement décrites et peu critiquées. De plus, dans leur *agenda*, les titres-litanies comme «elles dansent, elles lisent, elles écoutent, elles voient, elles chantent, elles éditent, elles exposent, elles écrivent, etc.», ne font que

---

[72] M. El Yamani, *Vie et survie de la presse alternative locale. L'exemple de « La Tribune»*, mémoire de maîtrise des Sciences et Techniques de l'information et de la communication, Université de Bordeaux III, ISIC, Bordeaux, juin 1984.

renforcer ce penchant pour l'autosatisfaction. Comme le note Liliane Kandel[73] :

«*Ces deux magazines proposent aux femmes une image d'elles-mêmes homogène, rassurante et sans contradiction, même si les contenus ont changé par rapport à la presse traditionnelle, le processus identificatoire continue d'opérer, produisant de gré ou de force à travers les pages le schéma d'une néo-féminité rassurante... Le triomphalisme, discret à F et tonitruant à FM, est sans doute le trait le plus caractéristique de ces deux magazines. Les luttes sont toujours glorieuses et il n'y a pas de place non plus pour l'interrogation, le questionnement, la critique.*»

*L'international* est un thème que les presses féministes françaises vont particulièrement avantager, puisqu'il intervient en deuxième position pour nos trois publications françaises. Les articles consacrés à ce domaine concernent avant tout la condition des femmes dans les pays étrangers, en suivant la loi de la proximité, propre à tout média. On y parlera d'abord des Europes, de l'Est et de l'Ouest, ensuite viendra pour *FMH* l'Amérique latine, en particulier la situation des Chiliennes, Salvadoriennes, Boliviennes, etc., puis les pays arabes et Israël. On y parle beaucoup de la révolution iranienne de 1979, mais aussi des Palestiniennes, des Algériennes, des Kurdes, etc. Quant à *La Vie en Rose* (7ième position), il est intéressant de noter que l'Europe, l'Asie, l'Amérique latine passent avant les U.S.A.

Le ou la politique intéresse également beaucoup ces publications, aussi bien en France qu'au Québec. *Les Pétroleuses*, *Les Têtes de Pioche* et *La Vie en Rose* privilégient davantage la politique institutionnelle, celle qui fait référence aux partis, aux mouvements politiques, aux élections, au gouvernement, etc., tandis que *Histoires d'Elles* et *Des Luttes et des Rires de Femmes* vont parler prioritairement de la condition des femmes d'un point de vue politique, c'est-à-dire de l'ensemble des mesures et des lois en faveur des femmes. La justice fait ici référence aux procès et aux problèmes liés aux prisons, et les mouvements politiques intègrent les manifestations politiques contre le nucléaire, l'armée, le racisme, etc. De même pour le monde du travail, l'ensemble de ces publications s'intéresse davantage au travail domestique et aux conditions de travail, notamment les formes de discrimination, faites aux femmes.

---

[73] L. Kandel, *Ibid.*, pp. 33-34. L'auteure fait ici référence aux *magazines F. Magazine* et à *Des Femmes en Mouvements*, mensuel, mais ses propos me paraissent très pertinents pour le magazine *Des Femmes en Mouvements Hebdo*, qui en est la suite.

## Hygiène du corps et de l'esprit

L'angle d'approche du thème de la *santé* est tout à fait différent de celui de la presse féminine en général. Il ne s'agit pas de donner ici des recettes contre l'obésité, la cellulite ou pour une bonne chirurgie esthétique. Au contraire, ces publications vont parler des problèmes d'hygiène du corps. *Des Luttes et des Rires de Femmes* vont consacrer un dossier aux menstruations (vol. 4, n° 4), *La Vie en Rose* un dossier aux MTS (Maladies sexuellement transmises), n° 40, un autre au cancer (n° 35). En général, lorsque ces publications abordent le thème de la médecine, c'est surtout dans le rapport des femmes aux médecins et aux professions médicales. Cela n'a bien sûr rien à voir avec les conseils de tel ou tel expert sur un problème médical, comme c'est souvent le cas dans la presse féminine. Enfin, le rôle des sages-femmes tient une place relativement importante, puisqu'aussi bien en France qu'au Québec, leurs pratiques ont du mal à être reconnues intégralement.

La question sexuelle, que j'ai intitulée *sexualité/corps*, qui a bien souvent été considérée comme la question-clé et significative du mouvement de libération des femmes occupe une place privilégiée, surtout pour *Les Pétroleuses* et *Les Têtes de Pioche* (3ième position). Il faut dire qu'à l'époque où paraissent ces deux journaux (respectivement 1974-76 et 1976-79), les grands débats des féministes concernent avant tout l'avortement, la contraception, le problème des femmes battues, le viol.

Unanimement[74], l'ensemble de ces six publications va se prononcer en faveur d'un avortement libre et gratuit, sur les mots d'ordre: «Nos corps nous appartiennent et nous aurons les enfants que nous voulons». En ce qui concerne le viol, elles vont exiger que cet abus sexuel soit considéré comme un crime et pénalisé lourdement. Mais, globalement, ces femmes parlent peu des relations hétérosexuelles, *La Vie en Rose*, en plus de son dossier sur l'érotisme, consacre un dossier particulier à l'amour (n° 33), où elle parle aussi des relations sexuelles. Par contre, le lesbianisme pose de sérieux problèmes à ces publications: à part *FMH* qui consacre un dossier aux rapports femmes-femmes (n° 42-43). Ces publications sont

---

[74] Exception faite évidemment de *FMH* qui prône une certaine néo-féminité, adopte une position ambiguë et argue qu'il y a quelque chose du viol dans l'avortement. Cette tendance voyait dans le mouvement pour l'avortement libre et gratuit une campagne réformiste, qui occulterait la spécificité des femmes et refusait de s'associer dans cette lutte à des groupes mixtes comme le MLAC (Mouvement pour la Libération de l'Avortement et de la Contraception).

relativement complaisantes vis-à-vis de l'homosexualité féminine, sans pour autant prendre parti pour les lesbiennes, mais en réclamant le droit pour les femmes de choisir leur sexualité. Cette ambiguïté leur attire des critiques acerbes de la part des lesbiennes qui ne les trouvent pas assez radicales. Enfin, c'est surtout au Québec que les sous-thèmes de la pornographie et de l'image sexiste de la femme dans la société sont traités plus systématiquement. Seule *La Vie en Rose* propose un dossier sur la prostitution (n° 42). La maternité vue sous l'angle de l'accouchement ou des nouvelles technologies de reproduction est également un sous-thème peu traité par ces publications, même si dans l'ensemble elles récusent la notion d'instinct maternel, notion que privilégie particulièrement la presse féminine en renforçant le mythe de la mère, comblée par ses enfants.

En ce qui concerne *la famille*, *Des Luttes et des Rires de Femmes* en fera un dossier (vol. 2, n° 2) et les questions sont plutôt posées en termes de relations de la mère à l'enfant, du rôle de mère et de femme, des politiques natalistes, des garderies qui se font attendre, etc. Deux autres thèmes viennent à point pour montrer que ces publications ne manquent pas d'originalité: la *création* et *les modes de vie*. On a plusieurs dossiers sur la vieillesse des femmes (*Des Luttes et des Rires de Femmes*, vol. 3, n° 2 et *La Vie en Rose*, n° 9), un sur les handicapées (*La Vie en Rose*, n° 23), un sur la bouffe (*La Vie en Rose*, n° 11), un sur l'informatique (*La Vie en rose*, n° 13), etc. De même, l'ensemble de ces publications réserve une place relativement importante à la création, c'est-à-dire à la fois des textes et poèmes, fruit d'une auteure ou d'une lectrice, des dessins originaux, des photomontages spécialement bien soignés, des caricatures, des bandes dessinées, etc. C'est surtout *Histoires d'Elles* qui se montre le plus imaginative dans ce domaine. Visuellement, la mise en page est particulièrement mouvante et originale, les illustrations servant soit à dénoncer un des aspects de la condition des femmes (caricatures), soit à exprimer ce langage des femmes (photomontages et dessins), avec des traits caractéristiques de la presse alternative en générale, comme par exemple, des photos en tramé pour un texte, des sortes de graffiti ou pincettes pour démarquer un article, etc. Par contre, l'humour fait cruellement défaut. C'est sur les questions de mode que le ton est le plus sarcastique. *Histoires d'Elles* lance son numéro zéro avec un très beau reportage sur le chapeau. D'autres nous expliquent le bien-fondé de l'épilation ou des petits gâteaux à la crème, mais en général il y a peu de place pour l'amusement ou la distraction. Quelques jeux-devinettes, relatifs à un thème particulier, dans *Des Luttes et des Rires de Femmes*, et des mots croisés dans *La Vie en Rose*.

Au terme de cette première analyse thématique, on peut donc affirmer que les presses féministes françaises et québécoises sont plutôt des presses de combat et d'opinion, qui prennent des positions marquées et émancipatrices pour la situation des femmes, car les thèmes qu'elles abordent seront traités de façon à permettre aux femmes de prendre conscience de leur oppression et de leur aliénation. Bien sûr, il y a des nuances à apporter pour chacune des publications étudiées, car le ton utilisé n'est pas seulement revanchard ou colérique, il est aussi créatif et incite à la prise de conscience, tout en touchant un certain nombre de tabous jusqu'ici peu explicités dans les médias traditionnels. Parler d'avortement, de femmes battues, d'auto-santé n'était sûrement pas chose courante de 1970 à 1980. Si l'avenir de l'homme n'est plus ce qu'il était, c'est en partie grâce à ce type de presse qui a osé prendre l'offensive. Les acquis des femmes sont le fruit de leurs luttes et peuvent sans cesse être remis en question. Comme le souligne Christine Delphy[75]:

*«Il ne suffisait pas de supprimer leurs analyses (celles des féministes), de déformer leurs propos, de salir leurs caractères, de défigurer leurs idéaux; il fallait encore présenter leur entreprise comme non seulement ridicule parce que vaine (puisque que le Progrès marche tout seul), mais aussi divisive (de la classe ouvrière, de l'unité nationale, de l'entente familiale, des chiens et des chats, des femmes elles-mêmes), mais encore pernicieuse parce que finalement contraire à son objet même: la libération des femmes, qui s'obtient comme on le sait en cajolant les oppresseurs, pas en leur tapant sur les nerfs. (...)L'appropriation du terme M.L.F. nous a fait comprendre que (...)notre histoire n'est pas seulement la photo de nos luttes mais un de leurs terrains, parce qu'elle est la seule condition de leur continuation. Il faut espérer que nous comprendrons que nous ne sommes pas seulement* vulnérables à l'histoire, mais responsables de l'histoire.*»*

En voulant à tout prix marquer l'unité du mouvement et parler au nom de toutes les femmes, en masquant les idéologies sous-jacentes, les presses féministes françaises auront fini par établir deux types de discours: un pour l'intérieur et un pour l'extérieur. À cet égard, *FMH* adopte une politique discriminante plutôt qu'englobante par rapport aux autres journaux féministes, comme on l'a vu pour certains thèmes évoqués. De même pour *La Vie en Rose*, qui se réclame comme le seul magazine féministe d'actualité au Québec, l'ambiguïté qui règne entre

---

[75] C. Delphy, "Libération des femmes an dix", *Questions féministes*, Tierce, Paris, février 1980, n° 7, p.6 et 12.

faire avancer la «cause» des femmes et refuser de parler au nom de tous les courants féministes finira par avoir raison de son existence. Qui plus est, le type de discours écrit et visuel, employé par ces publications, accentue ces différences mais participe également de relations de domination où le langage dominé finit par être absorbé par le langage dominant, en particulier dans les médias. Les presses féministes veulent non seulement trouver un autre langage (pas seulement la langue-femme) mais encore provoquer une identité des femmes face à leur oppression. Écrire autrement sans tomber dans le langage ghetto des femmes. Démarche difficile, car, comme le souligne Marina Yaguello[76]: «*L'image de la* culture féminine *est encore bien fragile. Il faudrait bâtir des modèles culturels qui aient valeur universelle dans un monde où universel = masculin. Autrement dit, cultiver la marginalité jusqu'à ce que la marge occupe la moitié de la page. On en est loin»*. C'est ce qu'on va voir maintenant, en offrant une analyse du discours féministe sur l'avortement, un des thèmes que ces publications auront privilégié.

## Les pamphlets subversifs des féministes

L'avortement apparaît comme un thème majeur, unificateur des mouvements de libération des femmes, aussi bien en France qu'au Québec, non pas seulement parce qu'il symbolise l'oppression spécifique des femmes -l'absence de choix d'assumer une maternité- mais aussi parce que ce droit fondamental de la libre disposition de son corps posait des interrogations plus larges sur la sexualité, dissociée de la procréation. Rentrait alors en ligne de compte tout un questionnement sur le rapport sexuel en lui-même, le pouvoir en général et en particulier celui des médecins, des Églises, de l'État et de la norme hétérosexuelle. C'est un thème qui aura suscité des manifestations spectaculaires, des tracts et des actions originales.

Avant d'analyser la manière dont nos six publications vont en parler, il serait utile de rappeler quelles ont été les luttes des femmes pour l'obtention d'un avortement libre et gratuit pour toutes et comment ont évolué les lois sur ce sujet. Je vais commencer par dresser l'état de la question en France. Ensuite, pour le Québec, je vais intégrer certains jugements et manifestations au Canada, puisque la loi sur l'avortement est une loi fédérale (article 251 du code criminel).

---

[76] M. Yaguello, *Les mots et les femmes*, Payot, Paris, 1978, p. 68.

## Petite histoire des luttes et des lois sur l'IVG en France

Le premier tract sur l'avortement date de 1970. Quelques affiches, comme «boulot, dodo, marmot: y'en a marre», signées par le M.L.F. et deux textes de réflexion sur ce sujet, parus dans Partisans, permettront de lancer le mouvement de protestation. Une première manifestation aura lieu à l'École des Beaux-Arts à Paris, siège des premières assemblées générales du M.L.F. Une organisation mixte, le MLA (Mouvement pour la liberté de l'avortement) se constitue en mars 1971, et, le 5 avril, le «manifeste des 343» femmes qui déclarent avoir avorté est publié dans Le Nouvel Observateur et Le Monde. En juin 1971, se crée l'association Choisir, avec Gisèle Halimi, pour la défense des personnes accusées d'avortement ou de complicité d'avortement. Le 20 novembre aura lieu la première marche internationale pour l'abolition des lois contre l'avortement (4 000 femmes à Paris). 1972 sera l'année des occupations et des dénonciations: les 13 et 14 mai, les femmes manifestent à la Mutualité, le 22 novembre, elles occupent le Conseil de l'Ordre des médecins. Puis, le célèbre procès de Bobigny commence en novembre. Il s'agit d'une mineure qui avait avorté à la suite d'un viol. Elle est inculpée avec sa mère qui l'a aidée. Ce procès deviendra la première tribune de Choisir. En décembre, les femmes continuent à protester et vont perturber l'Assemblée nationale lors de la discussion du projet de loi sur l'avortement.

C'est en avril 1973 que se crée le MLAC (Mouvement pour la libération de l'avortement et de la contraception), qui regroupe une centaine de comités mixtes à travers la France. Lors du congrès du MFPF (Mouvement français pour le planning familial), il est décidé de faire des avortements illégaux dans les centres d'orthogénie. Ce mouvement, créé en 1956, se rattache en 1959 à l'IFPP (International Planned Parenthook Federation), organisme consultatif de l'ONU, membre depuis 1966 de l'OMS. En 1961, le planning familial ouvre son premier centre à Grenoble. Au printemps de 1973, les Éditions des femmes publie un texte sur la sexualité et le politique: «l'alternative: libérer nos corps ou libérer l'avortement». En 1974, des milliers de femmes se mobilisent un peu partout en Europe. Des voyages collectifs sont organisés par le MLAC en Hollande et en Angleterre. Le film «Histoire d'A» sur l'avortement est interdit. Pourtant, le 26 novembre 1974 s'ouvre à l'Assemblée nationale le débat sur l'IVG (Interruption volontaire de grossesse).

Le 17 janvier 1975 est une date importante pour la libéralisation de l'avortement en France. La loi Veil, du nom de la ministre de la Santé de l'époque, est promulguée. Elle suspend pour cinq ans l'application de l'article 317 du code pénal qui considérait l'avortement comme un crime. Un délai de dix semaines après la conception est fixé pour l'IVG, mais elle ne doit pas constituer un moyen de régulation des naissances. L' IVG ne peut être pratiquée que par un médecin et ne peut avoir lieu que dans un établissement d'hospitalisation publique ou un établissement privé agréé. Mais l'IVG n'est pas remboursée par la sécurité sociale et est interdite aux mineures et femmes immigrées. En mars 1975, des militantes du MLAC occupent le service du professeur Léger à l'hôpital Cochin avec des femmes enceintes qui ont choisi d'avorter dans le cadre de la loi Veil. D'autres luttes locales se développent en province et à Paris pour protester contre les insuffisances de la loi et pour obtenir l'ouverture de centres d'IVG dans les hôpitaux.

Malgré la promulgation de la loi, l'avortement libre et gratuit pour toutes ne fait pas l'unanimité. Un procès a eu lieu à Aix-en-Provence en 1977 contre les militantes du MLAC, accusées d'exercice illégal de la médecine. Leurs locaux ont été plastifiés à plusieurs reprises. Le 1er mai 1979, la librairie des femmes à Paris est couverte de bombages et d'autocollants de «laissez-les vivre». En septembre, six médecins de la clinique La Pergola sont inculpés pour avortement illégaux et pour infanticides. Mais les féministes ne lâchent pas pour autant. 50 000 femmes manifestent le 6 octobre 1979 pour la reconduction de la loi Veil et le 26 octobre d'autres manifestent leur solidarité envers onze femmes inculpées pour avortement et jugées à huis clos à Bilbao. Finalement, le 30 novembre 1979, l'Assemblée nationale vote la reconduction de la loi Veil à titre définitif. L'IVG devient légale, avec les restrictions susmentionnées. On parle alors de la loi Pelletier, du nom de la ministre déléguée auprès du Premier ministre et chargée de la Condition féminine et de la Famille. Ce n'est que trois ans plus tard, en décembre 1982 que l'IVG sera remboursée par la sécurité sociale. Mais les adolescentes et les femmes immigrées ne peuvent toujours pas avorter, les premières sans autorisation des parents, les autres à cause de leur statut dans la société française. En 1984, il y a eu une nouvelle tentative pour revenir sur les applications actuelles de la loi sur l'avortement. Jacques Chirac, alors premier ministre français, veut éviter la soi-disant banalisation de l'avortement qui nuit au redressement de la natalité. Pourtant deux Français sur trois (y compris bien sûr les Françaises) sont favorables au maintien de la législation de l'IVG.

*Petite histoire des luttes et des lois sur l'IVG au Québec et au Canada*

Dès 1969, le Canada va adopter une loi (Bill omnibus) permettant aux hôpitaux qui le désirent de pratiquer des avortements thérapeutiques, c'est-à-dire dans le cas où la vie de la mère ou de l'enfant est en danger. En 1970, le médecin Henri Morgentaler commence sa pratique d'avortements au Québec et le FLF (Front de libération des femmes), associé au MWLM (Montreal Women's Libération Movement), va offrir un service de référence aux femmes. Le 6 mai 1970, une caravane nationale pour l'avortement, organisée par les FCALA et ACALA (respectivement Fédération et Association canadiennes pour l'abrogation de la loi sur l'avortement) va se rendre à Ottawa. Le FLF refuse d'y participer à cause du caractère légaliste et fédéral de cette manifestation et organise sa propre manifestation à Montréal à l'occasion de la fête des mères. En juin 1971, Morgentaler est arrêté pour la première fois, car sa pratique d'avortement est considérée comme illégale. Pourtant, en janvier 1972, le Centre des femmes de Montréal met sur pied une clinique d'avortement et devient en septembre membre de la FQPN (Fédération du Québec pour le planning des naissances). Un premier « manifeste pour une politique de planification des naissances » sera publié au même moment et le Centre de planning familial du Québec sort son « 100 femmes devant l'avortement », comme en France.

C'est en 1973 que commence le harcèlement de la police et de la justice vis-à-vis des centres de femmes et des médecins. Le 21 janvier, le Centre des femmes de Montréal est perquisitionné par la Sûreté du Québec et le local est vidé de tous ses dossiers. En juillet, on arrête le médecin Yvan Macchabée pour pratique illégale d'avortements. Début août débute le premier procès de Morgentaler. Il déclare avoir pratiqué plus de 5 000 avortements mais plaide non coupable. C'est alors que se crée le premier Comité de défense Morgentaler à l'appel de la FCALA. Le 15 décembre, ce comité se scinde pour former le Comité de lutte pour l'avortement libre et gratuit. D'autres médecins sont arrêtés en 1974 et Morgentaler finit par être acquitté à plusieurs reprises, même si en avril 1974, la Cour d'appel du Québec le condamne. Plus dramatique encore, la Cour suprême du Canada le déclare coupable le 25 mars 1975. Tout de suite après, l'ACALA organise une manifestation (500 personnes) pour exiger la libération de Morgentaler. Le 25 juin 1975, le local du Comité de lutte est perquisitionné et cinq militantes sont détenues pour fin d'interrogatoire. En novembre 1976, avec le Parti Québécois au pouvoir, les procédures judiciaires contre Morgentaler sont arrêtées. Les trois acquittements par jury font jurisprudence pour le reste du Canada.

Pourtant, le 2 avril 1977, 3 000 personnes sortent dans la rue, suite au manifeste: «Nous aurons les enfants que nous voulons», signé par 25 groupes de femmes. En mai, le Congrès du Parti Québécois se prononce en faveur du droit à l'avortement, mais René Lévesque, chef du Parti Québécois et à ce moment là Premier ministre du Québec, oppose son droit de veto. Le cabinet ministériel désavoue la proposition du Congrès. Cependant, en novembre 1977, les cliniques Lazure, du nom du ministre des Affaires sociales de l'époque, se mettent en place dans les centres hospitaliers du Québec. Vingt d'entre eux offriront des services d'IVG avec CAT (Comité d'avortement thérapeutique). Les CLSC (Centres locaux de services communautaires) ne donnent que des programmes de planning. Mais des intervenantes de CLSC et des militantes du Centre de santé des femmes décident de passer à l'offensive, en pratiquant elles-mêmes des IVG.

C'est à la fin janvier 1978 qu'ont lieu les premières assises nationales sur l'avortement. La CNALG (Coordination nationale pour l'avortement libre et gratuit), regroupant 26 groupes et organismes, voit le jour. Du 17 au 22 avril, les femmes décrètent une semaine d'action nationale sur l'avortement et la contraception. Un dossier «c'est à nous de décider» est publié. 1 000 personnes manifestent à Québec. Les 30 septembre et 1er octobre, la CNALG organise un colloque avec 18 groupes pour décider de la position à prendre face aux cliniques Lazure. Une plate-forme est adoptée. Le 31 mars 1979 à Montréal, 2 500 femmes participeront à la première journée internationale pour l'avortement, à laquelle se sont affiliés 37 pays. En mai, la CNALG amorce un travail d'enquête sur l'implantation des cliniques Lazure au Québec (27 hôpitaux dans huit régions du Québec. Les conclusions de cette enquête sont données lors d'un colloque en octobre 1979 et démontrent qu'il y a obstruction systématique de la part des conseils d'administration et des conseils de médecins des hôpitaux pour la pratique d'avortements. Les résultats sont publiés aux Éditions du Remue-Ménage au printemps 1980, sous le titre: «l'avortement: une résistance tranquille du pouvoir hospitalier».

Le Comité de lutte pour l'avortement libre et gratuit se dissout le 5 novembre 1979, alors que la pratique d'IVG en dehors des centres hospitaliers et des cabinets privés se développe. Au printemps 1980 quatre Centres de santé des femmes et dix CLSC continuent de faire des avortements. En mai 1981, le RAIF (Réseau d'action et d'information pour les femmes) dénonce les positions du pape sur l'avortement. Le 16 mai, une autre journée internationale pour l'avortement est organisée et la clinique d'avortement au Centre de santé des femmes du quartier ouvre ses portes. Le 9 décembre, quatre groupes de femmes et la FQPN réagissent à la conférence de presse des évêques catholiques contre l'avortement. Déjà, des contre-réactions de la CNALG avaient eu lieu en juin 1979 pour lutter contre le groupe Pro-Vie (Front commun pour le respect de la vie: FCRV-Pro-Vie).

La CNALG se dissout en 1983 et fait place à un Comité de vigilance, regroupant des intervenantes de CLSC, du Centre de santé des femmes et de la FQPN. Ce même comité profite de la journée nationale du droit à l'avortement du 1er octobre 1983 pour faire de la publicité dans les journaux et 1 400 personnes appuient ce geste. Morgentaler est de nouveau accusé d'avoir pratiqué des avortements illégaux en Ontario et en Alberta. Alors qu'en octobre 1983 l'Association canadienne des libertés civiles demande au ministre fédéral de la Justice, Mark MacGuigan, de soumettre la législation de l'avortement à la Cour suprême du Canada, Jo Borowski, président du FCRV- Pro-Vie perd sa cause devant la cour de la Saskatchewan. Les médecins Morgentaler, Scott et Smoling de leur côté sont acquittés par la Cour de l'Ontario le 8 novembre 1984. Pourtant, cette revendication d'un droit à l'avortement libre et gratuit pour toutes semble reculer de plus en plus. Quatre partisans de Pro-Vie se font élire en mai 1985 au Conseil d'administration du CLSC Sainte-Thérèse, au nord de Montréal, ce qui aboutit à la fermeture du service d'avortement de ce CLSC le 22 octobre. S'en suit une invitation des groupes de femmes et des comités de la condition féminine au sein des syndicats à créer une Coalition québécoise pour l'avortement. Actuellement, l'Association des médecins pour la vie, farouchement anti-avortement, regroupe le quart des médecins du Québec.

Depuis 1986, ce n'est plus l'État, mais des individus appartenant à des groupes anti-avortement comme Pro-Vie qui continuent les batailles juridiques. Une poursuite a été ainsi intentée contre Macchabée à Montréal, et contre un médecin et deux CLSC au Saguenay. La Coalition québécoise pour le droit à l'avortement libre et gratuit (CQDALG) avec le regroupement des centres de santé des femmes et la FQPN dépose une pétition à l'Assemblée nationale pour le retrait des poursuites au Saguenay. En septembre 1986, paraissent dans les journaux des encarts publicitaires pour l'avortement et 2 700 personnes participent à cette campagne pour appuyer « Le droit de choisir ». À l'automne, Herbert Marx, ministre libéral de la Justice arrête les poursuites contre Macchabée, mais la décision est renversée par la Cour supérieure du Québec, le ministre outrepassant ses compétences. En Août 1987, Reggie Chartrand qui avait entamé des poursuites contre Macchabée est débouté devant la Cour d'appel du Québec. À la mi-septembre, la diffusion du film «Le cri muet» à Sillery, organisée par la Coalition pour la Vie-Québec suscitera une grande controverse. Le planning des naissances exigera une évaluation du film par le ministère de l'Éducation et préparera un autre film: «Réponse au cri muet».

Le bilan pour la Coalition est faible. En 1987, trois Centres de santé et seulement douze CLSC sur les 168 que compte le Québec offrent des services d'IVG. 35 hôpitaux ont officiellement des comités d'avortement thérapeutiques. La Coalition organise une dernière manifestation le 18 octobre pour continuer à sensibiliser les Québécois à ce droit qui n'est toujours pas accordé pleinement. Pourtant, quelques mois plus tard, elle finira par obtenir gain de cause, puisque le 28 janvier 1988, la Cour suprême du Canada décriminalise l'IVG, invalidant ainsi la loi de 1969. Puis survient à l'été 1989 ce que les médias ont appelé «l'affaire Chantal Daigle». Jean-Guy Tremblay somme par injonction son ex-fiancée de ne pas se faire avorter. Une première mondiale! La décision est entérinée par la Cour supérieure du Québec le 17 juillet et par la Cour d'appel le 26 juillet. Le 8 août, la Cour suprême du Canada annule les deux jugements à l'unanimité et le 9 août, 10 000 personnes manifestent à Montréal, encore une fois pour une avortement libre et gratuit. En 1990, alors qu'il existait un vide juridique face à cette question, le projet de loi C-43, recriminalisant l'avortement, est voté à la Chambre des communes d'Ottawa. Mais la deuxième lecture est annulée suite aux interventions des partisans de Pro-Choix. «Est coupable de deux ans de prison maximum quiconque, sauf un médecin, provoque ou aide à provoquer un avortement pour une personne de sexe féminin», voici les termes du projet de loi, qu'en 1991, le Sénat refusera d'adopter.

Ce bref historique permet de rappeler que, si en France l'avortement est maintenant légalisé, avec quelques restrictions importantes depuis 1975/79 (problèmes des adolescentes, des immigrées qui n'ont pas de statut fixe, date limite de 10 semaines après la conception, au-delà de laquelle l'avortement redevient illégal) et qu'il est remboursé par la Sécurité Sociale depuis 1982, c'est au prix de longues luttes acharnées que les femmes auront obtenu gain de cause. Par contre, l'IVG au Québec, comme au Canada, n'est toujours pas légalisée, même si la Cour suprême l'a décriminalisée en 1988. L'IVG reste donc un acte médical comme un autre, mais dépend, à ce titre, de la juridiction de chaque province. Comme les femmes l'ont maintes fois expliqué, la légalisation de l'avortement est indépendante du problème de la dénatalité. Et, surtout, se faire avorter est un choix difficile, parfois drastique, car il remet en cause bon nombre de nos convictions affectives, morales, religieuses et engendre un doute parfois insurmontable, que les femmes aimeraient pouvoir partager et exprimer autrement que par la honte ou l'humiliation.

## *La colère des femmes envers le pouvoir des hommes*

Regardons maintenant la façon dont nos six publications vont parler de l'avortement, c'est-à-dire à quel niveau elles placent le débat, quelles différences on peut déceler entre elles, et surtout en quoi elles utilisent un code, dit féministe, pour appuyer cette lutte.

Globalement, nos six publications, à l'exception de FMH, adopteront un discours similaire face à la question de l'avortement, c'est-à-dire qu'elles vont revendiquer ce droit à partir du slogan-clé: *«Nous aurons les enfants que nous voulons»*. Alors que toutes exigent un avortement libre et gratuit, sans condition, un avortement sur demande des femmes en quelque sorte, FMH non seulement s'oppose à la loi sur l'IVG, en arguant que *«l'utérus est aux femmes, que la production du vivant nous appartient»*, mais en plus, les femmes de cette tendance (Psychépo) considère que l'avortement s'apparente au viol.

*«L'avortement n'est pas pour nous un objectif. C'est un moment de résistance et un moyen pour les femmes de refuser la contrainte de la reproduction aliénée. Nous savons pour l'avoir dit, et pour avoir entendu des femmes le dire, que l'avortement est nécessaire le plus souvent pour signifier qu'il y a eu, réellement ou symboliquement, violence sexuelle -effraction, viol-, pour en interrompre certaines de ses conséquences, et pour exprimer et agir une résistance à une occupation machiste de tout leur corps jusque dans l'utérus. (...)L'avortement dit non à une économie politique et libidinale répressive. (...)La loi répressive ou permissive (loi 1920 - loi 1975) sur l'avortement reste la seule loi sur le corps. Et c'est une loi sur le corps des femmes, une loi qui leur assure un droit sur nos richesses, une loi qui les fait pères au travers des femmes.»*.[77]

À part un bref historique sur les luttes pour l'avortement (n° 4, pp. 15-16), des commentaires sur la loi (n° 2, p.5; n° 3, p.5; n° 5, p.17), et un témoignage d'une femme qui s'est fait avorter (n° 15, pp. 18-20), voilà la couverture qu'offrira FMH. Il est important de noter que cette ambiguïté face à la violence de l'avortement pratiquée par les médecins surtout, sera aussi mentionnée dans d'autres revues sous

---

[77] Extrait signé par le sigle des femmes, *FMH*, Paris, n° 4, p.15.

forme de témoignages[78]. Pour l'ensemble des cinq autres publications, ce sous-thème de l'avortement, que j'avais classé dans le thème *Sexualité/corps*, est celui qui sera le plus important. C'est donc sous la forme de reportages surtout, de brèves, de témoignages, mais aussi d'illustrations bien particulières que ces publications vont nous sensibiliser à cette question. Car il s'agit bien d'une sensibilisation, d'une prise de conscience des femmes vis-à-vis de leur corps et surtout de cette liberté d'avorter qui est indissociable de la liberté et du désir d'enfanter ou non.

La lecture de l'ensemble des articles sur ce thème révèle les préoccupations, voire la colère des femmes, sur cette question. Désirs d'enfants, mais aussi le droit des femmes à un territoire qui leur soit propre, à une autonomie politique en dehors de la mixité (Histoires

---

[78] « *J'entre dans la salle, il fait très froid, la fenêtre est ouverte. On me salue. Je m'installe sur la table. Ils se préparent. Tout à coup, je sens les doigts du médecin me rentrer dans le vagin assez brusquement que mon siège a été soulevé. Ça m'a figée et je me suis agrippée à la table. L'infirmière se met à me disputer, elle dit que c'est rien qu'un examen, que l'intervention n'est pas commencée et de me détendre. Le médecin ne m'adressa jamais la parole et fera rapidement, sans aucun avertissement. (...)Le deuxième cathéter entre, ça devient très vite douloureux. Il donne tellement de coups dans le fonds de l'utérus que je vois ma paroi abdominale sauter. C'est violent. Je n'en peux plus. Je me mets à pleurer. Tout mon corps se met à trembler. (...)J'ai jamais été violée mais cela doit ressembler à ça. Sentir que tu n'es pas traitée comme un être humain mais comme un paquet de viande qu'on brutalise sans aucun ménagement, sans aucun respect. Je pensais que le médecin allait me défoncer* », extrait de « témoignage d'un avortement », *Des Luttes et des Rires de femmes*, Montréal, 1979, vol. 2, n° 3, pp. 8-9. Et pour démontrer la différence d'appréciation sur l'acte d'avorter que les femmes portent, lorsque c'est fait par d'autres femmes, dans des centres de santé pour femmes ou centres d'orthogénie, voici un autre témoignage: « *En position semi-assise, le dos confortablement appuyé sur un coussin, les jambes soulevées par les deux étriers, j'avais droit de regard sur les gestes qui m'étaient adressés. L'intervenante était douce et ralentissait son opération à chaque frémissement de tension. Les prélèvements requis, dont on me disait à chaque fois le nom et l'utilité, furent loin d'être désagréables. (...)Quand tout est fini, c'est la patiente qui décide du moment où elle est prête à se relever. (...)Je ne peux m'empêcher de considérer que l'avortement, le désir d'avortement, les tentatives d'avortement ont traversé les siècles sous le signe du drame, de la souffrance et de la peur. J'ai curieusement l'impression de porter cette histoire quelque part dans mon inconscient. Mais pour moi, cette fois-là, ce fut une expérience de libération, dans le respect et le partage* », extrait de « Avortement, autrement », *La Vie en Rose*, Montréal, juin 1985, n° 27, p.14.

d'Elles, n°s 15 et 17), ou encore la réalité de l'avortement selon l'appartenance de classe:

> «*La morale des réactionnaires sert à défendre les privilèges de la bourgeoisie"*, Les Pétroleuses, n° 0; *"Nous savons que comme toutes les lois répressives de l'État bourgeois, l'article 251 du Code criminel vise principalement les femmes des classes laborieuses qui ne peuvent, faute d'argent et de contacts, se procurer comme les bourgeoises des avortements rapidement et dans les conditions médicales les plus sûres*», extrait du communiqué du Comité de lutte, Les Têtes de Pioche, n° 7.

On trouve également de véritables catilinaires contre la morale des hommes, de l'Église, des groupes de droite:

> «*Il va nous falloir pour longtemps encore, demander, réclamer et redemander et réclamer nos propres droits que les hommes par haine, jalousie, ignorance ou autorité nous ont enlevés. (...)Il est fort probable comme disait une femme que 'si les hommes enfantaient', l'avortement serait un sacrement"*, Les Têtes de Pioche, n° 7; *"Quand ils parlent de crime, nous parlons de vie, pour éviter de parler de mort. (...)Dès le début de notre lutte pour exiger l'accessibilité à l'avortement pour toutes les femmes, sans distinction d'âge, de région, de religion, nous avons soigneusement contourné le débat moral où la droite voulait nous confiner. (...)Nous répugnions sans doute à ajouter notre voix à cette chorale de bien-pensants. Mais surtout nous n'avions pas le temps à l'époque de parler de morale: il y avait situation d'urgence. Chaque année, des milliers de Québécoises payaient de leur santé, de leur vie et de leur poche des avortements qu'elles obtenaient tant bien que mal. (...)Vu d'un autre angle, notre silence nous a coûté cher; nous avons tu la question même entre nous et c'est donc individuellement que nous avons dû la débattre. Est-ce une vie et commettons-nous un meurtre? Aucune femme qui avorte ne l'évite. (...)Toute femme qui décide d'avorter décide de se choisir elle-même et de sacrifier l'autre. Pour nous, dressées au sacrifice personnel, c'est une rupture fondamentale avec tout ce qui nous a été inculqué. Nous prenons le droit de le faire. Nous appuyons toute femme qui a besoin d'être appuyée*», La Vie en Rose, n° 5.

## La contestation par des images et des discours provocants

Que ce soit au niveau des titres ou des articles, on retrouve les mêmes caractéristiques lexicales et sémantiques. On parle de dynamique du féminisme, de contradictions (assumer, vivre, surmonter), d'exploitation du corps des femmes par l'homme, l'État, l'Église, de structures, de groupes de femmes, de cliniques féministes par opposition aux hôpitaux d'hommes. Les termes employés ne font pas seulement référence aux sciences sociales en général, ils s'apparentent surtout à un registre militant, inspiré des mouvements contestataires des années 70. Dans les six publications choisies, on discute à partir de ce thème de condition féminine, on clame la libération de la femme et on lutte contre l'oppression globale (femmes en lutte, luttes de femmes, combat à mener, lutte pour imposer notre volonté, etc.). On y parle bien sûr de discrimination faite aux femmes, d'injustices, mais on exige aussi un droit (le choix d'être mère ou pas), qui devient un droit au plaisir, on demande l'abolition de toute loi restrictive, en un mot on veut encourager l'émancipation des femmes et leur offrir la possibilité de procréer sans contraintes légales. On favorise les collectifs de femmes, on mentionne les liaisons, les échanges, les partages à établir, et ce tant sur le plan national qu'international, car ce thème de l'avortement sera largement traité selon différents pays, surtout européens.

On retrouve également un usage récurrent de termes que l'on peut identifier au jargon politico-syndical, comme coordination, mobilisation, marche, manifestation, enjeu, intégration, mot d'ordre, slogan, ligne, revendication, droit, diffuser des tracts, autogestion, etc. Mais plus généralement on a un ensemble de mots faisant directement référence à l'oppression des femmes. On dénonce la société patriarcale, on s'insurge contre le sexisme, le pouvoir des mâles, les phallocrates, les institutions réactionnaires, on rejette la femme-alibi, le corps-objet, on parle de mensuelle, de menstruation, on cherche les bons tuyaux, les bonnes adresses, les bonnes méthodes, on veut briser les chaînes d'écrans, d'occultation, de passivité, de silence qui entourent l'avortement, on refuse d'être des criminelles, des hypocrites, des humiliées, on récuse la chasse aux sorcières, les brutes civilisées, on ne veut plus des pieds coincés dans l'étrier, sans mots dire, etc.

Si l'ensemble de ces publications utilise un même langage pour dénoncer une réalité des femmes (les avortements clandestins, leurs conséquences), avec un ton plus ou moins doctrinaire, selon l'appartenance à une tendance ou une autre du M.L.F. pour la France, et l'avancement des luttes pour le Québec, elles adoptent aussi des techniques similaires, avec des variantes, pour lutter contre l'oppression des femmes. Par exemple, une des techniques consiste à répondre au mépris par le mépris, notamment par l'inversion des connotations. Ainsi le mot femme, souvent chargé de connotations méprisantes par les hommes (nana, dame, bonne femme, mémère, nénette, etc.) deviendra dans la bouche des féministes tout à fait autre chose. «*Les féministes cherchent à redonner au mot femme son vrai sens, processus inséparable de l'élaboration de l'identité sociale et linguistique de la femme*»[79].

Par contre les hommes, par cette technique d'inversion, seront affublés de termes tout aussi méprisants (mâle, phallocrate, bourgeois réactionnaire, patriarcal, mégalomane, mandarins du pouvoir, etc.). De même, l'emploi de néologismes comme testerie, phallustin, homme-objet, sont là pour provoquer la classe des hommes. Le mépris n'est peut-être pas aussi fort, mais il est intéressant de noter qu'il y a dans ce discours féministe la production d'une valeur référentielle «femme». Le plus souvent, on parle des femmes et non de La femme, on emploie un terme indéterminé, comme on, pour englober les femmes, on inscrit la marque du féminin, comme par exemple individue. Il y a absence de terme de valeur générique, comme homme pour les hommes et les femmes, on inverse le poids de la détermination, en parlant par exemple de médecin-femme. L'identification à la locutrice femme est rendue explicite par le nous (je + vous, les femmes; je + elles), et globalement on peut dire que ces publications soulignent la construction des femmes comme représentatives, de manière autonome, de l'espèce humaine. Une autre technique est celle du détournement. Par exemple, le sigle des féministes (un poing serré avec le symbole féminin) est une référence explicite au sigle du mouvement ouvrier et révolutionnaire, que d'autres reprendront, comme les Black Panthers. Mais aussi, on utilise les slogans du groupe adverse pour les tourner en dérision: «*laissez les vivre*» devient «*laissez-nous vivre*». C'est peut-être le discours visuel qui rend le mieux compte de ces techniques. Voir à ce propos le photomontage sur l'avortement fait à partir des publications choisies et reproduit à la page suivante.

Provocation, ironie, détournement des situations, ces publications vont utiliser deux sortes d'illustrations pour leurs propos: la caricature et les photos de manifestations. En fait, ces illustrations ont, à mon avis, des fonctions sociales bien précises: d'un côté, les photos de femmes, défilant dans les rues pour exiger un avortement libre et gratuit, permettent de renforcer une appartenance de groupe (nous ne

---

[79] M. Yaguello, *Les mots et les femmes*, Payot, Paris, 1978, p.75.

sommes pas seules à avorter), de montrer la cohésion du groupe (complicité entre femmes). On retrouve à ce niveau les trois actants du discours polémiste: un locuteur polémiste (sujet qui combat à visage découvert: les femmes et les féministes), qui discrédite une cible (les hommes, la société patriarcale et ses institutions) pour un destinataire complice (les autres femmes). D'un autre côté, les caricatures servent à accentuer ce discours polémiste, en posant un doigt accusateur sur les hommes et système patriarcal.

Avec un discours, socialement marqué, faisant référence au jargon militant, de gauche, politico-syndical, le discours féministe est idéologique et s'apparente à ce que Marc Angenot appelle la parole pamphlétaire[80]. Bien sûr, il faut apporter toutes sortes de nuances à cette définition, d'une part parce que les six publications choisies adoptent un ton différent pour traduire une des revendications principales des femmes, au cours des deux dernières décennies. Mais ce ton différent/spécifique, propre au code féministe, qui peut devenir tout aussi cryptique que n'importe quel discours idéologique, dès lors qu'on n'est pas initié, est difficile à décoder. Néanmoins, après lecture des articles sur le thème de l'avortement, on trouve quelques-unes des caractéristiques du pamphlet, défini par cet auteur. Discours agonique, supposant un contre-discours antagoniste, oscillant entre les discours polémistes et satiriques, le discours féministe employé dans ces publications me paraît avoir recours aux techniques du pamphlétaire.

*«Le pamphlétaire n'a reçu aucun mandat de personne pour parler et s'oppose à une parole institutionnelle, authentifiée par un ensemble de pratiques et articulée sur les principes mêmes dont il tire sa vérité et dont l'adversaire tire une vérité toute contraire.»*[81]

Lieu d'une parole impossible, sans mandat et sans statut, le pamphlet joue sur la dichotomie vérité/imposture, dans un refus englobant un adversaire, dont le mensonge est maximisé, sans nuance. Contrairement à la polémique, dont le discours adverse doit être réfuté dans un champ clos où s'affrontent héros et imposteur, ou à la satire, qui représente la rhétorique du mépris, où l'énonciateur détient la vérité et le monopole du bon sens, le pamphlet, lui, nous donne l'image d'une conscience solitaire, courageuse et téméraire face à un groupe qui lui a volé ses mots. Dans le type de discours féministe, il y

---

[80] M. Angenot, *La parole pamphlétaire. Typologie des discours modernes*, Payot, Paris, 1982.
[81] M. Angenot, *Idem*, p. 39.

a un peu de la polémique (les femmes revendiquent un droit que les hommes ne veulent pas leur accorder), un peu de la satire (le mépris des hommes en général et le bon sens des cliniques d'orthogénie par exemple, où les femmes pratiquent des avortements autrement), et un peu du pamphlet (elles se battent seules contre les institutions). Les mots qu'on a volés au pamphlétaire sont justice, liberté, vérité et le langage que celui-ci utilisera sera hyperbolique. Louange (la sororité des femmes) ou injure (mise en tutelle de nos corps, pouvoir et arbitraire médical proche du despotisme), le pamphlet présuppose un affrontement des idées, avec une rhétorique de l'argumentation et de la persuasion, dans un sens très théâtral de spectacle, où c'est le monde qui entoure le pamphlétaire qui est à l'envers.

## La contre-violence du discours féministe

Une dernière caractéristiques du pamphlet, selon Marc Angenot, reste la violence verbale, qui devient garante de la liberté et du courage, celle qu'il faut choisir dans un monde où tout le monde chuchote. Voici ce qu'il souligne[82] :

«*On trouve ici tous les alibis du mode d'action terroriste, découlant de cette opposition entre violence d'appareil et contre-violence. Ici s'inscrit toute la complaisance de la démarche pamphlétaire et surtout son caractère spectaculaire. L'action terroriste doit être spectacle et le pamphlétaire, qui se prétend seul face au mensonge, doit vociférer, ameuter les badauds. On ne s'étonnera pas de voir le pamphlétaire se laisser séduire à diverses époques par une autre forme de contre-violence, celle du terrorisme de la 'bombe', de Ravachol (pour Laurent Tailhade) aux Brigades Rouges. Admirateur ambigu du terrorisme artisanal et plus tard du terrorisme d'État, le pamphlétaire fait du terrorisme la texture de son discours.*»

De là à affirmer que le discours féministe est terroriste, il n'y a qu'un pas, que je ne franchirai pas, car je ne suis pas en mesure de trouver les propos linguistiques et iconiques qui pourraient le justifier. Néanmoins, la question reste posée et elle garde toute sa pertinence, en regard d'un très beau texte de Françoise D'Eaubonne[83], qui fait le lien entre la contre-violence et les luttes des femmes pour leur

---

[82] M. Angenot, *Ibid.*, pp. 341-342.
[83] F. D'Eaubonne, *Contre violence ou la résistance à l'État*, Tierce, Paris, 1978.

libération, en prenant l'exemple de l'action des femmes de la «bande à Baader»:

«(...)*La Fraction Armée Rouge a ouvert, et elle seule, un chemin de la résistance plus réaliste que celui, rêvé si longtemps, de la révolution. Chemin qui nous concerne tout particulièrement en tant que femmes, non pas tant par la qualité exceptionnelle de celles qui y ont perdu la vie qu'en raison d'une prise de conscience totalisante, englobant pour la première fois la guerre contre la violence individuelle que chacune expérimente dans son quotidien, et la violence au plus haut niveau qui institutionnalise et reconduit celle-ci depuis des millénaires. (...)Quand le M.L.F. répand dans les rues des métropoles et dans les campagnes écartées des flots de femmes déguisées, bariolées, criantes, agressives, chantantes, et à chaque fois qu'on nous traite d'hystériques, de mégères, de revanchardes, de lesbiennes, de meurtrières avorteuses, d'asociales, d'anormales, que l'index nous désigne, que la police nous charge, que l'Intérieur nous fiche, ou que tout simplement nous crions et pleurons très fort et que* les voisins vont entendre, *c'est Pandora, la mère de toutes les bacchantes, qui revit en nous.*»[84]

Cette analyse du discours féministe à partir du thème privilégié de l'avortement, ainsi que l'analyse thématique des publications, a permis de voir que les presses d'expression féministe dans ces deux sociétés sont des presses militantes et alternatives, divulguant un discours idéologique, de gauche, parfois de l'ordre du pamphlet, qui permet aux femmes d'être conscientes et conscientisées sur leur condition, c'est-à-dire d'appréhender leur position d'opprimées dans le rapport social de sexe. Est- ce à dire qu'une fois que ce discours a été entendu, il n'a pas plus de raison d'être, et que donc ce type de presse est voué à disparaître? Il semble que d'autres facteurs entrent en ligne de compte pour saisir pourquoi ce type de presse est politique et ne peut pas survivre. C'est ce qu'on va voir maintenant en étudiant tout d'abord la manière dont les presses féministes françaises et québécoises se donnent à regarder et à apprécier, ensuite leur fonctionnement interne et organisationnel et enfin leur rapport au marché économique médiatique.

---

[84] F. D'Eaubonne, *Idem*, pp. 10 et 24.

# 5

# Presse alternative, presse «glamour»

La «Une» qui est la page de couverture d'un journal représente le point modal qui définit en général la visibilité des journaux sur le marché médiatique. Y a-t-il justement une stratégie définie de la part des presses féministes ou une absence de stratégie? Comment certaines se démarquent-elles du marché traditionnel des médias, en particulier de la presse féminine, et comment d'autres tentent-elles de s'en rapprocher, tout en essayant de rester féministes. J'ai donc sélectionné deux «Unes» pour chaque publication (les premiers et les derniers numéros), ce qui permet de souligner l'évolution de l'image de la publication dans le temps. Plutôt qu'une véritable analyse sémiologique du discours des femmes à travers leurs presses, je désirais seulement faire un premier repérage des constructions énonciatives produites par les féministes et souligner quel type de représentations idéologiques elles produisent. Il s'agit en effet de rechercher les marques féministes dans l'énonciation à travers l'image que ces publications nous donnent à voir à la fois des femmes, comme objets de discours, et des rapports sociaux de sexe. À ce titre, j'ai repris quelques éléments de la grille d'analyse développée par Enrico Carontini[85]. Il souligne notamment que ce n'est qu'à partir de la présence et même de l'absence de certaines traces dans l'énoncé (marques de personne, de temps, de mode) que les conditions et le processus d'énonciation peuvent être inférés.

---

[85] E. Carontini, *Faire l'image. Matériaux pour une sémiologie des énonciations visuelles*, Les Cahiers du Département d'études littéraires de l'UQAM, Montréal, 1986 et 1988.

Il m'a alors semblé possible de souligner quelques visées communicationnelles développées par nos publications, en essayant de retracer les attitudes et les perspectives de communication élaborées. Il ne s'agit pas de dresser l'image type des femmes dans ces publications, bien que cela aurait pu être très significatif pour définir les images produites par des énonciatrices. Jusqu'à présent, certaines études ont donné les stéréotypes féminins, transmis par les médias traditionnels (télévision, publicité, journaux), mais peu de recherches, à ma connaissance, se sont attardées à donner ce regard des femmes sur elles-mêmes. Je voudrais plus modestement vérifier si l'image des femmes divulguée par ces presses féministes est autre que celle diffusée notamment par les presses féminines (femme-objet; femme-alibi) et de quelle manière elle est présentée. J'ai donc regroupé les «Unes» de nos publications selon qu'elles s'apparentaient à ce que j'ai appelé la presse alternative ou à ce que j'ai dénommé la presse «glamour». En tout 19 «Unes», car j'ai pris les deux premiers numéros de *La Vie en Rose* (celui inséré dans *le Temps fou* et l'autre indépendant).

## L'absence quasi-totale de l'adversaire: les hommes

Une première lecture de ces images permet de constater que les femmes sont très présentes sur cette page couverture. Lorsqu'elles sont représentées en groupe, l'accent est mis sur les manifestations ou réunions de femmes (*Les Pétroleuses* et *FMH*). Si elles sont seules, ces publications ont utilisé le portrait des femmes, le plus souvent de face et selon un plan rapproché ou un gros plan (*Les Têtes de Pioche*, *Histoires d'Elles* et *La Vie en Rose*). *Des Luttes et des Rires de Femmes* n'utilisent pas le concept de femmes, à quelques exceptions près dans d'autres numéros. On peut également souligner l'absence très marquante d'énoncés visuels «homme» dans ces publications. Voir tout de même quelques exemples intéressants à la suite des «Unes» de nos publications féministes.

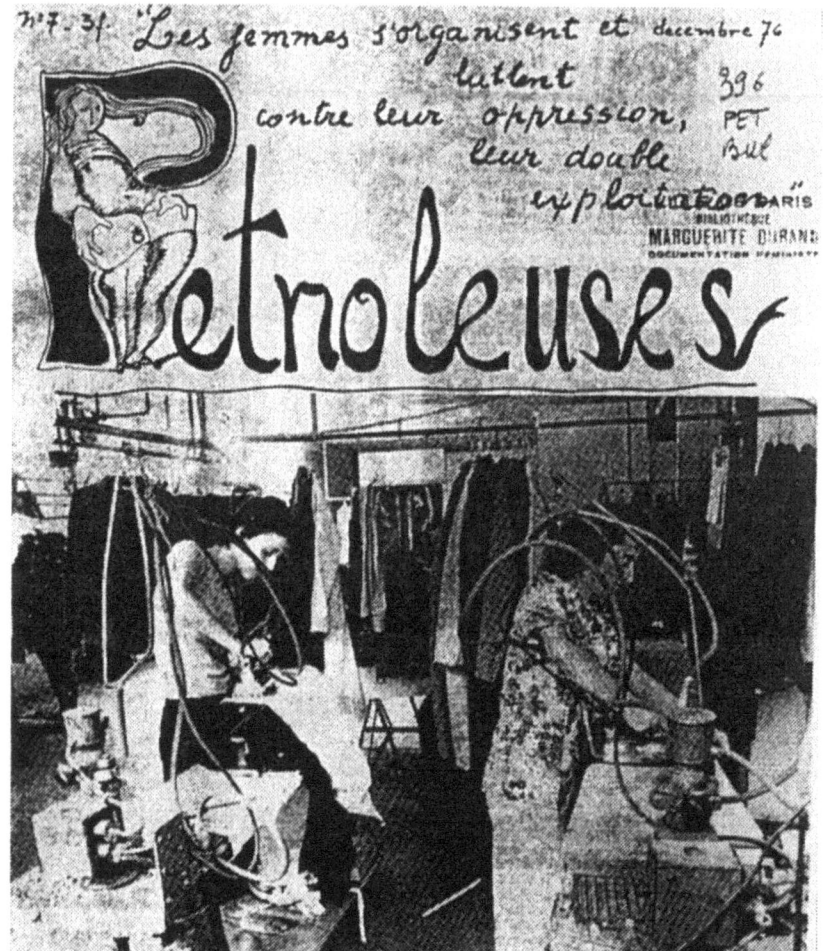

Presse alternative ou presse «glamour»

Presse alternative, presse «glamour»

*Presse alternative ou presse «glamour»*

**des luttes et des rires** de femmes

Pluri-Elles change de nom

*dossier :
femmes
immigrantes*

bulletin de liaison des groupes autonomes
de femmes ~ vol. 2 no.1 , octobre-novembre 1978. $1,00

## Presse alternative, presse «glamour»

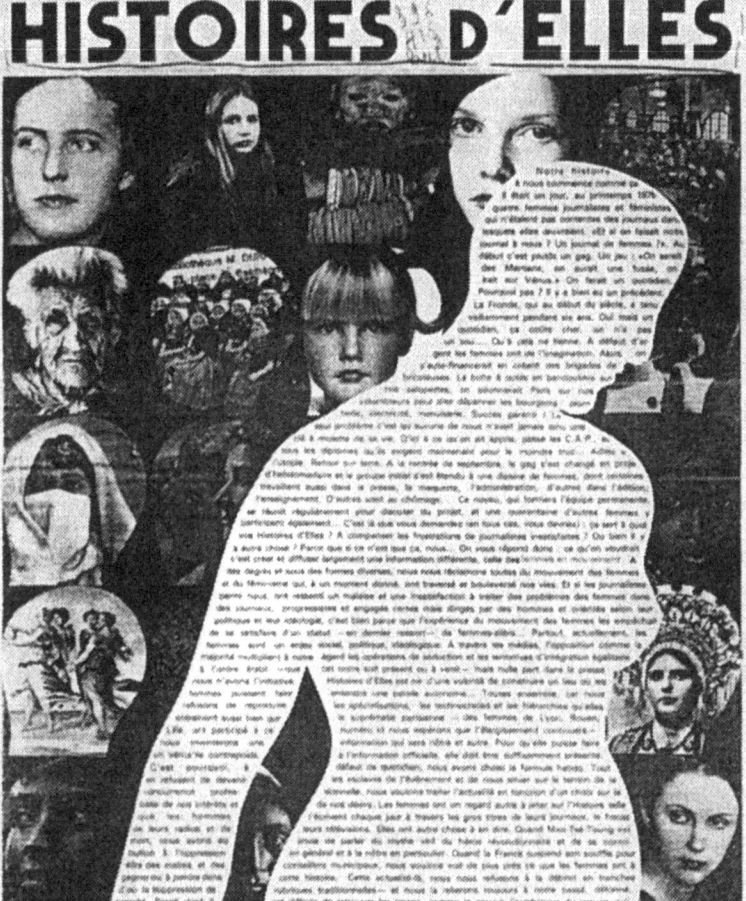

# Presse alternative ou presse «glamour»

Comment peut-on interpréter cette exclusion quasi-totale de la classe des «dominants» dans le discours visuel de ces publications féministes, si ce n'est par la nécessité de renforcer la présence des «dominées», en lui donnant la place essentielle? Il me semble que cette non-référence à la classe des hommes, d'un point de vue visuel, vient appuyer la forme du discours écrit qui a été analysé à propos de l'avortement. En effet, le propre du pamphlet est, comme le souligne Marc Angenot[86]:

*«De se refuser à la nuance: le groupe adverse est maximalisé. On n'affronte pas une poignée d'imposteurs, mais une vaste conspiration, une cabale aux limites floues qui s'appuient sur la lâcheté et la duperie générales. Le pamphlétaire, solitaire, affronte une hydre, un monstre protéiforme; son refus devient englobant, sa malédiction entraîne la société toute entière dans le déluge.»*

Cet ennemi numéro un, qui pour nos publications féministes serait le patriarcat, voire la classe des hommes, est invisible dans leur discours visuel, du moins pour la «Une». Pourtant, au niveau du discours écrit, il est omniprésent. Le fait de n'accorder pratiquement aucun statut à l'adversaire, à part les exceptions susmentionnées, me semble être un signe de ce type de discours pamphlétaire. C'est en tout cas une démarche très politique.

Avant de passer à l'étude proprement dite de chaque «Une» et de les comparer, j'aimerais souligner une autre constante de ce type de presse, à savoir le fait d'annoncer la fin de la publication. **Les Têtes de Pioche** reprendront exactement la même photo que pour leur premier numéro en précisant que *«c'est au passé»*. **Histoires d'Elles** souligneront leur rapport difficile aux médias traditionnels par un photomontage de titres de journaux français, en précisant le fait qu'elles étaient *«un journal comme on n'en fait plus»*. Cette démarche ou stratégie m'apparaît très symptomatique d'une presse alternative, qui refuse les compromis et qui se positionne, politiquement, dans le champ concurrentiel de la presse. Les autres médias, en général, n'annoncent pas leur mort, surtout pas à la «Une». Et, ce sera aussi le cas des quatre autres publications choisies, *FMH* annonçant même un prochain numéro en septembre, comme si de rien n'était.

---

[86] M. Angenot, *La parole pamphlétaire. Typologie des discours modernes*, Payot, Paris, 1982, p. 92.

## Les femmes d'abord et avant tout des sujets pluriels

Globalement, il semble que *Les Têtes de Pioche*, *Les Pétroleuses*, *Des Luttes et des Rires de femmes* et *Histoires d'Elles* resteront par leurs «Unes» des presses alternatives, à divers degrés, tandis que *La Vie en Rose* et *FMH* oscilleront entre la forme alternative et la forme plus «glamour», dans le style des presses féminines, sans pour autant s'en réclamer tout à fait.

Tout d'abord, la posture de la grand-mère tenant ces deux bébés dans *Les Têtes de Pioche* suppose un discours direct d'interpellation, avec un regard (quart de face) dirigé vers les destinataires. On a ici une identité plurielle de femmes de plusieurs générations (la grand-mère et la jeune fille), comme pour souligner *«ce matriarcat qui analyse les reines du foyer»*. La mise en page reste relativement classique, avec le titre du journal en haut, le sigle des femmes dans le titre, la photo qui accompagne le texte. C'est plutôt dans le texte qu'on peut réellement saisir la nature de presse de combat que suppose cette publication. Par contre, dans *Des Luttes et des Rires de femmes*, on n'a pas à proprement parler d'éléments visuels «femmes», si ce n'est le sigle des femmes. Le côté alternatif de cette publication est plus présent dans la dernière «Une» avec un agencement un peu particulier du mot argent. C'est comme si cette publication cherchait plus à vendre des idées que des images. Enfin, dans *Les Pétroleuses* on trouve quelques signes de ce que j'appelle la presse alternative. Tout d'abord, le titre et les sous-titres écrits à la main, qui viennent renforcer le côté militant de cette publication, ensuite le «nous» des femmes qui manifestent dans les rues. Il s'agit ici, à mon avis, de la forme inclusive du nous, qui se dit pour moi + vous. Ce «nous inclusif» est une amplification du «Je», qui englobe les destinataires, lesquelles deviennent partie intégrante de l'instance destinatrice. L'image des femmes que cette publication féministe donne à voir est une image de femmes qui luttent et manifestent. La dernière «Une» des *Pétroleuses* conserve cet aspect de presse militante avec l'opposition de deux images de femmes les femmes au travail et la mère dans le titre-, qui, toutes deux, renvoient à la double exploitation des femmes, telle qu'indiquée en amorce du journal.

Par opposition, le journal *Histoires d'Elles*, tout en restant alternatif, propose des images beaucoup plus sophistiquées des femmes. Il semble y avoir une réelle démarche de stratégie médiatique, dans la mesure où cette publication désirent à la fois provoquer les lectrices potentielles et appuyer la création des femmes. On retrouve dans la première «Une» ce «nous inclusif» des femmes, à la fois par le choix des différents visages de femmes choisies (les diverses générations) et par l'appropriation du corps nu de la femme avec l'écriture. «*Notre histoire à nous commence comme ça*», telle sera la phrase clé de ces femmes productrices d'information, féministes, mais qui «nous» interpellent dans le corps et les images. On entre, de par l'image de ce corps de trois quarts de profil, à la fois dans une communication intime et publique, alors que les photos de face supposent une distance plus personnelle. La dernière «Une» d'*Histoires d'Elles* me semble plus symptomatique du rapport que ce type de presse entretient avec les autres médias. La concurrence médiatique, avec des gros titres comme *Le Monde*, *Le Figaro* et l'*Express*, presque invisibles, mais relativement explicites, auront eu raison de leur histoire.

L'évolution des «Unes» de *La Vie en Rose* paraît donner sens à cette oscillation entre une presse alternative et une presse plus «glamour». La symbolique représentée dans ces trois «Unes» est très forte et vient chercher les lectrices directement, avec beaucoup d'humour. Dans la première «Une», c'est non seulement le divorce Québec/Canada qui est souligné, mais aussi celui entre deux images de femmes, l'une traditionnelle avec la Reine d'Angleterre et l'autre plus moderne qui lui fait un pied de nez. Il est intéressant de noter que c'est justement l'image de la Reine qui sera de profil (communication plus sociale), alors que la jeune femme grimaçante sera de face (communication personnelle). La deuxième «Une», qui sera en fait la première «Une» de *La Vie en Rose* indépendante, représente Donalda, héroïne du télé-roman *«Les belles histoires des pays d'en haut»*, tiré du roman de Claude Henri Grignon, *«Un homme et son péché»*. Ce télé-roman qui a été diffusé durant les années 60-70 raconte l'histoire de Séraphin, vieux garçon riche et avare, qui demandera Donalda en mariage pour permettre au père de celle-ci de s'acquitter de sa dette. C'est toute l'histoire et la symbolique de la femme québécoise au foyer des années 30, soumise à son mari et à son destin, qui sont ici montées en épingle. D'autant plus que le dossier porte sur le travail ménager et que Donalda est auréolée comme une sainte, qualificatif qu'on lui a souvent donné. Ici, l'identification à cette femme est bien ciblée, car ce télé-roman et l'émission radiophonique qui l'a précédé ont été largement écoutés au Québec. Il permet ainsi à cette publication d'aller chercher des femmes différentes, celles qui reconnaissent Donalda et celles qui veulent en savoir plus long sur ce dossier, relativement provocant en 1981. L'ensemble de la dernière «Une» pourrait s'apparenter à la Une d'un magazine féminin, ne serait-ce que par le papier glacé et les titres-clés accrocheurs. Mais le photomontage de la sucette de bébé qui doit apporter la lumière ou l'électrochoc donne le ton, encore provocateur de cette publication, qui de ce fait demeure alternative dans le champ médiatique.

Pour ce qui est de *Des femmes en Mouvements Hebdo*, il y a peu de changement du premier au dernier numéro. La couverture sur papier glacé, le sigle des femmes, les montages-photos de la trace des femmes pour la première «Une» et de la lune-mère pour la dernière «Une», marquent, à mon avis, cette oscillation entre presse alternative et presse «glamour». Néanmoins, ici le «nous des femmes» paraît être un «nous exclusif». Il est à la fois implicite (femmes, toutes) et surtout il représente ce «moi + elles», c'est-à-dire ce «moi + les femmes du M.L.F., tendance Psychépo», qui revient à une amplification du «Je» sans englober les destinataires.

Il semble donc que les presses féministes françaises et québécoises adoptent soit une forme de lisibilité alternative, soit une autre, plus traditionnelle, style «glamour» de la presse féminine, tout en offrant des images de femmes différentes. On ne retrouve plus des femmes-objets (mode, produits de beauté) ou des femmes-alibis («superwomen» professionnelles, mères et attrayantes). Au contraire l'image qu'elles proposent me semble être justement celle de «femmes en mouvement», c'est-à-dire de femmes qui s'insurgent contre leur oppression et luttent pour améliorer leur situation. Puisque la «Une» d'un magazine ou d'un journal représente la façade de son contenu, il semblerait que ce type de presse, à fonction politique, a du mal à se positionner par rapport à la concurrence des autres médias. Certaines cherchent à affirmer leur contenu politique et se veulent subversives, en détournant les stéréotypes ou les mythes sur les femmes. D'autres veulent aussi devenir un média à part entière, en donnant la parole aux femmes et en proposant une alternative aux discours dominants sur les femmes. Un dernier problème auquel sont confrontées les presses féministes françaises et québécoises, et non des moindres, reste le rapport qu'elles entretiennent avec le marché économique médiatique et leur type d'organisation, ce qui va l'encontre des « mâles » médias, comme nous allons le voir maintenant.

## Groupes de femmes et presses de groupe

Cet étage de fonctionnement du journal, qui se situe au niveau du journal comme entreprise de presse, est particulièrement difficile à exploiter pour les publications que j'ai choisies. Puisqu'elles ont toutes disparu, il m'a été impossible de vérifier certaines données, notamment le salaire des rédactrices, le bénévolat des correspondantes, etc. Mais, ayant eu l'occasion d'être correspondante au Nouveau-Brunswick pour *La Vie en Rose* et ayant collaboré à *Femmes d'action*, autre revue féministe canadienne s'adressant aux femmes francophones vivant en milieu minoritaire, je suis en mesure de fournir quelques interprétations des données recueillies dans les six publications choisies[87].

## La hiérarchie dans la convivialité

En général, ces publications ont des structures organisationnelles assez mouvantes. Le collectif de femmes est le mode d'organisation le plus répandu, mais il ne sera pas toujours mentionné comme tel. *Les Pétroleuses* n'en font pas mention, même si l'ensemble de leurs articles sont signés par des femmes, avec seulement le prénom ou le nom d'un groupe de femmes d'un arrondissement parisien. Par contre, *Les Têtes de Pioche* vont le souligner et j'ai remarqué que leur collectif s'est peu transformé dans le temps. On retrouve à peu près les mêmes rédactrices du premier au dernier numéro. *Histoires d'Elles* va parler d'une équipe, dont la liste se modifiera au cours des années et aura une directrice de publication, «*tirée au sort pour l'année 79*», jusqu'à la fin.

*Des Luttes et des Rires de Femmes* aura un collectif de production, qui se veut un lieu d'échanges et un outil d'expression disponibles pour les femmes. Cette publication pose d'ailleurs un certain nombre de conditions pour que l'on puisse participer à sa production.

> «*Les conditions minimales de participation sont 1. pour un mouvement autonome des femmes, c-à-d non mixte et non lié à un organisme mixte; 2. pour l'avortement et la contraception libres et gratuits; 3. pour l'abolition des inégalités dans le travail, salarié ou non; 4. pour la liberté d'orientation sexuelle; 5. pour une prise en charge plus collective de la responsabilité des enfants.*»

C'est le collectif de production qui choisit les thèmes du dossier et organise les tables rondes, matières entre autres aux dossiers. Cette publication donne aussi d'autres critères pour entrer dans le collectif, au fur et à mesure de l'évolution des numéros, comme le fait d'avoir participé à la production d'un numéro et à un comité

---

[87] J'ai également participé au colloque des périodiques féministes canadiens, qui s'est tenu à Toronto en mai 1986, et j'ai pu ainsi vérifié d'autres données.

technique. Périodiquement, elle fait des bilans de cette organisation particulière qu'est le collectif, qui doit à la fois servir de construction pour le mouvement autonome des femmes et d'une volonté de ne pas reproduire les schémas masculins d'organisation. Ce qui caractérise avant tout ce genre de collectif, que *Les Têtes de Pioche* appelleront d'ailleurs collective, c'est une absence plus ou moins marquée de hiérarchie dans la production. Mais comme le notent Suzanne De Rosa et Jeanne Maranda[88]:

*«Les féministes ont à faire face à plus d'un problème. Par exemple, la question de la responsabilité, du contrôle, des décisions à prendre vis-à-vis du contenu et du financement, etc. Du fait que nous soyons impliquées plus avec notre coeur qu'avec le désir de profit, il nous faut chercher et appliquer des techniques d'administration qui vont rendre compte de la réalité du monde des femmes. Tout est à inventer! (...)Le collectif permet une approche qui tend à éviter les conflits inhérents à la structure hiérarchique et donne aux travailleuses un sentiment d'appartenance. Étant responsables du contenu de la revue, du journal, elles ont intérêt à en respecter la suite logique pour le fond si elles veulent garder l'intérêt des lectrices à long terme».*

En pratique, c'est l'idée d'un certain consensus et d'une solidarité des femmes autour de la production de la publication qui est mise de l'avant. Un peu comme donner son accord pour défendre «la cause des femmes», comme elles disent, et tenter d'instaurer une autre forme d'organisation d'une entreprise de presse, si tant est qu'elles considèrent leur publication comme une entreprise. *FMH* par contre va se situer dans la mouvance traditionnelle de l'organisation des médias, avec au départ une équipe de production et de réalisation de l'hebdomadaire (liste de permanentes) et une série de correspondantes en province. À partir du numéro 45, cette publication va se doter d'une fondatrice-directrice, d'une rédactrice en chef, d'une équipe de rédaction et à partir du numéro 61, il y aura en plus des rédactrices responsables de chroniques et un réseau de correspondantes à l'étranger.

---

[88] S. De Rosa et J. Maranda, «La presse féministe est différente», *Canadian Woman Studies/Les Cahiers de la femme*, Toronto, Vol. 11, n° 3, 1991, p. 65.

À l'inverse, l'évolution de *La Vie en Rose* me paraît symptomatique de cette «hiérarchie dans la convivialité», plus ou moins recherchée. Au départ, il y a juste une équipe de production et une liste de collaboratrices. Mais, au fur et à mesure de son évolution, la transcription dans l'Ours ou le cartouche de ce magazine montrera une organisation de plus en plus en plus sophistiquée. À partir du numéro 7 (septembre/octobre 1982), on trouve en plus de l'équipe de rédaction, un comité de lecture et un comité de permanentes. À partir du numéro 24 (mars 1985), il y a des responsables pour l'administration, la promotion, le secrétariat, la direction artistique et ce n'est qu'au numéro 40 (novembre 1986) qu'apparaîtra la structure traditionnelle d'un média avec un conseil d'administration, une direction générale, une équipe de rédaction, un comité de rédaction, et les autres responsables pour l'administration et la promotion. Intitulé *La Vie en Rose renouvelée*, avec changement de logo à la «Une», ce second début de *La Vie en Rose* ne sera en fait que l'amorce de sa disparition, puisqu'il ne durera que le temps de sept numéros. Seule la mention «le magazine féministe d'actualité» permet de différencier cette publication féministe des autres publications féminines, style «glamour». On retrouve alors le papier glacé, une présentation soignée, bien léchée. Il y aura bien sûr la photo de la «Une», qui représente une couche-culotte pour parler des maladies transmises sexuellement, ce qui fera dire à bon nombre d'observateurs et observatrices que *La Vie en Rose* est un magazine «culotté».

Mais globalement l'évolution de cette publication montre bien comment les presses féministes françaises et québécoises oscillent entre une forme d'organisation alternative, la collective, et une autre plus traditionnelle, structure hiérarchique des médias. De plus, la structure de leur comité de rédaction, quand il existe, est relativement mouvante, les noms des collaboratrices apparaissent et disparaissent au gré de l'implication dans le mouvement de libération des femmes. Des six publications, comme on le verra plus tard avec l'étude de la «Une», ce sont *Les Têtes de Pioche*, *Des Luttes et des Rires de Femmes* pour le Québec et *Les Pétroleuses* et *Histoires d'Elles* pour la France qui resteront le plus alternatives en comparaison avec les deux autres, *FMH* et *La Vie en Rose*.

### Le bénévolat: couteau à double tranchant

Il me semble que ce balancement entre deux formes d'organisation relativement opposées, sinon contradictoires, finissent par avoir raison de la survie de ces publications. Un autre élément important dans leur organisation, qui vient corroborer cette hypothèse est le bénévolat des productrices. L'ensemble de ces publications font appel au militantisme des femmes pour faire avancer leur situation. Exception faite de *La Vie en Rose* qui rémunérait ses permanentes, même avec des salaires bien en-dessous de la moyenne des autres médias ($16 000 par an en moyenne, $14 000 par an en 1986), et ses collaboratrices, de façon symbolique plus qu'autre chose. Le rapport à l'argent est difficile, ce qui explique en partie l'essoufflement des productrices, à force de tenir à bout de bras une publication, qui, comme on va le souligner à propos du marché économique de l'information, doit suivre les mêmes lois de marketing que les autres médias.

Mais ce bénévolat est aussi une pratique ambiguë pour les presses féministes françaises et québécoises, car il pose plus globalement le rapport au travail. Alors que les féministes dénoncent dans leurs publications les discriminations salariales, l'exploitation du travail rémunéré, elles se retrouvent à utiliser ce travail gratuit pour leur propre organisation. Ce dilemme devient à mon avis insurmontable, car le bénévolat est un couteau à double tranchant. D'un côté, il encourage toutes sortes de créativité, permet de découvrir des talents insoupçonnés d'organisatrices, des ardeurs, des plaisirs, en donnant aux bénévoles l'impression d'apporter leurs compétences et leur savoir-faire à cette parole de femmes. Il permet aussi de sortir de l'isolement face aux situations d'oppression que subissent les femmes, d'acquérir ou de confirmer un sentiment d'appartenance à un groupe social, une communauté d'idées. Mais, d'un autre côté, il peut être considéré comme une perversion de notre système, entre autres capitaliste, qui utilise en quelque sorte cette main-d'oeuvre bon marché, tout en lui donnant la satisfaction de participer à l'émancipation des femmes. On se retrouve alors dans cette situation paradoxale, où la bénévole est gênée de demander un petit acompte pour ces milliers d'heures investies et où ce que j'appelle les bénévolantes, c'est-à-dire celles qui travaillent avec les bénévoles, sont gênées d'exiger un beau travail bien fini, tout en justifiant les limites de l'imparfait par des «ce sont des bénévoles», ou «on ne peut exiger plus», etc. Comme l'explique Lise Moisan à propos de la mort de *La Vie en Rose*:

*«La Vie en Rose est morte d'avoir trop longtemps voulu vivre d'amour et d'eau fraîche plutôt que d'argent, bref d'avoir négligé l'aspect entreprise de son projet. Nous avons omis de mettre en branle des stratégies de vente et de financement, en les adaptant bien sûr à nos moyens et aux valeurs des lectrices. En partie par manque de conscience et parce que nous étions perpétuellement débordées, et en partie à cause d'une*

répugnance, bien 'de gauche', face aux règles du jeu commerciales.»[89]

Mais, somme toute, si le bénévolat a fait son temps chez les femmes, il montre bien les limites auxquelles sont confrontées ces presses féministes du point de vue de leur organisation. Comment passer outre au besoin fondamental des femmes et des féministes de se faire entendre, de parler aux autres femmes, et de le faire autrement que comme la presse féminine, sans y laisser la santé et la sérénité? Le militantisme et le bénévolat des productrices de publications féministes semblent être une barrière de plus qui les conduisent à disparaître.

## Un marché médiatique saturé

Si l'on regarde maintenant le marché économique de l'information existant en France et au Québec, on se rend compte que les contraintes auxquelles ces presses féministes sont confrontées sont énormes. Les deux tableaux aux pages suivantes regroupent un ensemble de données inscrites dans les publications françaises et québécoises.

Tout d'abord la périodicité irrégulière (mensuel, bimestriel, trimestriel) et la variation du nombre de pages qui n'assurent pas une très bonne visibilité de ces publications en kiosque, ensuite le tirage en moyenne assez faible, et enfin la publicité commerciale inexistante pour ces publications, sauf pour *La Vie en Rose* et *FMH*, l'ensemble de ces caractéristiques les positionne de façon plus ou moins marginale sur le marché médiatique. Par exemple, la publicité commerciale, même si l'on voit qu'elle était assez importante pour certaines publications comme *La Vie en Rose*, ne représente pas une source de revenus suffisante pour survivre, d'autant plus que ces publications refusent la publicité sexiste. Le budget de fonctionnement de ces publications est faible: les subventions ne donnent qu'un tiers des revenus au maximum, quand elle existent et les ventes en kiosque ne sont pas assez importantes. Restent les abonnements, qui sont leur principale source de revenus. Même si les salaires sont faibles, les dépenses pour une entreprise de presse, comme les coûts de production,

---

[89] Martine D'Amours, «De quoi La Vie en Rose est-elle morte?», *La Gazette des femmes*, Québec, septembre/octobre 1988, p. 22. Lise Moisan était une des fondatrices de *La Vie en Rose* et, pour les derniers numéros, la directrice générale.

Presse alternative, presse «glamour» 151

Marché économique de l'information des publications françaises choisies

| Nom des publications | Dates de parution | Périodicité | Format | Nombre de pages | Signe/Label | Tirage | Abonnement | Vente en kiosque et autres | Couleur/noir et blanc | Prix de la publication | Écart entre recettes et dépenses | Subventions gouvernementales |
|---|---|---|---|---|---|---|---|---|---|---|---|---|
| Les Pétroleuses | Début 1974/ décembre 1966 | Irrégulière (8 numéros) un numéro zéro | Tabloid | de 12 à 40 pages | • Le journal des femmes qui luttent • Elles ont fait de leur jupon un drapeau rouge | 6 000 exemplaires | ? | ? | Une couleur à la Une de temps en temps, le reste en noir et blanc | de 1,50 F à 3 F | ? | Aucune |
| Histoires d'Elles | Mars 1977/ Avril 1980 | Mensuel (23 numéros) un numéro zéro | Tabloid plié en deux à partir du n° 7 (déc 1977) | de 8 à 32 pages | • Quotidien politique imaginaire • Journal du mouvement de libération des femmes | 20 000 exemplaires | 200 copies | ? | En général en noir et blanc, de temps en temps une couleur | de 3 F à 6 F | ? | Aucune |
| Des Femmes en Mouvements Hebdo | Novembre 1979/ Été 1982 | Hebdomadaire (101 numéros) | Magazine | de 34 à 66 pages | / | 70 000 (45 000)[1] exemplaires | ? | ? | Quadrichromie pour l'ensemble | de 7 F à 9 F | ? | Aucune |

Source: Tableau établi à partir des données inscrites dans les publications.

[1] Le tirage de FMH a beaucoup varié pendant sa parution.
Le chiffre entre parenthèses est celui que le journal donne pour ses derniers numéros.
Néanmoins, selon d'autres sources, FMH aurait été vendu à la fin aux alentours de 20 000 exemplaires

Marché économique de l'information des publications québécoises choisies

| Nom des publications | Dates de parution | Périodicité | Format | Nombre de pages | Sigle/Label | Tirage | Abonnement | Vente en kiosque et autres | Couleur/noir et blanc | Prix de la publication | Écart entre recettes et dépenses | Subventions gouvernementales |
|---|---|---|---|---|---|---|---|---|---|---|---|---|
| Les Têtes de Ploche | Mars 1976/ Juin 1979 | Mensuel (23 numéros) | Tabloïd | 8 pages | Journal des femmes | 2 000 jusqu'en novembre 1977; 1 500 de Novembre à Juin 1979 | 500 copies | ? | Pas de couleur, l'ensemble en noir et blanc | de 50¢ à 1$ | ? | Aucune |
| Des Luttes et des Rires de Femmes (LRF) | Octobre-Novembre 1978/ Juin-Juillet-Août 1981 | • Bimestriel jusqu'en avril-Mai 1980. • Trimestriel de Juin-Juillet-Août 1980 à 1981 (15 numéros) | Magazine | de 50 à 74 pages | • Bulletin de liaison des groupes autonomes de femmes • Tribune d'échange et de liaison des femmes. | 2 700 exemplaires | 800 copies | ? | Une couleur à la Une, le reste en noir et blanc | de 1$ à 1,50$ | ? | Le Secrétariat d'État; Jeunesse Canada au travail; OSE-Arts; ministère des Affaires culturelles du Québec |
| La Vie en Rose | Mars 1980/ Septembre-Octobre-Novembre 1980 Mars-Avril-Mai 1981/ Mai 1987 | • Trimestriel et bimestriel jusqu'en Juillet-août 1984. • Mensuel de Septembre 1984 à Mai 1987 (50 numéros) | Magazine | de 28 à 92 pages | Le magazine féministe d'actualité à partir du n° 10 (mars 1983) | 16 000 à 25 000 exemplaires | 9320 copies | 8 000 copies en kiosque 7 000 copies pour la promotion | -Quadrichromie à la Une jusqu'au n° 10 (Mars 1983) -Quadrichromie à la Une + 2 autres couleurs à l'intérieur jusqu'au n° 39 (Octobre 1986) -Quadrichromie pour l'ensemble à partir du n° 40 (Nov. 1986) | de 2$ à 3.50$ | 15 000$ de déficit mensuel | 20 à 30 % des revenus surtout le Conseil des Arts du Canada, le ministère des Affaires culturelles du Québec et le Secrétariat d'État; Programme de la femme. |

Source: Tableau établi à partir des données inscrites dans les publications, des contacts personnels avec les responsables des publications et des documents de synthèse suivants:
- Collectif, Sans fleurs ni couronnes, Bilan des luttes et des Rires de Femmes, Éd. Des luttes et des Rires de Femmes, Montréal, 1982, 171 pages.
- GICAM, la Vie en Rose: Plan de marketing, GICAM Inc. (Conseillers en gestion), Montréal, octobre 1985, 17 pages.
- GICAM, La Vie en Rose, Scénario «Objectif'87», documents dactylographiés, Montréal, début 1987, 16 pages.

d'administration, d'impression, de distribution, de promotion, etc., sont élevées et ne peuvent pas être réduites. Il aurait été important d'approfondir ce rapport au marché économique de l'information, pour comprendre comment la concurrence médiatique laisse peu ou pas de place à une presse politique, mais je ne disposais que de quelques données pour *La Vie en Rose*, ce qui insuffisant pour conclure pour l'ensemble de presses féministes françaises et québécoises. Néanmoins, cela a permis de voir que ces publications ont en général un rapport difficile au marché économique de l'information, oscillant entre une forme de presse alternative et une autre de forme «glamour», ne serait-ce qu'au niveau de l'utilisation de la quadrichromie, qui qualifie leur «look» et qui permet d'accrocher les lectrices potentielles. C'est en se donnant à voir, notamment à travers leurs premières pages, que ces publications restent résolument politiques et militantes. Leur style provocant et subversif vient à l'encontre de ce que les médias dominants en général diffusent.

Pourtant l'impasse ou absence stratégique des presses féministes françaises et québécoises ne découle pas seulement du miroir qu'elles tendent aux femmes. On a vu, à partir des autres étages de fonctionnement du journal, que ces presses doivent affronter bon nombre de problèmes pour survivre. Si leur marge de manoeuvre est très limitée, c'est sans doute parce qu'elles veulent conquérir leur droit à l'expression et à la communication dans un champ médiatique, où les autres médias dominants diffusent une information qui les excluent. Ou bien peut-être ne sont-elles que la face médiatique d'un mouvement social (le mouvement de libération des femmes), qui s'est amoindri? Comment a-t-il évolué depuis son émergence en 1970? Y a-t-il des similitudes et des différences entre la France et le Québec? Que sont les féministes devenues? De quelles féministes parle-t-on? Le prochain chapitre va s'attacher à clarifier ce concept de féminisme, qui devrait s'écrire au pluriel, tellement il recouvre toutes sortes de positions théoriques, d'actions plurielles et de modèles d'interprétation des rapports de sexe. Mais plus encore, il permet, à mon avis, de s'interroger sur les liens étroits entre l'évolution des presses féministes et le mouvement social de libération des femmes. La multiplicité, la mouvance, la précarité et l'éphémérité de ces journaux en France et au Québec s'expliquent-elles par la complexité des féminismes qu'elles médiatisent? Ne doit-on voir dans l'émergence et la disparition de ces presses qu'une analogie avec l'émergence et l'effritement de ce mouvement social particulier?

# 6

# Le féminisme:
# prise de conscience d'une identité minoritaire

Afin de mieux saisir la nature et le sens des débats qui ont alimenté le mouvement international de libération des femmes en France et au Québec/Canada, il faut affiner ce concept de féminisme, qui existe officiellement depuis 1837 dans le dictionnaire français. Il me semble en effet important de retracer les grandes étapes de la pensée féministe et de les situer dans leur environnement théorique, idéologique et stratégique, même si toute typologie engendre des exagérations ou des manques.

Pour ce faire, je vais brosser un tableau des grandes étapes de la pensée féministe de 1960 à nos jours, puis donner les grandes lignes de la problématique de la division sociale des sexes selon les courants de pensée répertoriés et expliciter les perspectives de lutte et d'action que sous-tendent ces théories féministes. Ensuite, j'esquisserai un portrait succinct des féminismes français et québécois, qui, bien qu'ils s'apparentent à cette vision spécifique du monde qu'est le féminisme, n'en détiennent pas moins des particularités significatives dans leurs sociétés respectives. Enfin, je proposerai des éléments d'explication pour comprendre l'évolution des presses féministes françaises et québécoises, tout en me référant à la fonction politique qu'elles semblent avoir voulu assumer.

## Les grands courants de la pensée féministe

Plusieurs ouvrages[89] ont analysé l'évolution de la pensée féministe en France et aux États-Unis, en se basant sur les courants de la pensée politique occidentale ou sur les grandes écoles de pensée comme le marxisme, l'existentialisme, le structuralisme et le freudisme. Pour ma part, j'ai décidé de reprendre la classification offerte par deux sociologues québécoises, Francine Descarries-Bélanger et Shirley Roy[90], parce qu'elle intègre les problématiques du féminisme occidental en général, qu'elle propose une démarche comparative des divers courants de la pensée féministe, ce qui est fondamental pour l'analyse du corpus, et enfin parce qu'elle suggère une lecture intrinsèque et non réactionnelle de l'évolution de cette pensée, ce qui correspond à l'effort de cette recherche de partir du point de vue des femmes. À cette classification synthétisée, j'ai apporté quelques modifications à la suite d'une lecture plus approfondie de certains courants, notamment le schéma de Danielle Juteau et Nicole Laurin[91] qui porte sur les féminismes matérialiste, marxiste et radical.

### Le féminisme au pluriel

Comme le montre le tableau de la page suivante, on peut identifier quatre grands courants de la pensée féministe, soit le féminisme égalitaire, le marxisme féministe, le féminisme radical et le féminisme de la différence. Alors que Francine Descarries-Bélanger et Shirley Roy[92] situent le marxisme féministe à la périphérie du mouvement des femmes, je l'ai réintégré dans ce tableau pour plusieurs raisons.

Ce courant a été relativement important, surtout en France, où il donnera naissance à ce qu'on appelle la tendance Luttes des classes à l'intérieur du M.L.F.. Au Québec également, l'idéologie

---

[89] Voir en bibliographie les études faites notamment par les féministes américaines.
[90] F. Descarries-Bélanger et S. Roy, «Le mouvement des femmes et ses courants de pensée: essai de typologie», *ICREF/CRIAW*, Ottawa, 1988, n° 19.
[91] D. Juteau et N. Laurin, «l'évolution des formes de l'appropriation des femmes: des religieuses aux mères porteuses», *Revue canadienne de sociologie et d'anthropologie*, Toronto, 1988, vol. 25, n° 2.
[92] F. Descarries-Bélanger et S. Roy, *Idem*, p. 5.

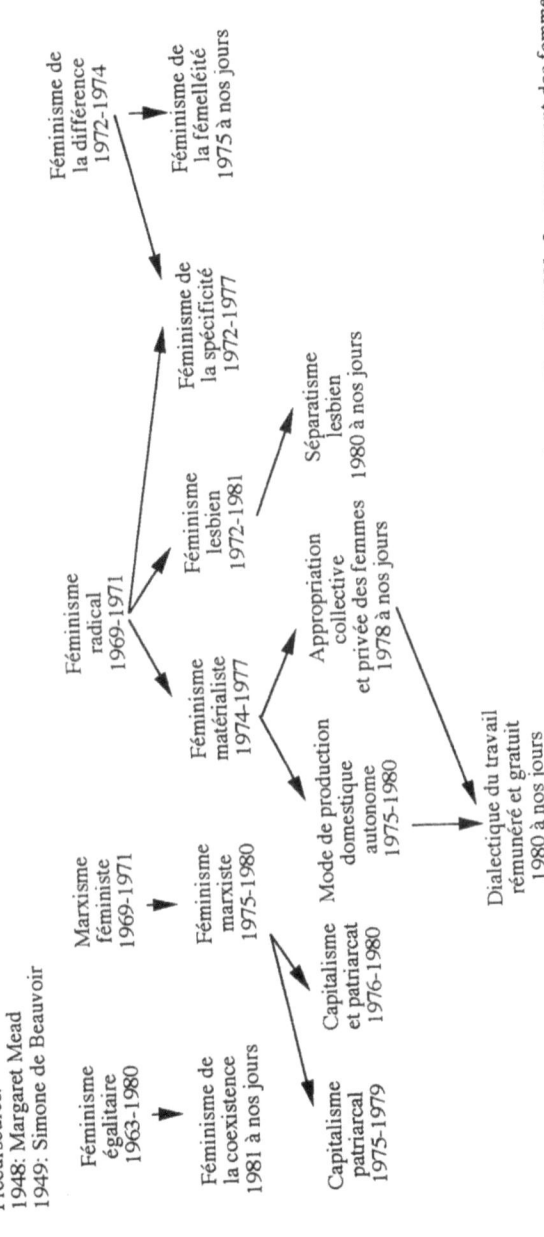

marxiste-léniniste aura influencé bon de nombre de féministes qui tenteront d'appliquer un marxisme transformé. De plus, les débats théoriques engagés au sein de ce courant[93] et la polémique, opposant Michèle Barrett, Mary McIntosh[94] et Christine Delphy[95] sur les concepts de mode de production domestique et de patriarcat, furent assez profonds pour qu'on réintègre ce courant dans l'ensemble de la pensée féministe

De même, j'ai gardé le séparatisme lesbien, issu du féminisme radical lesbien, que les deux sociologues québécoises situent également à la périphérie du mouvement des femmes. Même si les lesbiennes séparatistes vont forcer la division au sein du groupe des lesbiennes, en se retirant du mouvement des femmes et en préconisant la disparition du concept de femme au profit de celui de lesbienne, les clivages entre hétérosexuelles et lesbiennes seront assez marqués pour garder ce courant au coeur de la pensée féministe. Par contre, j'ai retiré de la classification le courant que Francine Descarries-Bélanger et Shirley Roy appellent le néo-conservatisme féminin, d'une part parce qu'il développe un discours anti-féministe à l'encontre des théories et des revendications du mouvement des femmes, et d'autre part parce qu'il offre une interprétation naturaliste du rôle de la femme, lié à son destin biologique et social. Même si beaucoup de textes féministes sont des réponses à ces prises de position anti-féministes, ce courant représente, à mon avis, un sujet en soi qui se situe en dehors de ma recherche. Enfin, si le courant du féminisme de la différence n'est pas comme tel répertorié par nos auteures, il me paraît important de le mentionner, ne serait-ce que parce qu'il représente actuellement le courant majoritaire dans la pensée féministe, dont le féminisme de la fémelléité[96] serait en quelque sorte le prolongement.

---

[93] Dans l'élaboration d'une analyse marxiste de la division sexuelle du travail, certaines féministes, comme Z. E. Eisenstein, *Capitalist Patriarchy and the Case for Socialist Feminism*, Monthly Review Press, New York/London, 1979, vont postuler l'existence d'un système capitaliste patriarcal unifié. D'autres, comme H. Hartmann, «Capitalism, Patriarchy and Job Segregation by sex», *Idem*, vont plutôt s'attacher à montrer que patriarcat et capitalisme constituent deux systèmes analytiquement distincts.
[94] M. Barrett et M. McIntosh, *Women's Oppression today: Problems in Marxist Feminist Analysis*, Verso Editions and NLB, London, 1980.
[95] C. Delphy, «Pour un féminisme matérialiste», *l'Arc*, Paris, 1975, n° 61.
[96] Nom donné à partir du néologisme de fémellité qui signifie «une réalité, un espace charnière entre le biologique et le psychologique, lié à l'expérience du corps», dans F. Descarries-Bélanger et S. Roy, *Ibid.*, note 6, p. 27.

## Théories et analyses de la division sociale des sexes

Les différentes étapes de la pensée féministe susmentionnées permettent déjà de souligner les ramifications théoriques et pratiques du féminisme. Mais plus qu'un ordre chronologique d'apparition des courants et des tendances de la pensée féministe, c'est l'interdépendance et la continuité de ces courants qui m'intéressent. De plus, les frontières entre ces différents courants sont loin d'être limpides, mais il me semble essentiel de clarifier ces idées féministes que, bien souvent dans le discours dit scientifique, on récuse ou on dénigre. J'ai donc regroupé dans un autre tableau (voir les pages suivantes) les éléments qui permettent de mieux comprendre ce qu'est et ce que représente le féminisme dans nos sociétés occidentales.

On remarque que le féminisme, s'il préconise l'extension des droits et du rôle des femmes dans nos sociétés, propose des fondements et des enjeux théoriques distincts. Il constitue une façon bien particulière d'interroger la réalité sociale et l'ordre établi, car la réalité vécue, quotidienne, et l'expérience des femmes sous ses multiples facettes, servent de point de départ à toute analyse et ne sont plus des abstractions. Il part ainsi de la prise de conscience des femmes de leur condition d'aliénation, d'exploitation, d'oppression et relie ces expériences personnelles à la structure sociale qui les détermine. De plus, il conteste la division de la réalité sociale en sphères publique et privée et l'organisation du savoir selon les dichotomies objectivité/subjectivité et scientifique/non scientifique. Il fait partie intégrante de notre connaissance et de notre savoir de femmes. En ce sens, le féminisme, plus qu'une idéologie, est une vision particulière du monde, donnée à partir des rapports de sexe. Mais ses particularités, si elles suggèrent que le discours n'est pas homogène et univoque, sont aussi très dépendantes de l'action. Aux réalités d'inégalité, de différence ou d'oppression que ces courants de la pensée féministe évoquent vont correspondre des interprétations diverses de la libération des femmes. C'est ce que j'ai synthétisé dans un autre tableau à la suite de celui sur la problématique de la division sociale des sexes.

## La problématique de l'action féministe

Si les objectifs sont différents, les revendications et surtout les stratégies le sont encore plus. En fait le mouvement de libération des femmes, qui déclare d'ailleurs l'année 1970 l'année zéro[97] en

---

[97] «Libération des femmes, année zéro», *Partisans*, Paris, 1970, n° 54-55.

## Problématique de la division sociale des sexes

| Courants de pensée<br>Problématique | Féminisme égalitaire | Féminisme marxiste | Féminisme radical |
|---|---|---|---|
| Fondements sociaux | • Le constat de l'inégalité sociale basée sur le sexe.<br>• Le syndrome de la ménagère.<br>• La discrimination salariale. | • L'oppression des femmes réside dans le projet que tire le capital du travail gratuit des femmes. | • La différence comme lieu d'oppression des femmes.<br>• Le rapport fondamental de pouvoir dans la société est celui de la domination des hommes sur les femmes, d'où la notion de classe de sexe. |
| Enjeux théoriques | • Problématiser l'inégalité.<br>• Décrire et comprendre les mécanismes de la division sociale des sexes.<br>• Témoigner du rôle des femmes dans l'histoire. | • Démontrer que le marxisme tient compte de la division sexuelle du travail et des rapports sociaux de sexe.<br>• Articuler le capitalisme et le patriarcat comme sources de domination des femmes. | • Développer une théorie de l'oppression et des rapports sociaux de sexe.<br>• Remettre en cause les perspectives androcentriques du savoir existant.<br>• Intégrer le vécu des femmes dans les démarches théoriques et méthodologiques.<br>• Établir un lien entre théorie et action. |
| Objet de théorisation | • L'inégalité des chances.<br>• Le sexisme. | • La famille comme institution du capital et lieu d'oppression des femmes.<br>• Le système capitaliste patriarcal comme système d'exploitation pour les femmes et les hommes. | • Les femmes en tant qu'appropriées, opprimées, et exploitées. |
| Objet d'analyse | • Les mécanismes de reproduction sociale.<br>• L'éducation.<br>• Le marché du travail salarié.<br>• Les conditions et le coût de l'inégalité.<br>• L'histoire des femmes.<br>• L'entrepreneurship des femmes. | • Les places et les fonctions des femmes dans le système économique.<br>• Le travail de reproduction biologique au centre de la division sexuelle du travail.<br>• Le travail domestique. | • Les lieux d'oppression et les institutions du système patriarcal: amour, famille, sexualité, mariage, maternité, violence, prostitution, productions domestiques et économiques, etc. |

# Prise de conscience d'une identité minoritaire

## Problématique de la division sociale des sexes

| Courants de pensée / Problématique | Féminisme matérialiste | Féminisme lesbien | Féminisme de la spécificité |
|---|---|---|---|
| Fondements sociaux | • Les fondements matériels de l'oppression des femmes.<br>• Le corps des femmes comme lieu du rapport de l'appropriation matérielle et physique. | • Le corps des femmes comme marque sociale de l'appropriation collective et privée des femmes.<br>• L'hétérosexualité comme source par excellence de la domination des femmes par les hommes. | • Le corps des femmes comme fondement du déterminisme biologique.<br>• L'oppression des femmes liée à leur responsabilité dans l'élevage des enfants et dans la division sexuelle du travail, c.-à-d. dans la quotidienneté des rapports de sexe. |
| Enjeux théoriques | • Développer une théorie féministe de l'oppression axée sur le rapport de sexage, l'appropriation collective et privée des femmes.<br>• Remettre en question le rapport nature/culture.<br>• Élaborer une histoire de l'oppression des femmes. | • Développer une théorie de l'existence lesbienne.<br>• Remettre en cause l'idéologie androcentrique de l'univocité de l'expérience des femmes.<br>• Exorciser le caractère oppressif de la maternité-institution et des rapports mères-filles. | • Développer une théorie des rapports de sexe centrée sur le vécu des femmes.<br>• Questionner le rapport des femmes à la maternité, à la sexualité et à l'amour comme dimensions de la production domestique. |
| Objet de théorisation | • La classe des femmes en tant que dominée et appropriée par la classe des hommes.<br>• Les femmes comme minoritaires.<br>• Les mécanismes producteurs et reproducteurs de l'oppression des femmes. | • L'hétérosexualité en tant que contrainte institutionnalisée du système patriarcal pour assurer la jouissance des hommes et asservir les femmes à la fonction de reproduction.<br>• Les liens entre l'expérience des femmes et des lesbiennes. | • L'expérience et le vécu des femmes dans les rapports de sexe.<br>• La maternité comme institution.<br>• Les mères-ménagères. |
| Objet d'analyse | • Les phénomènes inscrits dans l'appropriation, dont les ma-nifestations de violence et de contrôle social à l'égard des femmes: viol, violence conjugale, inceste, mutilations sexuelles, prostitution, pornographie, esclavage sexuel, etc. | • L'existence lesbienne.<br>• Le vécu affectif et sexuel des femmes.<br>• La violence à l'égard des femmes: l'hétérosexualité pervertie. | • La quotidienneté du vécu biologique et matériel des femmes.<br>• La récupération par la famille, les enfants, l'amour.<br>• Le syndrome de la «super-woman».<br>• La production domestique.<br>• La maternité. |

## Problématique de la division sociale des sexes

| Courants de pensée<br>Problématique | Féminisme de la différence | Féminisme de la fémelleité | Féminisme de la coexistence |
|---|---|---|---|
| Fondements sociaux | • La différence comme source de libération des femmes.<br>• Définition des femmes dans les rapports de sexe par et dans la différence. | • Le spécifique féminin, l'expérience des femmes, le corps.<br>• La maternité comme source cognitive de l'identité, de la culture et de l'imaginaire féminins. | • La ressemblance des sexes plutôt que leur différence.<br>• La libération des femmes ne peut se faire que dans une complémentarité égalitaire entre les sexes. |
| Enjeux théoriques | • Développer une théorie de la différence basée sur le concept de l'altérité.<br>• Faire émerger une culture, une écriture, une parole, un corps, une symbolique du féminin.<br>• Explorer les places et les fonctions particulières des femmes dans la société. | • Développer une théorie de la différence, de la féminité et du féminin.<br>• Reconceptualiser le sexuel, les rapports amoureux, la gestation, la maternité du point de vue de l'expérience particulière des femmes. | • Développer une théorie des rapports de sexe basée sur les concepts d'androgynie, d'interférence et de complicité entre les sexes.<br>• Questionner la différence et le rapport de domination entre les sexes. |
| Objet de théorisation | • La différence entre les femmes et les hommes dans les rapports nature/culture et les rapports sociaux.<br>• La différence n'est pas seulement biologique. | • L'épistémologie, la créativité, l'imaginaire, la culture, le vécu, l'éthique et la conscience au féminin.<br>• La définition d'un univers et d'un territoire féminins. | • Les relations entre les hommes et les femmes.<br>• L'identité des femmes.<br>• Les rapports nature/culture.<br>• L'émergence d'une nouvelle culture androgyne. |
| Objet d'analyse | • Le travail.<br>• La sexualité des femmes.<br>• La maternité.<br>• Les nouvelles technologies de reproduction.<br>• La psychologie et le vécu des femmes.<br>• La reproduction.<br>• Le langage.<br>• L'identité des femmes. | • La création/procréation.<br>• La reconnaissance de la différence.<br>• L'imaginaire.<br>• L'ordre symbolique.<br>• La culture.<br>• Le langage.<br>• Le corps.<br>• La maternité.<br>• L'amour maternel.<br>• Les nouvelles technologies de reproduction. | • Les rapports amoureux.<br>• La famille.<br>• L'engagement.<br>• La tendresse, le partage.<br>• La sexualité.<br>• La bi-sexualité.<br>• Le divorce. |

Source: synthèse établie à partir de ma propre recherche et des deux ouvrages mentionnés pour le tableau précédent sur les courants de la pensée féministe (p. 83).

## Problématique de l'action

| Courants de pensées | Féminisme égalitaire | Marxisme féministe | Féminisme radical | Féminisme de la différence |
|---|---|---|---|---|
| **Problématique** | | | | |
| Objectifs | • L'égalité.<br>• Transformation des schèmes socio-culturels.<br>• Élimination des conditions discriminatoires faites aux femmes. | • Suppression du rapport d'exploitation (capitalisme et patriarcat). | • Abolition des rapports d'oppression du système patriarcal.<br>• Redéfinition des rapports sociaux de sexe en dehors des contraintes biologiques (notion de classe de sexe).<br>• Éclatement des rôles, des modèles et des institutions traditionnels. | • Construction de nouveaux rapports sociaux sur la base de l'expérience des femmes et du féminisme.<br>• Libération de l'univers féminin. |
| Revendications | • Égalité de droit et de fait: accès à l'éducation, aux services, à toutes les catégories socio-professionnelles et aux lieux de pouvoir.<br>• Droit à l'autonomie économique, à la maîtrise des capacités de reproduction.<br>• Abolition de la discrimination salariale. | • Abolition de la famille comme institution d'oppression.<br>• Prise en charge collective des enfants et des travaux domestiques.<br>• Salaire pour le travail ménager. | • Disparition de la dichotomie vie domestique/vie publique.<br>• Plein développement et reconnaissance du potentiel humain des femmes. | • Réappropriation par les femmes de leur maternité, de leur sexualité, de la jouissance.<br>• Création de nouvelles pratiques relatives au travail domestique, à la contraception, à la liberté sexuelle. |
| Stratégies | • Refus de la rupture avec l'ordre établi (féminisme institutionnel).<br>• Dénonciation des stéréotypes, du discours et de l'idéologie sexistes.<br>• Remise en cause du rôle traditionnel Mère-Ménagère-Épouse.<br>• Développement du sens critique des femmes.<br>• Programmes d'actions positives. | • Actions entreprises dans le cadre de référence du socialisme.<br>• Refus de la notion de classe de sexe. | • Refus de penser en termes de différence.<br>• Rejet de toute problématique naturaliste, culturaliste et psychologisante.<br>• Rejet des rapports de sexage, notamment de la maternité comme institution du système patriarcal.<br>• Prise en charge par les femmes de leurs luttes.<br>• Élaboration d'une réflexion sur l'expérience et la sexualité des femmes. | • Rejet d'un rapport au corps défini par les hommes.<br>• Organisation d'espaces autonomes de réflexion et de pratiques féministes.<br>• Développement de la solidarité entre femmes.<br>• Reconnaissance de la créativité des femmes.<br>• Questionnement des rapports de sexe pensés en dehors du territoire féminin. Refus de la notion de classe de sexe. |

Source: synthèse établie à partir de F. DESCARRIES-BÉLANGER et S. ROY. «Le mouvement des femmes et ses courants de pensée: essai de typologie», ICREF/CRIAW (documents), no 19, tableaux 1, 2, 3 et 4, 1988.

France, est tout aussi entremêlé de diverses tendances, comme le sont les théories. Si les féminismes français et québécois s'inscrivent, comme on le verra un peu plus tard, dans une continuité historique nationale, le contexte international est fondamental pour comprendre l'émergence de ce mouvement social. 1970 va marquer le renouveau de l'action collective féministe, aussi bien en France qu'au Québec, car c'est à partir de ce moment que les positions et les actions vont se radicaliser, les écrits se multiplier, la réflexion théorique s'enrichir. Plus ou moins organisé, ce mouvement social international va exiger la transformation de l'ordre social, des rapports hommes/femmes, de la structure sociale patriarcale.

Ce seront jusqu'aux alentours de 1980 les grandes années de sororité, qui ensuite laisseront transparaître un certain essoufflement (et non une mort), sensible dans l'action comme dans la production. Mais, il ne faut pas oublier que les revendications du M.L.F. français et du mouvement des femmes québécois sont partie intégrante de l'histoire du féminisme.

Comme le note Nicole LAURIN[98]:

*«Les femmes ont lutté pour et contre leur intégration dans la société dite mâle. Pour, au sens où elles réclament et occupent déjà dans une certaine mesure, des places nouvelles dans cette société, refusent pour la plupart de s'en tenir aux anciennes fonctions de mère, épouse, maîtresse, servante, égérie, etc. Contre, au sens où elles répugnent bien souvent à endosser l'uniforme de leurs nouvelles fonctions: le pouvoir, l'autorité, l'ambition, la performance, la compétition, l'impassibilité, l'impersonnalité... et continuent à tricoter en rêve pour des enfants incertains. De même, les féministes se sont beaucoup préoccupées des ménagères, archétype à divers égards de la femme opprimée. Toutefois, on ne sait plus si le féminisme veut valoriser les ménagères et empêcher leur disqualification ou s'il veut leur disparition, leur exode massif hors des banlieues ghettos. Les ménagères quant à elles, le savent encore moins.»*

Le mouvement des femmes, en France et au Québec, n'est ni un parti, ni une association. Personne ne représente personne, les structures de ce mouvement social sont floues et de cette nébuleuse complexe, éparpillée, mouvante, insaisissable, tout discours qui essaie de le définir et de le cerner sera banni pendant de longues années par les féministes. Le M.L.F. français et le mouvement des

---

[98] N. Laurin, «Les femmes dans la sociologie», *Sociologie et sociétés*, Montréal, 1981, vol. XIII, n° 2, p.15.

femmes québécois, ce sont toutes les femmes, mais la participation au mouvement des femmes restera longtemps une condition nécessaire à sa connaissance et aux prises de parole. Le sempiternel «d'où tu parles?», caricaturé à l'extrême dans toutes les réunions et manifestations publiques, finira par écoeurer bon de nombre de femmes, qui ne savent plus se reconnaître dans cette multiplicité de discours et de tendances, surtout en France. C'est sans doute ce qui fait que la relève, tant recherchée, aura du mal à se faire reconnaître, car, si le féminisme suppose une prise de conscience individuelle et collective de notre condition de femmes, il n'est peut-être pas nécessaire d'exiger de chacune une connaissance approfondie de toutes les théories et actions liées au mouvement des femmes. Le tiraillement de cette relève, entre les discours des féministes, structurés mais fort complexes, et ceux des anti-féministes, individualistes mais fort prisés actuellement, est très compréhensible.

## Le mouvement de libération des femmes: émancipation, institutionnalisation et radicalisme

Néanmoins, il est important de comprendre les relations que tisse ce mouvement international de libération des femmes avec l'évolution plus globale de la société et d'en dégager les grandes caractéristiques pour nos deux sociétés particulières. Plusieurs courants semblent traverser ce mouvement social. Tout d'abord, *le courant émancipateur*, de loin le plus important, fait de l'obtention de l'égalité de droit et de fait des femmes, l'axe essentiel de ses pratiques. Au Québec, on parlera aussi du *courant réformiste*. Il englobe des organisations de femmes, mixtes, proches des organisations de gauche, qui relient la problématique de l'égalité des femmes à celle de l'accession au pouvoir politique et économique, mais aussi toutes les femmes, qui, à la maison, tentent d'instaurer un nouveau rapport entre les sexes. Ensuite, *le courant institutionnel* instrumentalise l'action du courant émancipateur et formalise son action dans une pratique de groupes de pression auprès du pouvoir. Il sert en quelque sorte de médiateur entre l'appareil d'État et la révolte des femmes. Enfin, *le courant radical* part du postulat que l'antagonisme premier se situant entre les hommes et les femmes, il ne s'agit pas seulement de conquérir des droits mais plutôt de définir un nouveau type de socialité. Les hommes sont ici placés socialement en position d'oppresseurs, «l'ennemi principal», et la non-mixité deviendra un des principes fondateurs des mouvements de femmes français et québécois. Rapidement exprimée, cette caractérisation du mouvement social des femmes permet cependant de saisir pourquoi le féminisme est tant décrié actuellement, puisque ce sont surtout les actions des femmes du courant radical qui seront le plus rendues visibles par les médias.

D'autres points communs apparaissent pour la France et le Québec. Issu de la gauche radicale, le mouvement des femmes va utiliser certains des principes subversifs de la révolte de Mai 68 et de la révolution tranquille. Redéfinition du politique, critique du gauchisme et du nationalisme, rupture avec le militantisme de l'extrême-gauche pour la France et des ML (Marxistes-Léninistes) pour le Québec, construction de ce que Françoise Picq[99] appelle «*l'utopie féministe*», c'est-à-dire le refus de la théorie et des spécialistes, le refus de l'organisation «organisée» et l'utopie d'un monde sans pouvoir. Si donc le mouvement social des femmes, apparu au tournant des années 70, est un phénomène qui a bouleversé l'ensemble des sociétés occidentales, les formes qu'il a prises varient d'un pays à l'autre, selon l'histoire et la situation sociopolitique. C'est ce qu'on va souligner maintenant pour la France et le Québec.

## Le féminisme français: déchirure et hégémonie d'une tendance du M.L.F.

1970-1979: deux dates clés pour comprendre l'émergence, les déchirures profondes et l'anéantissement du mouvement français de libération des femmes, avec le dépôt légal du sigle M.L.F. par la tendance Psychépo (Psychanalyse et Politique). À partir de 1980 et jusqu'au début des années'90, le M.L.F. sera moins cernable. Je n'insisterai pas vraiment sur cette période[100], car l'histoire du M.L.F. dans son ensemble n'est pas le propos de ce livre. Comme le remarque Françoise Picq[101]:

> «*La France est le seul pays où les conflits ont eu cette violence, alors même que le Mouvement y avait d'abord été unitaire.*

---

[99] F. Picq, *Le mouvement de libération des femmes et ses effets sociaux*, ATP- recherches féministes et recherches sur les femmes, G.E.F., Université de Paris VII, Paris, 1987, tome I, pp. 195-199.
[100] Voir à ce propos l'analyse pertinente de F. Ducrocq, «le Mouvement de libération des femmes en France socialiste», *La Revue d'en face*, Paris, automne 1982, n° 12.
[101] F. Picq, *Idem*, pp. 25-100.

*Nulle part ailleurs les contradictions du féminisme -contradictions politiques entre féminisme radical et féminisme socialiste, contradictions idéologiques entre féminisme et néoféminitude- n'ont abouti à des déchirements aussi dramatiques. Dans ces particularités du Mouvement français, on a l'impression d'apercevoir les problèmes habituels de la vie politique de ce pays, les divisions idéologiques profondes, l'affrontement dramatisé, l'incapacité à se satisfaire longtemps de l'imperfection du réel.*»[102]

C'est donc en 1970 que le M.L.F. français fera publiquement son apparition, par un article-manifeste[103], publié dans *L'idiot international*. Ce n'est d'ailleurs pas un hasard de voir l'émergence de ce mouvement des femmes dans la presse, car le développement du M.L.F. sera très largement marqué par des relations difficiles avec les médias traditionnels. C'est aussi par des actions ponctuelles et radicales que le M.L.F. se manifestera même si un travail souterrain effectué par d'autres groupes, dont le FMA (Féminin, Masculin, Avenir), qui se réunissait depuis 1967, sous l'impulsion d'Anne Zelinski, et qui deviendra plus tard Féminisme, Marxisme, Action, et le groupe femmes de VLR (Vive la révolution), aura sans doute donné les prémisses du M.L.F.. F. Picq[104] souligne par exemple l'action d'un petit groupe politique qui allie réflexion théorique et pratique militante (février 1970, débat à la MJC de Villiers-Le-Bel, participation à la conférence d'Oxford, voyage en Hollande en mai 1970, contacts avec les Dolle Mina). Ce groupe rencontre FMA, qui deviendra non mixte, et auquel s'adjoint un autre groupe éphémère, Les oreilles vertes.

Parmi les actions les plus marquantes, on peut mentionner, entre autres, le meeting mouvementé de Vincennes; la manifestation à l'Arc de Triomphe, où une dizaine de femmes déposèrent, en signe de solidarité avec les Américaines en grève, une gerbe pour la femme inconnue du soldat (26 août 1970); l'action devant la prison de la Petite Roquette, où des femmes s'enchaînèrent

---

[102] F. Picq, *Ibid.*, p. 50.
[103] M. Wittig, G. Wittig, M. Rothenburg, M. Stephenson, «Combat pour la Libération de la femmes», *L'idiot international*, Paris, mai 1970, n° 6. Initialement, le titre de cet article, qui servira de catalyseur pour la lutte des femmes, était: «Pour un mouvement de libération des femmes», mais a été transformé par la rédaction du journal, sans consultation des auteures. Voir note 1 de l'article de L. Kandel, «Journaux en mouvement: la presse féministe aujourd'hui», *Questions féministes*, Tierce, Paris, février 1980, n° 7, p.16.
[104] F. Picq, *Ibid.*, pp. 26-28.

symboliquement pour signifier leur inscription en tant que femmes dans la lutte contre la répression et leur solidarité avec les prisonniers, le 20 octobre 1970, à la veille du procès Geismar; la perturbation des États généraux de la femme, organisé par le magazine *Elle*, en novembre 1970, où quelques dizaines de femmes en colère dénoncèrent *«l'escroquerie politique que constituait cette entreprise»* et distribuèrent un contre-questionnaire ironique.

## Des marguerites à la guerre larvée des tendances

En fait, de 1970 à 1979, on peut distinguer trois périodes distinctes qui montrent les changements de dynamiques et d'action au sein du M.L.F.. Il naît et évolue au début des années 70 dans un vaste mouvement de contestation sociale et permet la rencontre de deux démarches, celle du féminisme qui, dans les années 60, connaît un renouveau, et celle, issue de Mai 68, qui pose la question des femmes en termes de mouvements sociaux et de luttes collectives. Ce sera l'effervescence des actions spontanées et subversives, ce que Françoise Picq[105] appelle *«les petites marguerites»*, qui deviendront les féministes révolutionnaires.

Le milieu de la décennie, aux alentours de 1973-1975, alors que le président Valéry Giscard D'Estaing instaure un Secrétariat d'État à la condition féminine (1974), nomme quatre femmes ministres, que la loi Veil sur l'avortement sera votée (1975), que sévira le premier choc pétrolier (1973) et les débuts de la crise économique, est une période très difficile pour le M.L.F. Les tendances s'entre-déchirent et l'unité du mouvement de libération des femmes est sérieusement menacée. Si dans le M.L.F. du début, on retrouve les idées et pratiques du marxisme, de l'extrême-gauche, surtout les Trotskistes et les Maoïstes, le tiers-mondisme, etc., les contradictions vont alors s'afficher, se crisper et devenir de véritables tendances du M.L.F., qui n'arriveront plus à s'unifier. On peut distinguer trois grandes tendances: Lutte des classes, Féministes révolutionnaires et Psychanalyse et politique (Psychépo).

La tendance Lutte des classes essaie de lier l'oppression des femmes et le capitalisme, de construire un mouvement autonome, axé sur les ouvrières et les employées, et se constituera en juin 1975 lors d'une rencontre nationale. Dans cette tendance, on retrouve les premiers groupes de quartier du M.L.F., qui se réunissent depuis 1971, le Cercle Élisabeth Dimitriev, où se regroupent depuis 1973 des militantes de l'AMR (Alliance Marxiste Révolutionnaire), et plus

---

[105] F. Picq, *Ibid.*, pp. 43 et 247-248.

tard le Cercle Flora Tristan, qui propose de «*sortir de l'ombre du féminisme bourgeois*». En mars 1974, il y aura un clivage entre les femmes qui éditent *Les Pétroleuses*, plus proche de la Ligue communiste révolutionnaire et d'autres militantes de Révolution (groupe issu de la scission de la LCR en 1971), qui publieront *Femmes en lutte* et ensuite *Femmes travailleuses en lutte*, plus proche de la gauche révolutionnaire. Les débuts de 1976 verront émerger le MAF (Mouvement Autonome des Femmes) qui regroupe la Coordination des Groupes Femmes Paris et la Coordination des Groupes Femmes Entreprises.

La tendance Féministes Révolutionnaires, que d'autres auteures[106] appellent aussi Luttes Féministes, se constitue en octobre 1970 et se dissout en janvier 1971. Mais elle continuera d'exister, en s'affirmant féministe, et finira par se fondre dans l'ensemble du Mouvement, exception faite de la tendance Psychépo, qu'elle rejettera farouchement. On retrouvera dans cette tendance un ensemble de groupes de femmes qui ont surtout entrepris des actions d'éclat[107] et qui s'opposera par la suite à la Ligue du droit des femmes, marrainée par Simone De Beauvoir, qui éditera son propre journal, *Les Nouvelles féministes*, en mars 1974. Les féministes révolutionnaires refuseront les principes légalistes de la Ligue du droit des femmes, qui entend lutter contre toute forme de discrimination faite aux femmes, notamment par des moyens juridiques et des pétitions. Ce sont des femmes de la Ligue qui créeront SOS-femmes-Alternatives, qui permettra d'obtenir en février 1978 un refuge pour femmes battues, subventionné par le ministère de la Santé et du Travail. En 1974, un centre de coordination, le GLIFE (Groupe de Liaison et d'Information Femmes et Enfants) est mis sur pied et plus tard, en mai 1977, un collectif contre le viol, SOS Femmes violées.

### L'anti-féminisme de Psychépo

La tendance Psychanalyse et Politique (Psychépo), sous la houlette du «*seigneur charismatique»*[108], Antoinette Fouque, finira par détruire le M.L.F. français. Dès 1968, des femmes suivent un

---

[106] Voir notamment C. Bertrand-Jennings, «La presse des mouvements de libération des femmes en France de 1971 à 1982», dans S. Lamy et I. Pagès, *Féminité, subversion, écriture*, Remue-Ménage, Montréal, 1983, pp. 9-49.
[107] Voir à ce propos la chronologie de 1968 à 1980, établie par N. Garcia Guadilla, *Libération des femmes, le m.l.f.*, PUF, Paris, 1981, pp. 118-128.
[108] N. Garcia Guadilla, *Idem*, p.73.

enseignement de psychanalyse à l'Université de Vincennes, veulent articuler une psychanalyse lacanienne «rectifiée» avec le discours politique du matérialisme historique, en rejetant toutes les «déviances», du trotskisme au féminisme. En fait, cette tendance refuse de reconnaître la pluralité de leurs opposantes et s'instaure en véritable multinationale des femmes: fondation de la maison d'édition Des femmes en 1973, d'une librairie Des femmes en 1974, édition du mensuel *Des femmes en mouvements* en janvier 1978, qui deviendra hebdomadaire en octobre 1979, rencontres de femmes en province en 1972 et 1973. Puis, à partir de 1977, viendra le temps des procès entre cette tendance et ce qui reste du M.L.F., pour en arriver au coup d'éclat final, avec le dépôt légal de l'association Mouvement de libération des femmes (M.L.F.) par cette tendance.

Le M.L.F. français est parcouru de ces contradictions, qui tiennent à la fois aux stratégies du mouvement de libération des femmes et aux définitions de l'identité féminine. À la fin de la décennie, marquée par la dégradation du climat social français, avec la montée et la rupture de l'Union de la gauche, le M.L.F. connaîtra une rupture définitive entre la tendance Psychépo et le reste du Mouvement. Cet événement contribue à la démobilisation des militantes, même si l'effet premier est un réveil pour dénoncer cette imposture. Mais globalement, cette tendance a fini, par l'excès de ses positions et par son opposition irréductible au féminisme par invalider toutes les actions et les théories avancées par le mouvement de libération des femmes. En mai 1980 paraîtra le premier numéro de *Madame Figaro*, où l'article d'Hélène De Turckeim, intitulé: «Féminisme? Il n'y a plus que les hommes pour y croire!» marque bien la fin de cette contestation collective, du féminisme comme mouvement social, même si la troisième période de 1977 à 1979 voit un renouveau de l'expression et de la réflexion théorique. Le changement de gouvernement en mai 1981, avec l'arrivée des socialistes au pouvoir, modifie quelque peu les données de l'action féministe. On rentre dans une phase institutionnelle, avec un ministère des Droits de la femme sous la direction d'Yvette Roudy et l'attitude des féministes oscille entre les critiques et l'approbation. Peu de groupes survivent et la Décennie Internationale de la Femme, tant décriée par le M.L.F. au moment de son envoi en 1975, sera accueillie avec intérêt lors de sa conclusion à Nairobi.

Le M.L.F. français aura été particulièrement déchiré et l'hégémonie d'une tendance (Psychépo) aura eu raison de sa survie. Le contexte sociopolitique national -goût pour la radicalité et le discours emphatique, phobie du réformisme et du compromis, surévaluation du politique et résistance à l'État- et la particularité des rapports de sexe -une certaine représentation de l'amour, de la séduction- auront certainement influencé l'évolution de ce mouvement. Cette simple comparaison permet de comprendre la place particulière que va prendre le féminisme québécois, qui, à mon avis, représente une symbiose fort intéressante entre le féminisme français, très théorisant et en compétition féroce avec une tradition idéologique de gauche marquée, et le féminisme américain, beaucoup plus pratique mais aussi très virulent dans son radicalisme.

## Le féminisme québécois: ni théorique, ni mouvementé?

J'ai repris cette qualification du féminisme québécois de l'écrivaine Nicole Brossard[109], qui explique:

> «*Le féminisme doit travailler en des lieux multiples et élaborer des stratégies selon qu'on s'attaque à* l'imaginaire patriarcal *(féminisme radical et lesbien), au* pouvoir *des hommes (féminisme radical politique) et à* l'injustice *(féminisme réformiste et marxiste). On peut dire que le féminisme québécois a oeuvré dans chacun de ces domaines. Mais, phénomène étrange, alors que le mouvement féministe compte plusieurs féministes radicales et lesbiennes, le féminisme québécois est d'apparence certaine un féminisme* straight. *C'est, en 1985, un féminisme 'droit', 'd'aplomb', efficace et tolérant à l'égard des différences qui l'animent. C'est un féminisme sans excès de paroles, sans frasques, dévoué et compétent. (...) Le féminisme québécois est* straight *parce qu'il n'est ni théorique, ni* mouvementé.» [110]

Sans masquer les divergences et les contradictions existantes à l'intérieur du mouvement des femmes au Québec, notamment les tensions entre les féministes radicales, les féministes marxistes et les lesbiennes radicales, on retrouve les trois courants susmentionnés et leur influence sera plus ou moins marquée à des moments différents de l'histoire depuis 1970. Empreint d'un pragmatisme

---

[109] Nicole Brossard est reconnue comme féministe radicale lesbienne et a dirigé notamment la revue littéraire *La Nouvelle Barre du jour*.
[110] N. Brossard, «Un féminisme de préférence», *La Vie en Rose*, Montréal, mars 1985, n° 24, p.29.

anglo-saxon à l'américaine, mais aussi influencé par les théories françaises, le mouvement des femmes québécois a ébranlé, tranquillement et obstinément, les rapports entre les hommes et les femmes. Les progrès, limités mais incontestables, opérés en un laps de temps très court, restent tangibles pour les Québécoises. Ici, non seulement l'oppression des femmes et la nécessité de leur libération sont reconnues par les autorités comme un fait social, mais encore la lutte autonome des femmes l'est aussi. Le danger d'aller vers un féminisme d'État, qui dirige et contrôle les revendications des femmes, n'est pas absent, mais celui d'une démission du mouvement des femmes face à des institutions qui protègent et défendent leurs droits, sans remettre en cause les fondements de la société, l'est plus encore à mon avis.

## Allier la libération nationale à celle des femmes

Pourtant, l'histoire du mouvement des femmes au Québec aura surtout été marquée par la difficulté d'articuler trois objectifs: libération des femmes, libération nationale et libération sociale. On a distingué pour expliciter ce dilemme, qui en fait une des caractéristiques essentielles, quatre périodes: l'émergence et l'implantation du mouvement (1969-1972); l'élargissement des revendications et la multiplication des groupes de femmes ou le féminisme apprivoisé (1972-1975); l'enracinement et la récupération étatique des luttes des femmes (1975-1980); l'après-référendum des féministes (1980 à nos jours)[111].

1969: c'est l'heure de la contestation sociale au Québec, comme partout ailleurs. Aux États-Unis, les yeux sont rivés sur le mouvement des droits civils des Noirs, après l'assassinat de Martin Luther King en 1968, et la contestation contre la guerre du Vietnam qui s'enlise. Au Canada, le rapport de la Commission Bird va avoir un impact considérable au Québec, même si au départ cette annonce d'enquête est plus ou moins bien accueillie dans la belle province, suite aux éternels conflits de juridiction entre le Québec et le Canada. En février 1967, le gouvernement du Canada institue une Commission royale d'enquête sur la situation de la femme et la question des femmes devient alors une affaire publique: 469 mémoires, plus de 1 000 lettres, des audiences publiques durant 37 jours dans 14 villes où plus de 890 personnes viennent exposer leurs griefs, 34 études sur des points particuliers. Le 28 septembre 1970, un rapport de 540 pages, assortis de 167 recommandations,

---

[111] Voir en bibliographie l'ensemble des ouvrages et articles qui traitent du féminisme québécois et qui m'ont aidée à faire cette synthèse.

est publié. Cette commission recommande avant tout que l'égalité la plus complète soit établie entre les hommes et les femmes dans les faits et dans les institutions. Le rapport Bird va être considéré comme une véritable bombe, moins à cause de ces recommandations, même si certaines sont particulièrement audacieuses pour l'époque que par le fait que toutes les associations féminines de l'époque vont se mettre en branle pour y répondre.

C'est la naissance d'un nouveau féminisme réformiste, qui, après les longues années pour l'obtention du droit de vote[112], va connaître un regain d'intensité surtout à partir de 1972 et jusqu'au début des années 80. Mais durant les trois années suivantes, c'est surtout le féminisme radical, du fait de l'influence prépondérante des Américaines, comme Kate Millett, qui va être sur le devant de la scène publique, faisant éclater la révolte des femmes. Le 28 novembre 1969, 200 femmes s'enchaînent et défilent la nuit pour protester contre le règlement anti-manifestation, voté par l'administration Drapeau, dans le but de contrer le mouvement de contestation à Montréal. 165 femmes seront incarcérées. 30 d'entre elles se regroupent ensuite et fondent le FLF (Front de libération des femmes) en janvier 1970. Ces femmes sont issues de la gauche québécoise. Elles ont milité au RIN (Rassemblement pour l'indépendance nationale), au PSQ (Parti socialiste du Québec), au FLP (Front de libération populaire), à des comités de citoyens ou à des syndicats. D'ailleurs le sigle FLF n'est pas sans rappeler le FLQ (Front de libération du Québec), qui va subir la dure répression policière de la crise d'octobre.

En 1970, le parti libéral reprend le pouvoir au Québec, en promettant 100 000 emplois, promesse qu'il ne pourra tenir et qui marquera une aggravation du climat social et économique, avec son point culminant dans la crise d'octobre. Cette période de l'histoire du Québec (du 6 au 25 octobre 1970) va secouer très brutalement la société québécoise, d'apparence si tranquille. Voici très brièvement quelques faits: le 5 octobre, un attaché commercial britannique, James Richard Cross, est enlevé par des membres du FLQ, qui «*veut l'indépendance totale des Québécois réunis dans une société libre purgée à jamais de sa clique de requins voraces, les big boss patronneux et leurs valets qui ont fait du Québec leur*

---

[112] Les Canadiennes sont les premières sur ce continent à obtenir le droit de vote en 1918. Les Canadiennes du Manitoba, de la Saskatchewan et de l'Alberta l'obtiendront en 1916, celles de la Colombie-Britannique et de l'Ontario en 1917. Les Québécoises devront attendre 1940, Les Autochtones 1960 et les Autochtones du Québec 1968. Les Américaines l'ont obtenu en 1920, alors que les Françaises ne l'auront qu'en 1944.

*chasse gardée du cheap labour et de l'exploitation sans scrupule»* (extrait du Manifeste du FLQ, diffusé à Radio-Canada le 8 octobre). Peu après, le ministre du Travail Pierre Laporte est enlevé et sera exécuté le 17 octobre par les membres de la Cellule Chénier. Le 1er décembre, James Cross sera libéré et les membres de la Cellule libération qui l'avaient enlevé obtiendront un sauf-conduit pour Cuba. Entre temps, le 16 octobre, l'armée canadienne entre à Montréal, c'est la promulgation de la Loi des mesures de guerre et des centaines de Québécois et de Québécoises seront arrêtés pour complicité ou sympathie avec le FLQ. Le 4 janvier 1971, Lise Balcer refuse de témoigner lors du procès de Paul Rose, un des membres de la Cellule Chénier, arrêté le 26 décembre 1970. Elle voulait sensibiliser le public au fait que les femmes n'avaient pas le droit d'être jurés. Elle sera condamnée pour outrage au tribunal, avec sept autres personnes du FLF qui avaient envahi le banc des jurés. La loi permettant aux femmes d'être juré lors de procès sera alors modifiée, quelques mois plus tard.

Cette crise d'octobre et ses conséquences sociopolitiques entraînera l'élection du Parti Québécois en 1976, avec René Lévesque. Mais ironie de l'histoire, c'est le même premier ministre Robert Bourassa, qui avait fait appel à l'armée canadienne pour réprimer les aspirations à l'indépendance des Québécois en 1970, et qui l'appellera de nouveau à l'été 1990 pour riposter aux revendications d'autonomie des Mohawks à OKA, dans la banlieue de Montréal.

La question nationale au Québec, à partir de la fin des années 60, fera partie des mouvements plus larges de décolonisation ailleurs dans le monde. Comme en témoigne le *Manifeste des Québécoises*, publié au printemps 1971, dont le slogan sera: «*Pas de Québec libre sans libération des femmes! Pas de femmes libres sans libération du Québec!*», il s'agit pour les Québécoises de refuser l'exploitation culturelle dans leur pays. Alors que ce sont les anglophones, proches des milieux radicaux des universités Concordia et McGill, qui ont mis sur pied le premier mouvement de libération des femmes (Montréal Women's Liberation Movement) à l'automne 1969, et qui publieront une brochure sur le contrôle des naissances vendue à plus de deux millions d'exemplaires, elles seront exclues du FLF à la fin 70, pas seulement à cause de divergences idéologiques mais surtout à cause du nationalisme intransigeant des Québécoises. Mais le FLF se dissoudra en décembre 1971, après de longs débats entre les femmes qui donnent priorité à la lutte des classes et les féministes radicales, qui considèrent les rapports d'oppression hommes/femmes comme une contradiction principale et non pas secondaire à la lutte sociale et nationale. C'est surtout à partir de 1975 et jusqu'au début des années 80 que les femmes vont s'insurger contre le sexisme qui prévaut dans les organisations syndicales, en grande partie contrôlée par les hommes. Lors du congrès de 1975, la FTQ (Fédération des travailleurs du Québec) présentera un document important: «le combat syndical et les femmes». Le comité Laure Gaudreault à la CEQ (Centrale de l'enseignement du Québec) publiera «les stéréotypes sexistes dans l'éducation». À la CSN (Confédération des syndicats nationaux) sortira en juin 1978 le rapport sur «la lutte des femmes: pour le droit au travail social». Les actions conjointes de ces femmes mèneront aux États généraux des travailleuses salariées en mars et novembre 1979, avec le slogan: «toutes les femmes sont d'abord des ménagères».

## Le féminisme s'apprivoise

À partir de 1972, le mouvement des femmes prend son essor. D'un côté, les féministes radicales vont chercher à devenir plus autonomes par rapport à la gauche québécoise, qui, au début de 1970 s'était notamment organisée autour du FRAP (Front d'action politique). Cette prise de distance à l'égard de la gauche devait permettre de faire reconnaître la légitimité du mouvement des femmes, qui deviendra par la suite le Mouvement Autonome des Femmes. Le Centre des femmes (1972-1975), le CLACLG (Comité de lutte pour l'avortement et la contraception libres et gratuits, 1974-1981), la revue *Québécoises Deboutte!* (1971-1974), le Théâtre des cuisines (1973-1976), dont la pièce *«Môman travaille pas, a trop d'ouvrage»* va être systématiquement boycottée par les groupes populaires et les groupes politiques, seront au centre de ce mouvement d'autonomie. D'un autre côté, les grandes organisations féminines[113] vont graduellement se radicaliser, tout en restant dans le courant féministe réformiste. Les pressions notamment de la FFQ (Fédération des Femmes du Québec) et d'autres groupes aboutissent le 6 juillet 1973 à la création du CSF (Conseil du Statut de la femme), organisme d'étude et de consultation qui va encourager de nombreuses études sur la condition des femmes et qui sert à conseiller le gouvernement du Québec sur cette question. Le CSF

---

[113] a F.F.Q.(Fédération des femmes du Québec) regroupe 130 000 membres; Les Cercles des fermières: 75 000 membres; L'AFEAS (L'Association féminine d'éducation et d'action sociale): 35 000 membres.

va mettre sur pied des services aux femmes[114], publier une revue trimestrielle gratuite, *La Gazette des femmes*, sortira en 1978 son «manifeste»: «Pour les Québécoises: égalité et indépendance», va mener une large campagne contre le sexisme en 1979-80, etc. C'est durant cette période d'élargissement des revendications des femmes que la Ligue des femmes du Québec met sa priorité d'action sur la syndicalisation des femmes, que le R.A.I.F. (Réseau d'action et d'information des femmes), qui se donne comme tâche de combattre le patriarcat notamment sur le plan législatif, se crée en 1973, que le CIRF (Centre d'information et de référence pour femmes) offre des services d'information sur toutes sortes de sujets (garderies, services médicaux, logement, etc.), que se met en place le Front commun contre la pornographie. Il est intéressant de noter que contrairement au M.L.F. français qui s'entre-déchire, le mouvement des femmes au Québec semble s'accommoder de ses différents courants -réformiste, institutionnel, radical, marxiste- sans trop de heurts, du moins en apparence. On dirait qu'il s'apprivoise. L'année internationale de la femme, décrétée par l'O.N.U. en 1975, va servir de coup de pouce pour un féminisme pluraliste, qui penche de plus en plus vers un féminisme autonome, dégagé de l'emprise du marxisme et du nationalisme, même si les rapports du mouvement des femmes avec le Parti Québécois au pouvoir en 1976 et les mouvements socialistes ne sont pas dénués de conflits et de contradictions.

1975 marquera une étape fondamentale pour le mouvement des femmes au Québec. Il va s'amplifier et se diversifier. Le féminisme est-il devenu un thème à la mode? En tout cas, la libération des femmes au Québec va passer au premier plan sur l'agenda politique. Le mouvement des femmes semble trouver sa force et sa cohésion dans l'organisation de regroupements de projets concrets. Signalons, sans chercher à être exhaustive, la formation de l'Intergroupe (1975-1977) dans la lutte pour l'avortement libre et gratuit; la reconstitution du Collectif d'Auto-Santé des femmes en 1978; la création de Groupes de thérapie féministe; la mise sur pied du CAVV (Centre d'aide aux victimes de viol) en 1975; la création de refuges pour les femmes battues au cours de 1977; la création d'un centre d'accueil pour les jeunes femmes enceintes (Élisabeth House) en 1978; la constitution d'un Regroupement des maisons d'hébergement pour femmes en difficulté fin 1978; la formation de la Collective de Montréal du

---

[114]Notamment Action-femmes (service téléphonique d'assistance aux femmes pour toute la province) et Consult'Action (service d'animation, de coordination et de consultation pour les groupes de femmes).

Mouvement contre le viol (MCV) en juin 1979, d'où sortira le projet du Théâtre expérimental des femmes; la création de deux maisons d'édition féministes (les Éditions de la pleine lune en 1975 et les Éditions du Remue-Ménage en 1976); la mise sur pied de centres de documentation (Centre de documentation féministe en 1975, le CRI des femmes en 1978 et Relais-Femmes en 1980); la mise sur pied de cours à l'université sur la condition féminine (UQAM, 1972; U. de M., 1980; Institut Simone De Beauvoir à Concordia, 1978); l'ouverture de la Maison des femmes de Montréal en 1977, lieu de rencontre et d'échanges qui fermera en juin 1978; la librairie des femmes d'ici en 1975 qui deviendra par la suite l'Aube-Épine, puis l'Essentielle; la mise sur pied du Réseau Vidéo de Femmes en 1978 et de la galerie Powerhouse en 1973; etc.

L'entrée du Parti Québécois au pouvoir en 1976 marque également une avancée dans le champ des réformes (congés de maternité, normes du travail, services de garde, réforme du code civil) et en septembre 1979, le gouvernement nommait une ministre d'État à la Condition féminine, Lise Payette, et formait un comité ministériel permanent de la condition féminine.

## L'affaire des Yvettes

Pourtant, les femmes vont vite devenir un enjeu dans le débat politique entourant le référendum de mai 1980 sur l'indépendance du Québec (la souveraineté-association de René Lévesque qui se soldera par un non à 60%). Certaines militantes féministes, déçues par l'ambiguïté du discours des Péquistes sur les femmes et notamment sur le fait que le premier ministre avait refusé d'endosser la résolution en faveur de l'avortement au congrès du Parti Québécois en 1977, quitteront le Parti pour former en 1978 le Regroupement des femmes québécoises. Il s'agissait de profiter du référendum pour monnayer l'appui des femmes en échange de réalisations gouvernementales, en quelque sorte de doubler le Parti Québécois sur l'aspect de la modernisation de la société québécoise. Pourtant, en choisissant Lise Payette comme porte-parole sur la question des femmes, le gouvernement péquiste semble valoriser la femme qui a un emploi, est scolarisée et s'affirme comme individue et non pas seulement comme mère ou épouse, et tente par cette initiative de répondre au Regroupement. Mais le P.Q. ne saura pas répondre au Mouvement des Yvettes que le Parti Libéral a pu exploiter à son seul profit.

Ce mouvement est né à la suite au discours référendaire, le 9 mars 1980, de Lise Payette, où elle associe l'épouse de Claude Ryan à l'Yvette des manuels scolaires. Superbe gaffe de la ministre d'État, qui en multipliera d'autres plus tard, comme son documentaire *Disparaître* sur les problèmes de la natalité et de la disparition du peuple québécois, aux propos xénophobes et racistes, surtout à l'égard des immigrants, qui prennent la place des Québécois dits de souche. Sans insister davantage, ce documentaire témoigne d'ailleurs tout à fait de l'ambiguïté du discours nationaliste québécois, à la fois émancipateur et quelque peu fascisant, avec un retour sur des valeurs traditionnelles et une envie de se moderniser. À la suite de ce discours qui témoigne du mépris envers les ménagères au nom de la modernité, 14 à 15 000 femmes, les Yvettes, se rassemblent au forum de Montréal le 25 avril 1980, et décident d'encourager le non au référendum. Le même jour, 15 000 personnes du Comité des Québécoises pour le oui se rassemblent Place Desjardins et viennent fêter le 40e anniversaire du droit de vote des Québécoises.

Quelques groupes autonomes réagiront à l'opération de charme et participeront à la campagne du «oui critique». L'échec du référendum marquera sans aucun doute la fin des relations entre le mouvement des femmes et les mouvements indépendantistes. Comme le souligne Diane Lamoureux[115]:

*«À plusieurs égards, le mouvement féministe contemporain partage cette ambivalence idéologique (avec le Parti Québécois). De ce mouvement, au cours des dernières années, on pourrait dire qu'il est constamment situé sur une ligne de tension entre modernisation et autonomie. Certaines de ces actions visaient une égalité de statut par rapport aux hommes alors que d'autres témoignaient d'une volonté d'articuler une spécificité des femmes dans l'univers personnel, social et politique et de faire éclater les paramètres de cet univers.»*

À partir de 1980 et jusqu'à nos jours, on assiste au Québec à un certain «backlash» anti-féministe. Le mouvement des femmes se disperse et se fragmente. Après le rendez-vous manqué avec l'histoire, c'est l'heure aussi pour les femmes des bilans, remises en question et recherches plus individuelles. C'est peut-être dans le domaine culturel que les féministes québécoises s'affirment le plus, même si Le Centre des femmes de Montréal existe encore, après dix ans de travail. Près de 10 000 femmes par année viennent chercher des services de toutes sortes à ce centre et c'est le plus important au

---

[115] D. Lamoureux, «Nationalisme et féminisme: impasse et coïncidences», *Possibles*, Montréal, 1983, vol. 8, n° 1, pp. 54-55.

Canada. Le CSF et le RAIF poursuivent leur travail d'information et d'études sur la condition des femmes. En fait, contrairement au M.L.F. français, il semble que le mouvement des femmes québécois se permet d'accepter les divergences et les contradictions inhérentes à tout mouvement social, en cherchant à atteindre ses buts (égalité et autonomie des femmes), peu importe la voie des actions choisies[116].

Si les revendications et les luttes des femmes sont les mêmes en France et au Québec, les Québécoises ont beaucoup plus avancé, notamment en ce qui concerne le harcèlement sexuel sur les lieux du travail et la santé physique et mentale des femmes. Elles sont en quelque sorte très «pratiques», laissant parfois le non-dit l'emporter sur les harangues idéologiques des Françaises. Mais, la notion de radicalisme a fait bien souvent l'objet de tensions entre les féministes, notamment en ce qui concerne le rapport hétérosexuelles/lesbiennes. Le séparatisme lesbien, qui veut rompre tout contact avec «la classe oppressive» et sa logique, donc avec les hommes mais aussi les femmes-féministes, jugées «collabos», est relativement fort au Québec. D'autre part, les relations entre militantes féministes et chercheures universitaires ne sont pas des plus roses, comme en témoignent les résultats du Colloque sur les femmes et la recherche en mai 1979.

Malgré des différences fondamentales entre le M.L.F. français et le mouvement des femmes au Québec, le droit de dire son mot sur les choses et le monde, la volonté de s'immiscer dans les affaires publiques de la cité, la nécessité de contrecarrer les orientations sociales et politiques de toute société, bref, le droit d'être «informée» pour comprendre la société actuelle, y prendre sa place et agir en véritable sujet social, restent leurs points communs.

Même si le féminisme a eu pendant un certain temps droit de cité dans la presse féminine par exemple[117], actuellement les problèmes de la condition des femmes dans ces sociétés sont de moins en moins évoqués, à l'exception d'événements dits marquants, c'est-à-dire que les médias jugent bon de couvrir. Alors que la presse féminine s'intéresse aux femmes et les confine dans des images de «femme libérée» ou de «Superwoman», les presses

---

[116] M. Lamont, «Les rapports politiques au sein du mouvement des femmes au Québec», *Politique*, Montréal, hiver 1984, n° 5, p. 87. Cette auteure met en évidence les intersections entre le champ féminin et le champ féministe au sein du mouvement des femmes au Québec, en précisant les secteurs où les divers regroupements de femmes sont le plus actifs.

[117] Je pense notamment en France aux pages femmes dans *Marie Claire* et au Québec à celles dans *Châtelaine*.

féministes semblent refuser ce système d'images. Elles tentent plutôt de faire émerger dans leur société un nouveau système de représentation sociale, en collaborant activement à l'exécution des revendications des femmes, à travers une participation directe aux décisions politiques et une certaine forme de démocratisation de l'information.

## L'évolution en dents de scie de la presse féministe française

En fait, d'un pays à l'autre, on peut percevoir les mêmes problèmes de périodicité plus ou moins régulière, de tirage quasi-confidentiel et d'une multiplicité du contenu de ces publications. Par contre, l'évolution dans le temps de ces presses est nettement différente. La presse féministe française évolue en dents de scie et suit les déchirements entre les différentes tendances du M.L.F.; par contre la presse féministe québécoise a une ascension beaucoup plus régulière, «ni théorique ni mouvementé», comme son mouvement des femmes.

Comme le montre le tableau de la page suivante, il y a un accroissement progressif du nombre des périodiques féministes jusqu'en 1979, puis l'amorce d'une chute drastique à partir de 1980, au point que certaines et certains ont parlé d'ère post-féministe. On y retrouve tout d'abord la période de «mise à nu, spectaculaire, minoritaire, intellectuelle»[118] de 1970 à 1977. Les luttes et manifestations des femmes s'intensifient et tentent de dévoiler l'oppression des femmes sous tous ses aspects. Les thèses du féminisme semblent avoir plus de crédit auprès des femmes et de l'opinion publique, surtout à partir de 1974. L'entrée au pouvoir de certaines femmes à ce moment là semble apporte un certain dynamisme au M.L.F., en permettant aux femmes d'affiner leurs analyses sur la situation des femmes, même si les différentes tendances du M.L.F. jettent un regard critique sur les actions posées et commencent à s'entre-déchirer.

---

[118] J. Savigneau, «La décennie des féministes», *Le Monde dimanche*, Paris, 5 octobre 1980, p.19.

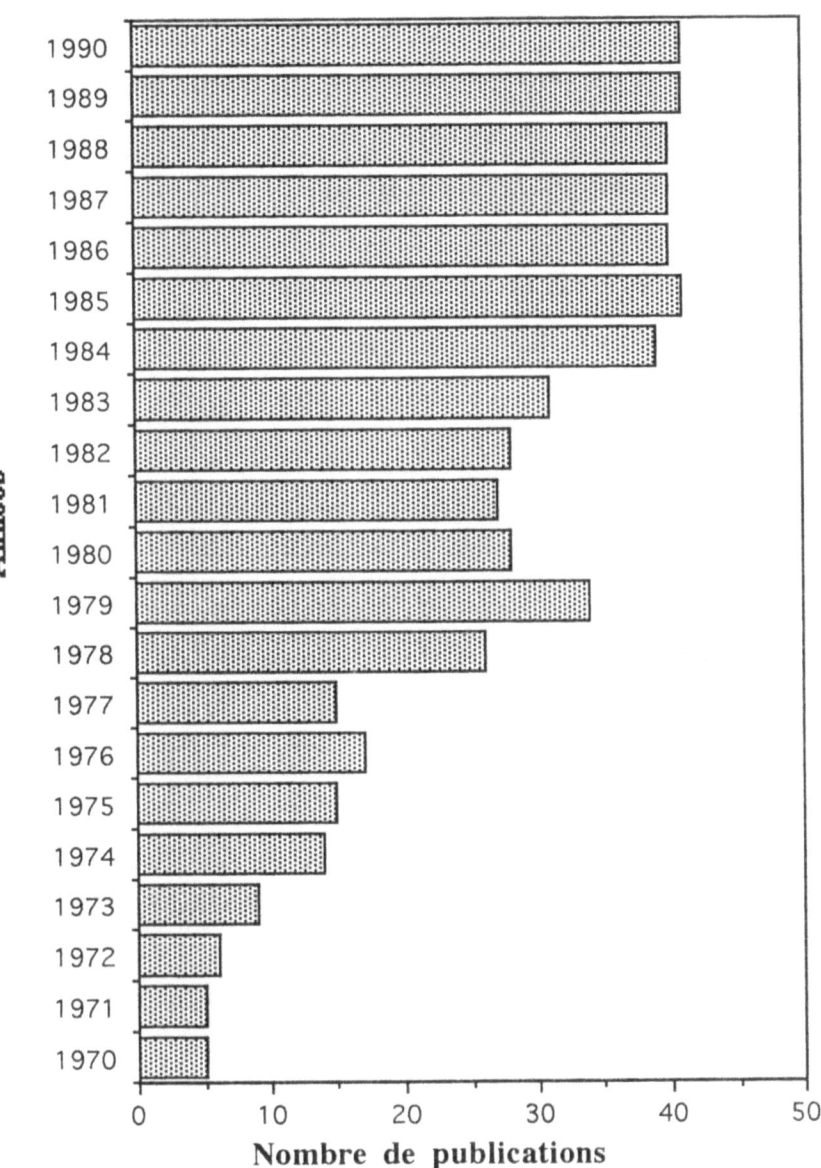

Le nombre de périodiques qui apparaissent et disparaissent de 1975 à 1977 s'équilibre (respectivement 5-4; 6-4; 3-5). L'année internationale de la femme et les années qui suivent auront permis au féminisme de sortir de l'ombre. Il était sans cesse évoqué, discuté, même s'il «devenait un bon produit qui faisait vendre»[119]. Et puis, un certain nombre de lois, même imparfaites, auront été votées en faveur des femmes[120].

Ensuite vient la période de la grande effervescence (1977-1979), où la multiplication des périodiques est spectaculaire: 17 nouvelles publications voient le jour en 1978, 14 en 1979. Le féminisme se consolide, malgré les tiraillements des tendances, jusqu'à la marche nationale du 6 octobre 1979 pour la reconduction de la loi Veil sur l'interruption de grossesse. 50 000 femmes, venues de tous les coins de France, s'emparent des rues de Paris. Ce sera un des plus grands rassemblements du mouvement de libération des femmes, et le dernier de cette ampleur, toutes tendances du M.L.F. ou organisations et groupes de femmes confondus. Mais c'est aussi en octobre 1979 que la tendance Psychépo dépose une association loi de 1901 nommée: Mouvement de Libération des Femmes. Là s'amorce la fin du M.L.F., tel qu'on l'avait connu en 1970, puis sa stagnation jusqu'en 1981. 10 publications sombreront en 1980, 8 autres en 1981. Il y a bien sûr l'épuisement des militantes, des ressources, des énergies, des thèmes revendicateurs. Enfin, l'arrivée de la gauche au pouvoir minera aussi ce militantisme, qui n'est plus guère de mise. Comme on a pu le voir à propos de la loi anti-sexiste, celle-ci n'a suscité que de brefs débats (1980) et n'est pas prête à entrer dans les annales juridiques de l'évolution de la condition des Françaises.

La remontée à partir de 1981, jusqu'au point culminant de 1985, viendrait contredire ceux et celles qui parlent tant de la mort du féminisme. En fait, la presse féministe continuera de progresser, mais très lentement. Le nombre des publications diminuera de moitié en 1983 (7), 1984 (9) et 1985 (7), pour se stabiliser à 2 (1986 et 1988) ou 4 (1987). À partir de 1983 et jusqu'à maintenant, c'est donc une autre expression du mouvement des

---

[119] J. Savigneau, *Ibid.*, p.19.
[120] Parmi les plus importantes, citons l'autorité parentale qui remplace l'autorité paternelle en 1970; la loi sur la filiation qui ne parle plus d'enfants adultérins et la loi sur l'égalité de rémunération entre les femmes et les hommes en 1972; la libéralisation de la contraception en 1974; la loi Veil en 1975 sur l'autorisation de l'interruption volontaire de grossesse (IVG); l'allocation de parent isolé en 1976; l'aide aux femmes seules chefs de famille en 1978; l'interdiction de licencier une femme enceinte en 1980.

femmes qui se dessine. Cela ne se passe plus vraiment dans la rue, mais plutôt dans les institutions, les universités. C'est plus une période de réflexion et d'approfondissement sur les luttes des femmes, le féminisme, les théories.

Même si la situation des Françaises a réellement changé, avec la maîtrise de la fécondité et une nouvelle conception du rôle des femmes dans leur vie personnelle et professionnelle, celles qui ont fait surgir ce Mouvement dans la révolte et la provocation se sentent désappropriées, parlent de ressac, ont du mal à voir le fruit de leurs luttes digéré, assimilé, refoulé aussi. Crise de l'espoir révolutionnaire, conflit sur le rapport au futur, comme dirait Françoise Picq, il n'empêche que la presse féministe française continue d'exister, même si ce n'est pas les mêmes rangées de la trirème qui voguent. En effet, en 1990, on remarque qu'à part quelques dinosaures (*Paris-féministe*, *Les Cahiers du féminisme*, *L'A.F.I.* [121]), seule émerge de la première rangée de la trirème la revue thématique, *Les Cahiers du GRIF*, les autres publications étant plutôt des bulletins d'associations et des revues lesbiennes. Les autres rangées de la trirème sont aussi présentes, mais en plus faible proportion: quelques bulletins du ministère et l'éternelle *Antoinette*. Les revues universitaires sont maigres aussi, seules existaient encore en 1990 *Nouvelles Questions féministes*. Globalement, cette évolution de la presse féministe parisienne montre que les journaux ont plus ou moins suivi les déchirements du mouvement social de libération des femmes. Qu'en est-il maintenant de la presse québécoise?

## L'évolution «tranquille» de la presse féministe québécoise

Comme le montre le tableau à la page suivante, il semble que la presse féministe québécoise subit également ces phases de flux et de reflux, mais à des temps différents. Il n'y aura pas comme pour la presse féministe française deux grandes périodes -le avant et après 1979, dépôt du M.L.F.- mais plutôt plusieurs petites périodes.

---

[121] L'Agence de presse, comme telle, a été créée en septembre 1979. Elle se proposait de répondre aux questions des femmes et de faire pression sur les médias. Au départ, elle assurait une permanence téléphonique et offrait un centre de documentation et d'information sur les femmes.

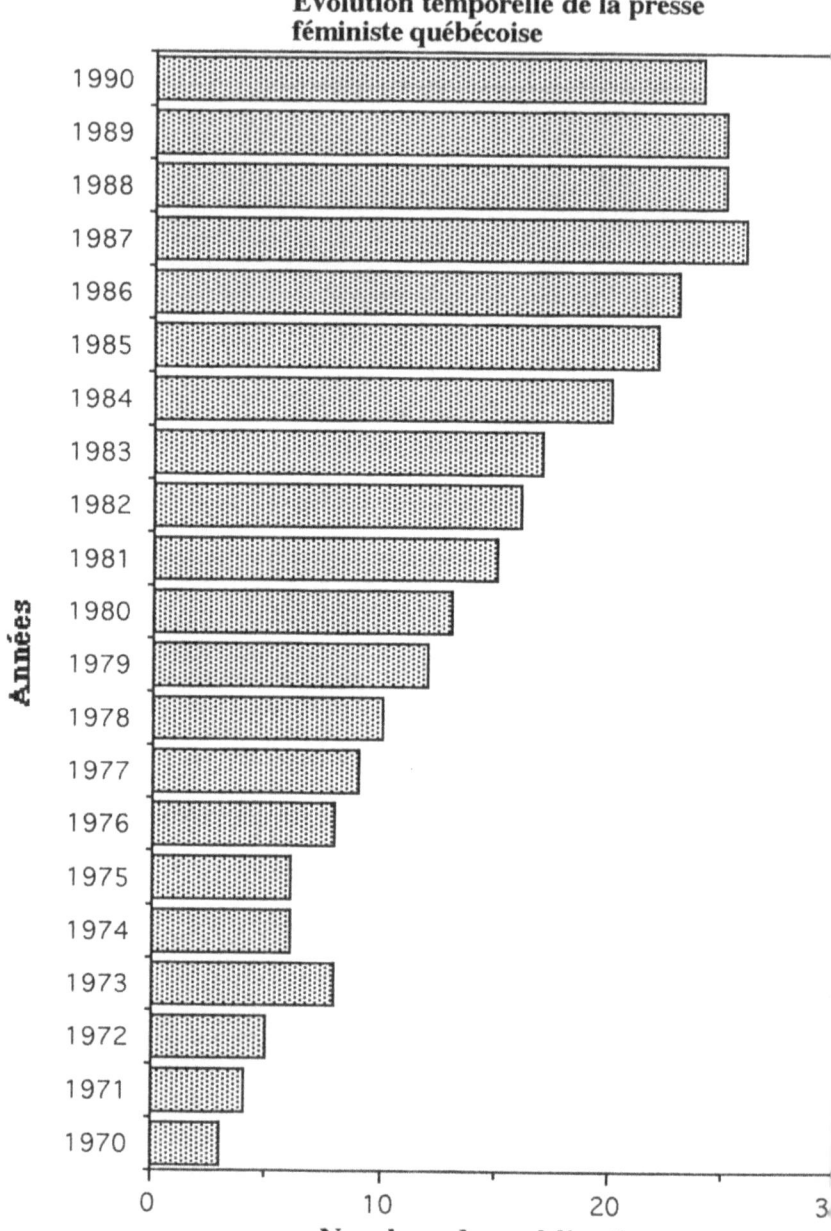

La première (1970-1972), c'est à la fois l'émergence de la révolte et du mouvement des femmes et d'une presse, qui en est en quelque sorte le reflet. Avec *Québécoises Deboutte!*, un nouveau féminisme apparaît, dans un contexte social de lutte plus général. Ce premier journal (1971-1974) traduira d'ailleurs les divergences idéologiques entre les marxistes et les autonomes, comme on pouvait retrouver les tendances dans le premier journal français, *Le torchon brûle*, (1970-1971). La presse issue des courants plus réformistes, les grandes associations féminines, existait déjà auparavant (les *bulletins de l'A.F.E.A.S.*, 1967, et *de la F.F.Q.*, 1968). Mais cette période est aussi la radicalisation de ce qu'on appelle ici au Québec «la révolution tranquille.» En fait, en 30 ans, de 1960 à 1990, la société québécoise est passée d'une société traditionnelle, avec notamment un système de santé et d'éducation géré par l'Église, à une société moderne, plus laïque et plus instruite. Après «la grande noirceur»[122,] un certain nombre de réformes vont toucher à la fois les bases économiques de la société québécoise et les institutions d'État, la santé, l'éducation, etc. La vente de la pilule est légalisée et le divorce reconnu en 1969. Il y aura bien sûr l'impact du rapport de la Commission BIRD, mentionné plus haut, mais aussi l'égalité reconnue de la mère et du père pour le mariage de leurs enfants mineurs. La journée du 8 mars sera fêtée pour la première fois au Québec en 1972.

De 1972 à 1974, le mouvement s'implante et la presse féministe commence à s'installer, avec l'apparition de quatre nouveaux périodiques en 1973, qui correspondent bien aux deux

---

[122]Ce terme fait référence au régime Duplessis (premier ministre du Québec de 1936 à 1939 et de 1944 à 1959), où les élites clérico-nationalistes et les associations et organisations ouvrières s'opposent à tout changement du rôle féminin, centré sur la famille. L'effort de guerre et l'entrée massive des femmes sur le marché du travail a eu des répercussions certaines sur le changement des mentalités. Malgré la pratique du droit ouverte aux femmes en 1940 et le procès de Madeleine Parent pour sédition à la suite de la grève de la Dominion Textile en 1948, les campagnes pour le retour de la femme au foyer, Claire Kirkland-Casgrain est élue première députée québécoise et nommée ministre ... sans portefeuille en 1961. L'incapacité juridique de la femme prendra fin en 1964. Pendant cette période, *«on dénonçait les octrois fédéraux aux garderies comme une mesure* communiste *portant atteinte à la morale chrétienne et aux droits de la famille. On imputait au travail des femmes l'augmentation de la prostitution, de l'alcoolisme, de la délinquance juvénile, la naissance d'enfants malingres et infirmes»* (rien de moins!). Citation extraite de *Le Mouvement des femmes au Québec*, CFP, Montréal, p.19.

tendances qui se dessinent: le féminisme réformiste (Le *R.A.I.F.* et *La partenaire*) et le féminisme plus radical (*Long time coming*, lesbiennes, et le bulletin de la galerie des femmes, *Powerhouse*). Avec les libéraux au pouvoir en 1973, se crée le CSF (Conseil du Statut de la Femme). Le régime des allocations familiales est modifié et concerne tous les enfants, légitimes, adoptifs ou naturels. L'éclatement de la famille nucléaire continue de s'opérer. Du point de vue de la gauche, les tensions s'accentuent entre les différents groupes politiques, qui donneront En Lutte! en 1973 et la Ligue communiste (LCMLC) en 1975 et qui marqueront aussi des scissions à l'intérieur du mouvement des femmes.

La troisième période, assez longue (1975-1980), est celle de la floraison des périodiques, de l'enracinement et de la radicalisation du mouvement des femmes (*Les Têtes de Pioche* en 1976, pour le courant radical et *Des Luttes et des Rires de femmes* en 1978 pour le mouvement autonome des femmes), mais aussi d'une certaine institutionnalisation (*La Gazette des Femmes* en 1979). 1975 sera une date clé pour le féminisme québécois, en raison notamment du démarrage de la décennie des femmes mais aussi de l'adoption de la Charte des droits et libertés de la personne, où la discrimination faite quant au sexe et à l'état civil sera interdite. En 1976, le Parti Québécois entre au pouvoir, et, un peu à l'image de l'union de la gauche française, sera porteur de nombreux espoirs pour les féministes et les nationalistes. L'orientation sexuelle comme motif de discrimination a été incluse lors de la promulgation de la Charte et l'autorité parentale remplace la notion de chef de famille en 1977. Le concubinage est reconnu pour les indemnités de décès en 1978, la femme enceinte est protégée contre la discrimination à l'emploi, la sécurité et la santé au travail en 1979.

En 1980[123], l'année du référendum, paraîtront cinq nouveaux périodiques, dont le bulletin de L'Institut Simone De Beauvoir, qui a d'ailleurs organisé, sous l'égide de Maïr Verthuy, le premier colloque mondial, avec 80 pays représentés, sur la recherche et l'enseignement relatifs aux femmes. Quatre autres publications disparaissent, dont le *bulletin du CIRF*. La remontée importante en 1981 paraît difficile à interpréter. On aurait pu penser que l'échec du référendum aurait apporté un certain ressac, mais c'est sans

---

[123] C'est aussi en 1980 que sera adoptée la loi pour favoriser la perception des pensions alimentaires, que le code civil sera modifié avec une réforme du droit de la famille, notamment sur le fait que la femme mariée *doit* (souligné par moi) dorénavant conserver son nom de naissance, et aussi que la femme au foyer est considérée comme collaboratrice de son conjoint en regard du Régime des rentes du Québec.

doute là qu'intervient le pragmatisme des Québécoises, somme toutes aussi nord-américaines. C'est aussi à partir de ce moment là qu'intervient le débat sur la constitution canadienne, qui sera rapatriée au pays en 1982 et même si le Parti québécois reste au pouvoir, les femmes consacrent à nouveau leur énergie au féminisme. Une réforme du droit de la famille sera adoptée par la loi 89 de 1980, qui consacrera l'égalité des époux, entre autres, dans la gestion des biens de la famille et de l'éducation des enfants. De plus, cette loi permet la transmission du nom de la mère, du père ou des deux aux enfants.

La quatrième période (1981-1987), la plus longue, avec une remontée importante en 1984, marque donc un nouvel élan pour la presse féministe québécoise. Quatre nouveaux périodiques voient le jour en 1981, dont *La Vie en Rose*, qui aura profondément marqué le panorama de la presse féministe québécoise. Les féminismes réformiste et institutionnel poursuivent leurs actions et en 1981, l'égalité entre les sexes en emploi sera reconnue dans la fonction publique, avec des programmes de redressement d'emploi pour les femmes. En 1983, la loi sur le cinéma interdit la projection en public de tout film pornographique de type Hard ou Hot Core, c'est-à-dire encourageant la violence sexuelle et, en 1984, une loi modifiant la Charte de la ville de Montréal prévoit de réglementer l'étalage d'imprimés et d'objets érotiques, notamment aux fins de la protection de la jeunesse.

Il est intéressant aussi de noter que les quatre revues qui émergeront en 1984 font référence aux diverses préoccupations des Québécoises et surtout montrent comment les différences d'interprétation du féminisme arrivent à cohabiter. *Une véritable amie* s'adresse aux femmes d'un certain âge, sous forme de bulletin ronéotypé, *Marie Géographie* de la ville de Québec veut interroger le féminisme et le socialisme, *Treize* s'adressent aux lesbiennes radicales et *l'Une à l'Autre* propose une réflexion sur la santé et la maternité alternative, le mouvement naissance-renaissance.

À partir de 1987, on voit s'amorcer un léger déclin. Pourtant, c'est à ce moment là que choisit *La Parole métèque* pour démarrer. Mais peut-être cette publication correspond-elle au nouveau visage du Québec actuel, en tout cas aux problèmes qui y surgissent, car ce magazine féministe veut «intégrer la parole des femmes immigrantes dans le mouvement féministe québécois, intégrer des voix universitaires féministes et se veut multidimensionnel et multidisciplinaire.» En 1988, la Cour suprême du Canada déclare inconstitutionnel l'article sur l'avortement illégal. En 1989, les lois très controversées sur le partage matrimonial et sur les garderies seront adoptées, tandis que le 6 décembre de la même année, 14 femmes seront assassinées de sang-froid, parce qu'elles représentaient pour le meurtrier tout ce que le féminisme avait apporté depuis vingt ans.

Signalons enfin une dernière caractéristique de la presse féministe québécoise, c'est la longévité incroyable de certaines publications (les différents bulletins de la *F.F.Q.* depuis 1968; *R.A.I.F* depuis 1973; *Communiqu'Elles* depuis 1974; L'Autre Parole depuis 1976; *La Gazette des Femmes* depuis 1979). C'est sans doute ce qui renforce sa stabilité, même si actuellement on a l'impression de retrouver, comme en France, une autre forme d'expression et de réflexion du féminisme que par la presse.

Donc ces journaux et ces revues de *la presse d'expression féministe* n'existent plus. N'étaient-ils que le porteur du mouvement de libération des femmes? Il est clair que l'évolution des presses féministes françaises et québécoises suit plus ou moins l'évolution de ce mouvement social. Mais il me semble qu'une des raisons qui expliquerait leur disparition du marché médiatique est que justement elles n'ont pas réussi, comme minoritaires, à conquérir ce droit à l'information et à la communication, évoqué plus haut, indépendamment des problèmes d'organisation, de finances et du type de discours que nous avons souligné dans nos analyses. Il ne suffit pas à mon avis d'expliquer l'absence de ces presses seulement par le fait qu'elles n'ont pas réussi à assumer leur fonction politique. Il faut être en mesure de montrer que les minoritaires n'ont pratiquement pas accès aux médias dominants. Quand ils y accèdent, comme ce sera le cas des féministes dans une certaine mesure, leur parole n'est pas légitimée, elle est plutôt bafouée et dénigrée. J'aimerais dans les chapitres subséquents apporter un éclairage sur le travail particulier des médias, en définissant le statut de l'information médiatique dans ces deux sociétés et en proposant une analyse critique de la presse écrite. Cette analyse sociologique devrait permettre de rendre visible et lisible le rapport de domination dans lequel les femmes sont enfermées. Comment les médias « mainstream » réussissent-ils à évacuer les enjeux sociaux et politiques d'un événement, surtout quand celui-ci touche des minoritaires? Comment et pourquoi n'assument-ils pas leur fonction sociale et politique qui est d'*informer* plutôt que *réitérer le discours des dominants* sur les réalités à saisir. Les «mâles médias», comme les désignaient les féministes dans leurs journaux, sont-ils devenus des «moulins à parole» du discours majoritaire, où les minoritaires, et les femmes en particulier, n'ont qu'une parole limitée? À moins qu'ils ne les considèrent que comme les moulins... sans paroles?

# 7

# L'information-fiction des médias

Non seulement les médias d'aujourd'hui fabriquent des semblants de réel avec les récits des événements (fonction de simulation), mais encore ils mettent en place des modèles (fonction de mise en scène) qui finissent par s'imprimer dans les représentations et les conduites des acteurs sociaux. Cette double fonction des médias renvoie à une définition particulière de l'information médiatique, que j'appelle l'information-fiction. Pour expliciter ce concept, je vais présenter le statut de l'information et la pratique journalistique qui en découle, en m'attardant aux mutations de l'espace public de communication et au travail idéologique des journalistes.

## De la critique à l'intégration: les mutations de l'espace public de communication

Bien souvent on considère dans nos sociétés occidentales que la presse est un quatrième pouvoir[124], pouvant faire contrepoids aux autres pouvoirs: législatif, exécutif et judiciaire. Mais de quel pouvoir s'agit-il en fait: celui de la presse, de l'information, des journalistes? Tantôt il fait référence au savoir, à la capacité d'influencer des publics, à la culture, tantôt il s'apparente à l'argent, au monopole, au pouvoir politique. Plutôt que de souligner le pouvoir de l'information, il serait plus juste de parler de

---

[124] Cette thèse a longtemps été défendue et l'est encore beaucoup de nos jours. Cf. à ce titre l'ouvrage de M. Paillet, *Le journalisme, le quatrième pouvoir*, Denoël, Paris, 1974.

l'information du pouvoir, c'est-à-dire d'une information aux mains de quelques magnats de presse et des cinq grandes agences internationales de presse, concentrées dans les pays du Nord. En fait, cette information médiatique consolide l'autorité des autres pouvoirs, en propageant leurs savoirs et en les alimentant. Elle légitime en quelque sorte leurs sphères d'influence. Si les médias détiennent un pouvoir quelconque, c'est bien celui d'informer. Or, on va voir qu'ils n'informent pas ou si peu. En effet, en donnant à la presse le sceau de l'innocence face à certains enjeux sociopolitiques de notre société, on masque en définitive le travail idéologique de l'information et surtout on ne voit plus que les médias contribuent au maintien des rapports sociaux dominants. Car la profusion actuelle de l'information n'a d'égale que sa rétention. J'avais souligné dans le chapitre sur la fin de la communication comment notre société actuelle est rendue à un tel point de non-communication que tout peut s'exprimer sans être susceptible d'être entendu ou que tout peut s'écouter sans être en mesure d'être compris. En se déclarant quatrième pouvoir, les médias ont la prétention de vouloir exercer un contre-pouvoir susceptible de pallier à l'excès d'autorité des autres pouvoirs. Mais en fait, cette prétention est tout aussi abusive, car elle entretient l'illusion que les médias peuvent tout se permettre, alors que leur réalité n'est que de «permettre» tous les pouvoirs.

Pourtant les médias, et la presse en particulier, n'ont pas toujours été ces porte-voix ronflants de ceux et celles qui cherchent à les utiliser pour rejoindre le public. Il ne faut pas oublier, selon la thèse de Jürgen Habermas[125], le rôle de la presse dans la constitution de la société et de l'État capitalistes. Une presse libérale, politisée et critique, et un parlement élu ont été les principaux constituants d'un nouvel espace public de communication. Même si ce concept d'espace public est aujourd'hui contesté, ou du moins a été réactivé, par plusieurs chercheurs[126], il m'apparaît incontournable, dans la mesure où il représente un des éléments essentiels pour comprendre la fonction politique des presses féministes françaises et québécoises. Dans son archéologie du principe de publicité comme dimension constitutive de la société bourgeoise, Jürgen Habermas s'est précisément efforcé de mener à bien l'étude de la presse

---

[125] J. Habermas, *L'espace public. Archéologie de la publicité comme dimension constitutive de la société bourgeoise*, Payot, Paris, 1978.
[126] Je pense ici aux chercheurs, comme P. Beaud, Y. De La Haye, B. Miège, L. Quéré, dont la pensée s'articule autour d'une sociologie critique de la communication.

d'opinion et d'en dévoiler toutes les richesses. C'est donc une des raisons qui a motivé mon choix de garder ce concept.

## Médiation entre la société civile et l'État: la presse d'opinion

Conformément à la thèse du philosophe allemand, le principe de publicité (die Publizität), dans le sens de «mise en public», est opposé historiquement par les Bourgeois, cultivés et capables de raisonner, à la pratique du secret de l'État monarchique. Actuellement, la notion de publicité que l'on connaît renvoie à une logique commerciale, celle de constituer un public consommateur et de l'intégrer à un marché de biens et de services. Bien que ce principe soit profondément implanté dans notre mode de production social et économique, Jürgen Habermas montre que la publicité, au départ principe de la critique du politique, a été subvertie en un principe d'intégration. En effet, à l'époque du capitalisme naissant, un espace public se crée en marge de la sphère étatique, où sont portées à la connaissance et surtout à la discussion de tous, les orientations et les décisions du pouvoir politique. Ce nouvel espace constitue en quelque sorte une sphère de médiation entre la société civile et l'État, la possibilité pour le public de remettre en cause pour la première fois l'Autorité absolue de droit divin.

Cette sphère publique bourgeoise est organisée pour légitimer, par la raison, la domination politique et l'exercice du pouvoir. Et il ne faut pas oublier qu'au siècle des lumières, la raison ne désignait pas seulement la faculté de bien juger et de distinguer le vrai du faux, elle impliquait aussi une volonté d'éclairer les esprits pour les émanciper. Cet espace public de communication devient donc un lieu où se reconstruisent rationnellement et systématiquement les médiations symboliques de l'identité et de l'action sociale. C'est aussi un lieu où le pouvoir s'exerce, en mettant en oeuvre des moyens institutionnels pour contrôler le fonctionnement de l'organisation sociale. Dans cet espace va s'insérer une presse d'opinion, dont la fonction essentielle sera de lever les secrets, de veiller à l'arbitraire, de rationaliser la domination politique, bref de critiquer le politique.

L'usage d'instrument comme la presse d'opinion et les différentes formes de la représentation politique comme les associations ou les partis vont donner naissance à une «opinion publique», qui opère une sorte d'arbitrage entre opinions et intérêts particuliers. Elle semble s'inscrire comme une nouvelle forme de démocratisation de la vie politique, en devenant un contrepoids au pouvoir politique. L'activité communicationnelle publique et une large discussion critique sur le mode de gestion politique donnent à la société civile un droit d'entrée dans le jeu politique. C'est ainsi que la Révolution française institutionnalisa le rôle de l'opinion publique et fit passer l'espace public, né de la société civile, dans la structure de l'État. C'est à ce moment que l'opinion publique, au départ perçue comme un moyen de combattre l'exercice du pouvoir, se dépolitise et le rôle critique de ce nouvel espace public de communication se transforme au détriment d'un rôle d'intégration.

Le principe de publicité, élaboré par Jürgen Habermas, a joué un rôle essentiel pour la presse, même s'il n'a pas pesé dans les formes du journalisme moderne. Il s'agit plutôt d'une influence intellectuelle. Il ne faut pas oublier que la presse française aux dix-huitième et dix-neuvième siècles a pris son essor en intégrant dans son écriture ce principe. Tous les moyens étaient bons pour parvenir à capter l'attention du public et la publicité a joué un rôle central dans l'histoire des engrenages qui ont amené la presse à son stade moderne et industriel. Motivée par ce principe premier de la critique exercée par un public cultivé et éclairé, la presse se transforme en une presse a-politique, instrument de manipulation et de dissimulation. Plusieurs raisons interviennent dans ces mutations de l'espace public de communication. D'une part, les classes populaires étaient exclues de cette sphère de médiation, l'échange d'opinions ne pouvant intervenir qu'entre propriétaires privés, aspirant à une discussion rationnelle. D'autre part, l'avènement de l'État-providence, le développement de la culture de masse et le recours aux sondages dans la vie économique et politique ont complètement subverti ce principe de publicité. Elle devient démonstrative, administrée et manipulée par diverses instances (notamment l'administration, les associations et les partis)[127] et ne peut plus permettre l'élaboration libre et rationnelle de l'opinion publique. La publicité tend au contraire à produire du consensus fabriqué, au détriment de la discussion publique des opinions privées. Et la presse suit la même évolution. Alors qu'elle était au départ le support de l'espace public critique de communication, elle

---

[127] J. Habermas, *l'espace public. Archéologie de la publicité comme dimension constitutive de la société bourgeoise*, Payot, Paris, 1978, p. 215. Ici l'auteur emploie le terme de publicité «démonstrative». Il précise aussi que la publicité des débats parlementaires a été subvertie en «publicité acclamative», et que la publicité des débats judiciaires connaît une dénaturation du même ordre, récupérée par la consommation «culturelle.»

suit maintenant une logique marchande face à un public a-critique[128].

Ce qui m'intéresse dans cette notion d'espace public de communication, c'est qu'elle reflète l'état d'un rapport de forces sociales, une négociation, si limitée soit-elle. La communication dont parle Jürgen Habermas reste bien inscrite dans le jeu politique et permet de circonscrire et de définir les situations relevant du social. Surtout, dans cet espace, le rôle des presses féministes françaises et québécoises ne me semble pas éloigné de celui de critique du politique, tel que démontré dans la deuxième partie de ce livre. Car, le désir d'être informé, dans le sens d'une volonté de connaissance du monde pour mieux le comprendre, et parfois pour mieux le dominer, amène les individus, à des moments historiques précis, à prendre position ouvertement pour participer aux enjeux sociopolitiques de la sphère publique, à se publier pour se faire entendre.

## L'information-fiction

Peut-on affirmer que l'information des médias est une fiction, en raison de la logique de simulation et de falsification qui la détermine dans nos sociétés? Louis Quéré[129] n'hésite pas à qualifier l'information médiatique de *science-fiction* puisque ses deux composantes sont: «*science et fiction, constat et simulation, relevé de faits et récits*»[130]. C'est en effet sous couvert d'objectivité scientifique que les médias produisent, à mon avis, une fiction à partir de fragments empiriques du réel, mais qui est censée leur être conforme. En plus, cette production d'information ressemble de plus en plus à une mascarade, au sens propre et figuré. C'est ce que je vais m'efforcer de démontrer maintenant et dans les chapitres subséquents.

---

[128] Pour les critiques de la thèse d'Habermas sur cet espace public de communication, voir notamment B. Miège, *La société conquise par la communication*, PUG, Grenoble, 1989, chap. 4 et 5, pp. 105-167.
[129] L. Quéré, *Des miroirs équivoques. Aux origines de la communication moderne*, Aubier (Res Babel), Paris, 1982, notamment le chapitre V, pp. 153-175.
[130] L. Quéré, *Idem*, p. 158.

## Le marché de dupes des médias

L'information médiatique a-t-elle encore de nos jours un statut, alors que les médias semblent rendre ce produit de plus en plus fuyant pour qu'il ne puisse plus être véritablement saisi? Lorsque nous parcourons les journaux le matin ou regardons le journal télévisé le soir, n'avons-nous pas l'impression qu'une «information» vient en chasser une autre et au besoin en occulter d'autres, comme pour ne pas nous laisser le temps de comprendre, de réfléchir à ce que nous croyons être une information, qui dans le jargon journalistique deviendra une nouvelle ou un événement? On se retrouve devant un paysage, de préférence sombre et violent, mais continuellement balayé et nettoyé de ses scories. Les médias rendent-ils compte de la réalité des choses et du monde? Peuvent-ils ou veulent-ils le faire, que nous ne les croyons plus, car le découpage de la réalité qu'ils nous offrent en est un de l'ordre de l'hypocrisie et du mensonge, un véritable marché de dupes.

L'actualité devient une course au spectacle, l'information une suite, de préférence ingouvernable, de récits, l'événement une construction. Eliseo Veron[131] a montré dans son étude sur l'accident de la centrale nucléaire Three Mile Island aux États-Unis comment les médias ont créé et façonné un événement, à partir d'une donnée réelle en soi (la panne d'un réacteur le 28 mars 1979), mais qui est devenu le prétexte à une surenchère de contradictions, ambiguïtés, confusions et à une dramatisation excessive, sans pour autant nous informer sur ce que ce genre d'accident peut avoir comme conséquences à long terme sur l'environnement ou sur le rôle de l'énergie nucléaire, etc. Quels furent les résultats de la commission d'enquête, que le gouvernement américain, acculé, a été obligé de mettre en place? Comment les normes de sécurité dans les centrales nucléaires ont-elles été renforcées? Quelles mesures ont été prises pour que cela ne se reproduise plus? Autant de questions que les médias, plus préoccupés à exagérer le danger, à créer artificiellement la peur, à jouer dans le sensationnalisme, vont diluer dans le temps pour recommencer huit ans plus tard avec Tchernobyl. En fait, les événements sociaux ne sont pas des objets, qu'on peut trouver tout faits quelque part dans la réalité, mais ils existent dans la mesure où les médias les façonnent quelque peu. En définitif, les médias qu'on appelle à tort informatifs sont plutôt le lieu où les sociétés industrielles produisent le réel sous couvert

---

[131] E. Veron, *Construire l'événement. Les médias et l'incident de Three Mile Island*, Minuit, Paris, 1981.

d'objectivité. La couverture de la guerre du Golfe est un des multiples exemples de leur travail. «*Machines à produire un semblant de sérénité, (...)attentifs à la portée qui règle leur travail de découpage plus qu'à la mélodie jouée*» [132] ou bien «*énorme machine à fabriquer du vent*»[133], les définitions des médias ne manquent pas pour appuyer la thèse que leur information a complètement perdu sa valeur heuristique. En fait, l'information médiatique ne se situe pas dans le domaine du vrai, mais dans celui du vraisemblable, c'est-à-dire d'une supposition de vérités, d'un semblant de propositions, qui ne peuvent jamais être vérifiées ou contrôlées par les destinataires que nous sommes. Ce réel qu'elle institue est le produit d'un montage. C'est un simulacre, non pas seulement parce qu'il est fabriqué de toutes pièces mais aussi parce qu'il feint d'avoir ce qu'il n'a pas, à savoir un indice de vérité et de réalité.

## La réalité totalitaire des médias

Les médias ne pouvant embrasser l'ensemble de la réalité qui nous entoure, ils vont donc en choisir quelques éléments qu'ils mettront en scène, comme au théâtre, en produisant une fiction. Mais le problème avec l'information médiatique, c'est que cette fiction prétend être fidèle à LA RÉALITÉ et se légitime grâce au traitement «scientifique» (le travail journalistique) dont elle est le produit. En effet, cette information-fiction, transmise par les médias, se veut exhaustive, objective et autosuffisante. Il s'agit pour les médias, non seulement de mettre en perspective la société dans laquelle vivent les sujets sociaux afin qu'ils puissent la saisir et la connaître, mais encore d'organiser le monde comme une totalité cohérente, parfaitement maîtrisée et harmonisée. La fiction ainsi produite ne se veut pas une partie de la réalité, une voie rationnelle d'organisation du réel ou le résultat normalisé d'une construction négociée, mais le RÉEL-TOTAL. Pourtant le caractère fictif de l'information n'est pas gratuit, il est signifiant. Il produit un sens, non pas en nous renseignant sur ce que sont les réalités du monde mais en permettant de placer celles-ci dans un schéma idéologique pré-construit, comme un patron de vêtement.

---

[132] Y. De La Haye, *Journalisme, mode d'emploi. Des manières d'écrire l'actualité*, La Pensée sauvage, Grenoble, 1985, p. 4.
[133] M. Ouldamer et R. Ricordeau, *Le mensonge cru. De la décomposition de la Presse dans l'achèvement de l'aliénation médiatique*, SIHAM, Paris, 1988, p. 74.

De plus, la simulation des médias ne s'applique pas seulement à la fabrication de l'information, elle détermine et définit aussi les places des destinateurs et destinataires et surtout le rôle du narrateur (les journalistes). Il y a des stratégies particulières à l'écriture de presse, qui finissent par enfermer référents et destinataires dans un système dominant de représentations, que Louis QUÉRÉ[134] appelle *«l'espace perspectif»*. Pour lui, cet espace perspectif, produit d'un rapport de forces sociales, est devenu une fiction totalisante, se traduisant par un savoir total et une culture programmée, extériorisée par rapport à la société et convertie en technologies. Et, l'information se confond, d'après cet auteur, avec la culture programmée: *«Le terme information ne désigne rien d'autre que le substitut objectivé, formalisé et fonctionnalisé du savoir, des compétences et des motivations qui constituaient jusqu'ici la culture»*[135]. Ce substitut est le résultat d'une production qui transforme la culture en un fait d'organisation. Et l'information finit par se détacher de la communication, n'organisant plus des manières de penser mais des manières de faire, de savoir-faire. C'est du moins ce à quoi ressemble le travail des journalistes.

### Journalistes: médiateurs ambigus

Loin d'être neutres, autonomes ou libérateurs, il me semble que les journalistes sont devenus des «fonctionnaires de l'idéologie dominante». Agents de l'information, conçue comme culture programmée, ils procèdent comme des informaticiens, en codant le réel-fictif qu'ils transmettent par leurs médias. Si, par leur travail social, les journalistes paraissent être employés par le pouvoir (ici pouvoir signifie rapport de forces investissant le tiers symbolisant), ils n'en conservent pas moins leur figure distincte du pouvoir. La notion de médiateur reflète bien cette ambiguïté: il est le lien entre le réel et les sujets sociaux qui veulent connaître ce réel. Cependant, comme on vient de le voir à propos du statut de l'information médiatique, le réel n'est pas reproduit comme un miroir mais il est produit selon un système de références dominant (l'espace perspectif). La fiction, qui va être ainsi fabriquée, doit alors être énoncée par un narrateur, formellement distinct du pouvoir, pour qu'elle soit productrice de vérité et d'universalité. Le travail de journaliste s'inscrit donc dans une visée de reproduction

---

[134] L. Quéré, *Ibid.*
[135] L. Quéré, *Ibid.*, p. 139.

idéologique, non pas de production idéologique -ce qui supposerait une certaine autonomie de production du journal-appareil- mais bien de reproduction, dans le sens de réitérer l'idéologie dominante de l'espace perspectif.

## Les salariés du mensonge

Plusieurs auteurs ont souligné fort judicieusement ce rôle idéologique des journalistes, notamment Mezioud Ouldamer et Rémy Ricordeau[136] qui les qualifient de salariés du mensonge:

«*Le journalisme, comme activité décomposée de l'esprit humain, après avoir été mensonge par intérêt ou par réflexe, le devient par 'nature'; jusqu'à oublier tout lien conflictuel avec la vérité, jusqu'à se mentir à lui-même: produit suivant des techniques et par des moyens industriels, il se manifeste alors comme activité de l'esprit humain décomposé, délire schizophrénique d'une société qui a perdu tout sens de la réalité. Non seulement il préside aux événements en leur accordant l'importance qui lui convient (et là l'idéologie se conjugue parfaitement à la nécessité de vendre toujours plus) mais il croit très fermement qu'il fait l'actualité au point de prétendre que sans lui tout retournerait aux ténèbres et à l'obscurantisme d'avant la genèse.*»

En fait, les journalistes vont pouvoir assumer ce rôle grâce à leur propre idéologie professionnaliste, qui masque leur travail de codage et de mise en spectacle du réel. Composée de catégories telles que l'objectivité, la neutralité, l'impartialité, l'équilibre, etc., cette idéologie leur sert de paravent pour nier leur responsabilité sociale. Au lieu de dévoiler et de déchiffrer des faits pour mieux les faire comprendre, ils traduisent ou ajustent dans un langage adéquat, plus ou moins consciemment d'ailleurs, les informations que les institutions doivent extérioriser dans la sphère publique. Qui plus est, la profession de journaliste est tout à fait ambiguë. Non seulement ce vocable regroupe des fonctions aussi diverses que le pigiste, l'éditorialiste, le secrétaire de rédaction ou l'agencier de presse, mais encore le journalisme est une des rares professions où aucun verbe ne permet de cerner avec un vocable suffisamment précis cette activité. Écrire, transmettre, mettre en forme, présenter, commenter, critiquer, etc., aucune de ces actions ne peut être considérée comme dominante par tous les journalistes. Autant dire

---

[136] M. Ouldamer et R. Ricordeau, *Ibid.*, p. 75.

considérée comme dominante par tous les journalistes. Autant dire que le mythe du journaliste, grand reporter en mission spéciale ou éducateur du public, n'a plus sa place actuellement, même si toutes les conditions semblent réunies pour faire du journalisme non pas un métier mais une vocation, une destinée.

Pourtant, les journalistes prétendent et croient participer au processus d'information dans notre société en toute objectivité, ou du moins s'ils récusent cette notion d'objectivité, se replient-ils sur celle d'honnêteté professionnelle. L'objectivité comme telle n'existe pas, mais dans leur jargon professionnaliste, ils y substituent une objectivité relative, du style: «il y a des informations plus objectives, plus neutres que d'autres». Cette objectivité relative est d'ailleurs intéressante pour cette profession, puisqu'elle permet non seulement aux organes d'information de se comparer entre eux mais aussi aux journalistes eux-mêmes dans l'échelle hiérarchique. Un éditorialiste par exemple a la possibilité d'être moins objectif qu'un pigiste puisqu'il a enfin acquis le droit d'écrire avec une relative autonomie et surtout a démontré sa capacité à rester dans les limites à ne pas franchir. Pourtant, cette objectivité, relative ou non, est un autre leurre dans la mesure où elle ne reste qu'une catégorie du discours des informateurs et leur permet de légitimer leur travail. Elle devient synonyme de prudence mais aussi de morale, de rectitude politique (la «political correctness»), car elle est assurément signifiée par la déontologie.

## Un code déontologique sévère mais inapplicable

Or, le code déontologique des journalistes, pourtant très sévère, est le plus souvent impossible à appliquer en raison de l'organisation même du travail de l'information. Chacun à son niveau est strictement inséré dans une hiérarchie qui s'occupe implicitement de la censure. Cette censure implicite, c'est l'autocensure dirigée, c'est-à-dire un cadrage de références, propre à chaque journal, qui détermine ce à partir de quoi on choisit d'ignorer ou de privilégier, de mettre en valeur ou de mettre en sommeil. Le mode de jugement intermédiaire entre ces actes de sélection et les actes de discours est imprégné de cette autocensure dirigée, car il est faux de croire en l'innocence des journalistes, qui s'effacent devant les faits et les portent simplement à la connaissance d'autrui.

Par exemple, les journalistes invoquent souvent des contraintes techniques et temporelles pour éviter de vérifier leurs sources d'information. Mais leur première responsabilité est justement de mettre en doute ce qu'on leur rapporte, surtout lorsqu'il s'agit d'informations émanant des institutions, et de ne pas répéter, sans le comprendre, le jargon des spécialistes ou experts. Plutôt que de faire du «patchage» de phrases et les sortir de leur contexte pour rendre l'article ou l'entrevue plus alléchante, les journalistes devraient être en mesure de respecter ce qu'on leur a dit, tout en ne déniant pas leurs propres convictions, jugements et parfois préjugés. Malheureusement ces formes de respect et de mise en confiance, qui idéalement prévaudraient dans les rapports entre les sources d'information et les narrateurs, aussi bien au moment de la collecte d'informations que de sa mise en forme, ne sont plus que des jeux d'influences et de contre-influences, qui n'ont rien à voir avec la déontologie. C'est ainsi que le concept de liberté d'information a été lentement recouvert par celui d'objectivité de l'information et d'honnêteté professionnelle.

Ces quelques précisions permettent de souligner comment le travail social des journalistes, encadré par une idéologie professionnaliste, s'inscrit, non pas dans le domaine de l'éducation et de la sensibilisation du public par une information porteuse de contenus et de sens, mais plutôt dans celui d'une canalisation de l'idéologie dominante, où la réalité est dépouillée de ses aspects contradictoires, où les faits critiques sont transformés en une pâte lisse et univoque. On va voir maintenant en pratique, c'est-à-dire sur fond de papier journal, comment ils opèrent. Il s'agit de comprendre comment le code des écritures de presse réglemente les événements d'actualité.

# 8

# La mascarade institutionnalisée

À partir de la tragédie du 6 décembre 1989, où quatorze femmes à Montréal (treize étudiantes de l'École Polytechnique et une employée de la Faculté des Sciences infirmières) sont mortes sous les balles d'un seul homme, on va souligner comment la presse écrite[137] a «couvert l'événement». Il ne s'agit pas d'établir un catalogue des techniques journalistiques qui permettent aux médias de nier les évidences et de détourner l'attention publique des véritables enjeux sociaux et politiques sous-jacents à un événement, quel qu'il soit. Je désire plutôt comprendre pourquoi les médias, par leur mise en scène, n'ont pas répondu aux questions, qu'au fond tout le monde s'est posées: pourquoi le tueur en avait-il tant contre les femmes, et les féministes en particulier, et pourquoi cet acte terroriste a-t-il eu lieu ici, au Québec ?

Même si je reste persuadée que l'ensemble des procédés que je vais maintenant expliciter peuvent s'appliquer à n'importe quel événement médiatique, mon choix d'analyser la tragédie du 6 décembre 1989 à l'École Polytechnique de Montréal a été motivé par plusieurs raisons: tout d'abord, en tant que journaliste depuis plus de quinze ans, j'étais en mesure de déceler les pratiques sous-jacentes à la couverture de cet événement et ainsi de faire ressortir quelques

---

[137] Pour cette analyse de presse, j'ai choisi trois quotidiens montréalais: *La Presse, Le Devoir, The Gazette* ; le quotidien national canadien: *The Globe and Mail*; et deux quotidiens français: *Le Monde, Libération*. J'ai délibérément exclu du corpus *Le Journal de Montréal*, autre quotidien montréalais, parce qu'il est particulièrement friand de ce genre de «faits divers» et que les éléments d'information recueillis dans ce quotidien n'auraient fait qu'amplifier les résultats de notre analyse.

contradictions, ambiguïtés et camouflages à l'intérieur de la machinerie médiatique. Ensuite, il me semblait primordial de continuer à montrer les rapports de domination, qui régissent les rapports de sexe, car ce massacre, s'il témoigne de la violence permanente exercée contre les femmes, n'en est pas moins l'expression paroxysmale de l'oppression des femmes dans nos sociétés.

## La couverture médiatique de la tragédie à l'École Polytechnique de Montréal

C'est par la télévision et la radio que le spectacle de l'horreur a commencé et va s'amplifier. Quelques heures après «l'événement», notre mémoire va être envahie d'images sanglantes, d'interviews chocs («Comment vous sentez-vous?; qu'avez-vous vu?; vos copains sont-ils sains et saufs?»), d'un chapelet de «nouvelles» entièrement erronées («Un deuxième suspect serait barricadé à l'intérieur de l'université; un professeur de physique a été appréhendé, puis relâché»). Le lendemain commenceront les lignes ouvertes au public («L'assassin a bien fait, j'aurais fait la même chose», dira un homme, sous couvert d'anonymat) et les interviews d'experts.

### L'événement

C'est par le traitement et l'importance que les médias accordent à un incident, à un épisode socioculturel (ce qu'ils appellent le fait brut ou l'information pure) que va se créer l'événement. Pour acquérir ce statut, le fait brut (ce fragment du réel qu'ils extirpent) va d'abord devenir «nouvelle», non pas dans le sens de nouvel élément de connaissance, mais plutôt dans le sens d'une rupture, d'une exception. Les faits divers ne sont-ils pas justement de l'exceptionnel, paradoxalement stéréotypé? Alors que nous vivons dans un monde où les faits se propagent de plus en plus vite en tout point de la planète, le journal télévisé de 20 heures sur Antenne 2[138] ne soufflera mot de «l'événement» de Montréal, ni le 6 ou le 7 décembre, seulement à partir du 8 décembre 1989. Pour qu'une nouvelle devienne un événement et qu'elle mérite d'être couverte, il faut qu'elle soit importante. Or, la notion d'importance, dans la pratique journalistique, suit des lois bien précises, qui n'ont plus grand chose à voir avec l'éthique professionnelle des journalistes. La loi de la proximité

---

[138] Il s'agit de la deuxième chaîne de télévision française et ce déploiement de nouvelles est considéré comme un des plus écoutés par les Français.

d'abord (plus le fait à couvrir est proche de nous géographiquement, plus on va en parler), la loi du mort/km ensuite (près de 40 morts et 400 blessés à Bogota le même jour valent plus cher que 14 mortes et 13 blessées à Montréal). Ces deux facteurs vont sans doute faire en sorte que la tragédie à l'École Polytechnique ne se verra pas accorder à Paris le statut d'événement aussi rapidement qu'à Montréal. On verra d'ailleurs qu'elle restera au stade de nouvelle de l'autre côté de l'Océan.

*Couvrir l'événement*. C'est l'acte journalistique par excellence, qui signifie assister à l'événement et en faire un compte rendu. Mais ce compte rendu ne se fait pas n'importe comment. Les journalistes doivent raconter une histoire en suivant scrupuleusement la règle des 5 W[139]. Pourtant le cinquième W -le pourquoi- restera longtemps en suspens, quand il n'est tout simplement pas camouflé, protégé, orné, bref «couvert». En fait, pour reprendre la métaphore de Yves De La Haye[140], l'écriture de presse ou plus précisément le langage de l'information est à comprendre à travers «le procès d'une double cuisson». La réalité médiatique ne se présente jamais nue, toute crue, mais bien sous l'aspect d'une première cuisson, que sont les discours construits, recevables, et sous celui d'une deuxième cuisson qui met en forme ces discours dans des moules très particuliers. Et la deuxième cuisson n'est pas une simple retouche, elle est une refonte de la matière première (fait brut) en discours dominants. Dans notre cas c'est surtout le recuit (la mise en forme) qui est intéressant. Je n'insisterais pas sur le procédé de dissertation décrit par l'auteur, même si cette figure de discours n'est pas un simple mode d'agencement des idées mais bien plus une forme qui exclut des contenus sans s'en rendre compte et surtout sans en rendre compte. Il s'agit plutôt de préciser les modalités d'expression de la narration, discours dominant de la pratique journalistique et les principes de construction du monde qui la sous-tendent ainsi que les effets qu'elle engendre.

---

[139] Dérivé du modèle de communication de Lasswell, les 5 W, qu'en français on traduit par Qui, Quoi, Quand, Où et Pourquoi, doivent assurer une couverture «objective » et «professionnelle» de l'événement. Parfois, on y ajoute le Comment (How).
[140] Y. De La Haye, *Journalisme, mode d'emploi. Des manières d'écrire l'actualité*, La Pensée sauvage, Grenoble, p 107. Il décrit ainsi les trois étapes de la cuisson dans l'information: le cru (la matière première), le précuit (la mise en réserve) et le recuit (la mise en forme)

## L'encodage du fait: l'occultation

La transformation d'éléments empiriques du réel en information, ou ce que Yves De La Haye appelle les actes de sélection à la source, est le premier travail des journalistes. Cet encodage a pour objet de filtrer les éléments de la réalité, qui vont devenir la réalité journalistique. Or, il s'agit le plus souvent de pondérer, voire de masquer, dans le traitement informatif, certaines dimensions de l'actualité qui remettraient trop profondément en cause l'ordre dominant et plus particulièrement son mode de connaissance. Bien sûr, ce premier travail de codification n'est jamais perceptible dans une analyse de presse, puisqu'il est effectué avant la mise en forme dans le journal. Néanmoins, dans la couverture de presse de la tragédie du 6 décembre 1989, survenue à l'École Polytechnique de Montréal, j'ai pu déceler deux fragments du réel qui ont participé de ce procédé d'occultation ou d'omission de la part des médias. Le premier concerne la justification de l'acte du tueur, le deuxième la volonté de savoir des sujets sociaux, en particulier celle des femmes.

On saura le surlendemain de cette tragédie (le 8 décembre 1989) que ce jeune homme de 25 ans avait soigneusement projeté, médité et planifié son geste de tuer des femmes, qui n'étaient pas, pour lui, à leur place dans la société. Tous les journaux étudiés rapporteront, via les dires de la police, les justifications qu'il donnait à son geste. Dans une lettre manuscrite de deux pages, retrouvée sur lui, datée du 6 décembre 1989 et signée Marc (le tueur s'appelait Marc Lépine), il explique qu'il va mener son raid meurtrier pour «des raisons politiques»[141], qu'il «en voulait particulièrement aux féministes, qui avaient gâché sa vie/son existence», que cette même vie «ne lui apportait rien depuis sept ans/qu'elle était insupportable depuis plusieurs années», qu'il «n'avait jamais accepté d'avoir été refusé dans l'armée/les forces armées canadiennes avaient refusé sa candidature, parce qu'il était considéré comme asocial». Il a également rappelé

---

[141] Les explications entre guillemets seront celles que les journaux étudiés vont publier. Il y a eu bien sûr quelques variantes dans les propos du tueur mais globalement les journaux ont à peu près publié la même chose. *La Presse* publiera intégralement cette lettre un an plus tard, soit le 24 novembre 1990, p. A-2.

l'action du caporal Lortie[142], à laquelle il s'identifiait, et en dernière page de son manuscrit se trouvait «une liste rouge de 19 noms de femmes, du monde politique, policier, syndical et journalistique du Québec, qu'il désigne comme des cibles». On se trouve devant un meurtre collectif, parfaitement ciblé, prémédité, orchestré, que les médias tarderont à qualifier d'attentat, ce que pourtant il est. Ils ne parleront pas non plus d'acte terroriste, alors que ce geste se voulait politique, puisque l'auteur lui-même l'a ainsi qualifié: «*Veuillez noter que si je me suicide aujourd'hui 89/12/06 ce n'est pas pour des raisons économiques (...) mais bien pour des raisons politiques. Car j'ai décidé d'envoyer Ad Patres les féministes qui m'ont toujours gâché la vie*».

Mais surtout, cette lettre, qui constituait la justification détaillée des intentions du tueur, ne sera pas publiée dans l'immédiat. Il s'agit pourtant d'une première dans le registre de ce genre de crime. Ce qui est nouveau, ce n'est pas tant le meurtre de femmes ou l'attentat comme forme d'action politique, mais le fait qu'il soit justifié par écrit et voulu public. Pourquoi les médias, dans ce cas précis, n'ont-ils pas jugé nécessaire de nous «informer» de ce fait nouveau, alors qu'ils ont publié les noms et les réactions des femmes de la liste établie par le tueur? Pourquoi nous ont-ils privés de notre droit de savoir dans quels termes et de quelles façons le tueur justifiait son acte, alors qu'un porte-parole de la police déclarera que «l'enquête se poursuit pour tracer un portrait complet du tueur fou et peut-être mieux comprendre les motifs qui l'ont incité à faire un tel geste. La lettre est scrutée à la loupe par des experts de toutes sortes, graphologues et psychiatres» (*La Presse*, 8 décembre, p. A-2). On n'aura d'ailleurs jamais connaissance des résultats de cette analyse. Pourquoi les médias n'ont-ils pas publié cette lettre sur le champ, alors qu'ils ont pris soin de nous préciser par la bouche d'un autre porte-parole de la police qu'il n'y avait dans cette lettre «aucun terme ordurier, ni injure pornographique» (*Libération*, 8 décembre, p. 28). Comme le fait remarquer Colette Guillaumin[143]:

---

[142] Le 8 mai 1984, un caporal des forces armées canadiennes, Denis Lortie, a, en tenue de combat, ( Marc Lépine était en tenue de chasse), pris d'assaut l'Assemblée nationale du Québec, en faisant trois morts et treize blessés, pour se venger «du mépris dont sont victimes les francophones». Il jugeait le gouvernement de René Lévesque, premier ministre du Québec à l'époque, responsable d'après lui de cette discrimination.
[143] C. Guillaumin, «Folie et norme sociale. À propos de l'attentat du 6 décembre», *Sociologie et sociétés*, Montréal, Avril 1990, Vol. XXII, n° 1, p. 198.

*«(la grossièreté et la pornographie invalideraient-elles l'intention de l'auteur? Le rendraient-elles "disqualifié"? Bien évidemment non, ce serait une lettre grossière, mais ce serait la même lettre. Ou bien voudrait-on dire par là que la grossièreté ou la pornographie entreraient au contraire dans le "normal" des rapports entre les hommes et les femmes, et, plus justement, du rapport des hommes aux femmes? La question reste ouverte.»*

Ce n'est pas seulement une lettre que les médias ont omis de publier, c'est aussi la volonté de savoir des sujets sociaux qu'ils ont niée, en occultant certains faits. Le 13 décembre 1989, soit une semaine après la tragédie, une soixantaine de femmes s'étaient réunies à l'Alliance française de Montréal pour organiser un comité de riposte aux crimes contre les femmes et surtout pour exiger une enquête publique sur la tragédie, suite à la décision du Coroner en chef du Québec, qui n'en envisageait pas la tenue. Alors que, la veille, on saura exactement quelles manifestations de solidarité et de soutien à la mémoire des disparues ont eu lieu, aussi bien au Québec, au Canada, aux États-Unis et en France[144], aucun des journaux étudiés ne fera mention de cette manifestation de femmes. Qui plus est, cette demande d'enquête publique, formulée par Monique Bosco, professeure au département d'Études françaises de l'Université de Montréal, et accompagnée d'une pétition, signée par une centaine de femmes, ne sera jamais publiée dans les journaux. Curieusement, il faudra attendre plus d'un mois avant que cette demande d'enquête publique refasse surface, sans plus de résultats d'ailleurs, même si cette fois-ci c'est un homme, Jean Larose, professeur à l'Université de Montréal, qui pourra se faire valoir de ce droit et de cette volonté de savoir. Il y a sûrement d'autres faits qui sont passés par l'entonnoir de l'encodage journalistique, mais le bénéfice du doute, en ce qui concerne le travail «objectif» des journalistes, ne peut plus être accordé aux médias. Voyons maintenant comment leur «mascarade» va être orchestrée.

### *Les manchettes: pathos et dysfonctionnalisation*

Tout ce qui n'est pas dans la lignée de la culture référentielle dominante n'est pas occulté d'entrée de jeu. Il y a également les «diagnostics pathologiques» que rend la presse sur les dimensions non concordantes de la réalité, et c'est ici que joue notamment la scientificité du travail journalistique. Conflits sociaux, mouvements

---

[144] On retrouve cette nouvelle dans les quatre quotidiens canadiens.

sociaux, remises en cause de l'ordre existant, attentats politiques, etc., sont classés dans la rubrique du dysfonctionnel, du pathologique social, du dangereux pour la sécurité publique, pour nos valeurs, notre identité, notre cohésion sociale. L'avantage de ce procédé de dysfonctionnalisation est d'intégrer au système de représentations dominantes les valeurs marginales et contestataires. Pour le fait divers, ces procédés seront simplement exagérés, amplifiés.

Examinons les manchettes de nos quotidiens, le lendemain de la tragédie. **7 décembre 1989 à la Une**[145]:

*La Presse*: «Un tireur fou abat quatorze femmes»
*Le Devoir*: «Un forcené tue 14 femmes à Polytechnique et se suicide»
*The Gazette*: «Campus massacre. Gunman kills 14 women before shooting himself»
*The Globe and Mail*: «Man in Montreal kills 14 women»
*Libération*: «Canada. Massacre mysogine à Montréal»
*Le Monde*: «Canada: dénonçant les *féministes*, un forcené tue quatorze étudiantes à l'université de Montréal"

Et, en prime, on aura droit en première page du quotidien *The Gazette* à la photo du cadavre d'une étudiante, affalée à une table de la cafétéria. Sensationnalisme et surtout «scoop»[146] oblige!

Mais revenons à ces premières manchettes qui sont symptomatiques de ce procédé de dysfonctionnalisation. Dans le travail journalistique, les titres ont une importance capitale, car ils permettent à la fois de formuler des jugements sur les nouvelles, tout en neutralisant l'engagement des journalistes, et surtout ils hypothèquent la lecture en balisant la voie à suivre. Ce sont des éléments de hiérarchisation des nouvelles, qui par leur formulation et leur grosseur[147] traduisent des choix rédactionnels, en donnant plus ou moins d'importance à un sujet, le mettant en vedette ou minimisant son impact.

En général, les titres ne rendent pas compte de la totalité du sens de l'article, car ils doivent surtout accrocher l'attention des lecteurs et

---

[145] La Une (la première page du journal) revêt une importance particulière, car ce sont les titres (les manchettes) sur cette page qui vont déterminer le contenu du journal et surtout accrocher les lecteurs pour vendre le produit.
[146] Le scoop est une nouvelle importante, donnée en exclusivité, qui surtout permet aux journaux de marquer leur soi-disant différence dans le traitement de l'événement.
[147] La grosseur du titre se définit à la fois par le type de caractère employé, son corps (sa hauteur), sa graisse (maigre ou gras), sa forme (romain ou italique) et sa justification (le nombre de colonnes qu'il utilise).

les encourager à continuer la lecture. Les premiers titres de l'événement seront tous placés en haut de page et sur le plus grand nombre de colonnes possible, selon le format du journal. Dans leur première formulation du titre, les deux quotidiens francophones montréalais vont orienter le sens de la nouvelle et lui donner sa première charge idéologique. Les deux quotidiens français feront la même chose, en reprenant sans doute les propos d'une agence de presse, avec en plus une superbe faute d'orthographe sur le mot misogyne pour *Libération*. Le tueur n'est pas seulement un homme, il devient «un tireur fou» (*La Presse*), «un forcené» (*Le Devoir*). La monstruosité de cet acte ne peut référer qu'au cas pathologique, qu'à l'anormal. C'est ce que reprendra *The Gazette*, en titrant sur le terme de «massacre». Le tueur devient ici «un gunman», ce qui, dans la langue anglaise, fait référence au crime (gangsters de Chicago par exemple) ou au terrorisme. Seul *The Globe and Mail* restera un peu plus laconique dans son titre, en parlant seulement d'un homme. Il n'est sans doute pas possible pour l'ordre social dominant qu'il en soit autrement. Il s'agit donc pour les médias d'intégrer au sein de leur information-fiction cette marginalité, même si elle peut paraître paradoxale.

Par exemple, **le 8 décembre**, on apprendra que ce tueur fou, ce forcené était «un garçon très intelligent, sans antécédents judiciaires ni psychiatriques, dont la vie est cependant marquée par la difficulté de trouver une amie de coeur» (*Le Devoir*, portrait réalisé par le responsable des affaires criminelles). En fait, ce concept de folie, voire de folie furieuse, deviendra tout au long de cette couverture de presse le vacuum, qui permettra d'une part de circonscrire le meurtrier dans le hors du commun et de l'exclure de la communauté dite normale, et, d'autre part d'isoler son geste, de le désigner comme exceptionnel et par là de nous rassurer. C'est ce que Marie-Andrée Bertrand[148] souligne, en qualifiant les explications données de: «*criminologie positiviste, opérant autour du paradigme de la personnalité criminelle et de la dangerosité sociale. Les protagonistes de ce genre de discours placent dans LE CRIMINEL et lui seul, pris individuellement, la source des crimes.*»

---

[148] M. A. Bertrand, «Analyse criminologique d'un meurtre commis dans l'enceinte de l'université et des interprétations que certains groupes choisissent d'en donner», *Sociologie et sociétés*, Montréal, Avril 1990, Vol. XXII, n° 1, p. 195.

## La narration: décoration et cloisonnement du fait

La narration est le style journalistique par excellence. Elle donne au discours médiatique son allure «scientifique», pouvant se suffire à elle-même et faisant ainsi l'économie d'un raisonnement véritablement logique. Elle devient un cadre de compréhension plus qu'un genre littéraire, même si elle en emprunte les modes de fonctionnement stylistiques. On entre ici au coeur de l'événement. Les médias vont commencer par nous raconter l'histoire, c'est-à-dire par remplir les cases des cinq W, surtout des quatre premiers. On saura tout sur le tueur. En voici quelques exemples: «Le tueur, Marc Lépine, avait rêvé d'étudier à Polytechnique», «Il avait les yeux rouges, son regard avait quelque chose de surprenant, dira un de ses professeurs au Cégep Saint-Laurent» (*Le Devoir*, 8 décembre, p.1 et 9 décembre p. A-3); «Le tueur avait trois obsessions: les femmes, la guerre et l'électronique» (*La Presse*, 8 décembre, p.1); «Killer's father beat him as a child» (*The Gazette*, 9 décembre, p.1); «His problem with women was that he had difficulty establishing relationships, police said. He was not known to have a girl friend, and lived with another man» (*The Globe and Mail*, 8 décembre, p.1), etc. Bien sûr, l'identité des victimes, avec photos, sera déclinée, avec en surplus les réactions à chaud de leurs proches, du genre «C'était notre bébé», «Je ferais ses examens, j'aurais son diplôme...» (*La Presse*, 8 décembre, p. A-2 et 9 décembre, p. A-11), etc. Les quotidiens montréalais insisteront évidemment sur le où, quand et comment le tueur s'y est pris pour accomplir son geste, avec même le nombre de balles qui sont sorties de son semi-automatique. *The Gazette* n'hésitera pas à accentuer ce goût particulier des médias pour les détails les plus scabreux: le 8 décembre, ce journal publiera non seulement une photo de l'intérieur de l'appartement du tueur (p. A-4), mais aussi les plans détaillés du lieu du drame et le parcours de la mort effectué par le meurtrier, dans le style d'un parcours fléché (p. A-5).

Après avoir séparé les hommes des femmes, il a fait sortir les hommes, harangué les femmes en les traitant de féministes, a tiré dans le «tas», a continué sa fusillade en descendant à la cafétéria, puis est remonté au deuxième étage pour finalement se suicider. Fin de la tragédie. Bilan: 14 mortes et 13 blessées. Une fois que les médias ont raconté cela, qu'ont-ils dit? Rien ou si peu, car la narration est un procédé particulièrement efficace en matière d'information médiatique. Elle permet de décrire sans avoir à expliquer, de créer une histoire, en occultant par exemple le contexte sociohistorique et politique dans lequel l'événement s'est produit. Les seuls éléments de contextualisation que les quotidiens considérés reproduiront seront une dépêche d'agence de presse, faisant une rétrospective, dans le temps et dans le monde, de ce type de forfaits sanglants («Aucun pays n'est épargné par ce genre de tuerie») et un semblant d'analogie avec l'action du caporal Lortie. En fait, il s'agit plus d'effets de style concourant à la dramatisation de l'événement, sorte de rétrospective pour notre mémoire, que d'éléments de contextualisation comme tels. Car la question de savoir pourquoi ce meurtre exclusif de femmes s'est passé ici au Québec et non pas ailleurs, ne sera pas évoquée par nos médias[149]. Elle sera même niée, refoulée, reléguée à un silence devenu intolérable. Pourtant, même si les réponses sont complexes et terrifiantes, la question reste cruellement ouverte, car cet événement n'a pas été juste le reflet de la guerre froide, larvée, entre les sexes. Il est aussi le constat d'une impossibilité de dire et d'organiser de nouveaux rapports entre les hommes et les femmes, autres que ceux de domination et de violence, même si la société québécoise se targue depuis la révolution tranquille, ou du moins certains groupes sociaux, d'avoir établi des rapports égalitaires, pacifistes et somme toute harmonieux entre les deux sexes. Cette question essentielle restera en suspens, car elle remettrait trop en cause l'ordre social dominant, les rapports de domination entre les sexes, ceux des sujets sociaux au politique, à la culture politique, etc.

## Le psychologisme anesthésiant des médias

Les médias vont, au contraire, continuer à narrer l'histoire, en accentuant leur stratégie de *psychologisme intensif*, que nous qualifions *d'anesthésiant*. Non satisfaits d'avoir personnifié l'événement par une foule de détails sur la vie et la personnalité du tueur, ils vont multiplier les facteurs du tragique de la situation, tout en tentant de nous rassurer sur la «folie» de ce geste, qui ne se reproduira plus. C'est à ce moment qu'entrent en scène *les experts* de tout acabit, car la scientificité du discours journalistique se doit de reposer, non pas seulement sur la parole des journalistes, mais aussi sur celle des représentants de nos différentes institutions sociales pour avoir plus de poids et surtout pour montrer comment notre société est cohérente, organisable de part en part.
Une large place sera faite tout d'abord aux psychologues, psychiatres et médecins, puisque nous sommes dans l'ordre du pathologique. Tous vont être d'accord pour nous expliquer qu'il s'agit

---

[149] *Vice Versa*, magazine transculturel montréalais, a tenté de susciter ce débat dans un dossier consacré aux rapports Hommes/femmes, Est/Ouest (n° 29, mai-juin 1990) et d'autres articles dans les numéros 28 (mars-avril 1990) et 30 (septembre-octobre 1990). On trouvera dans la bibliographie, un ensemble d'articles, qui proposait une réflexion pertinente sur cet événement.

d'un geste isolé, que les hommes ne doivent pas se sentir coupables, mais que les femmes ont raison d'avoir peur. Par exemple: «Ce n'est pas un phénomène social, mais un geste individuel accompli par une personne malade, soutient le directeur du Centre de recherche en psychiatrie de l'hôpital Louis Hippolyte Lafontaine», «Paradoxalement, le drame de l'École Polytechnique démontre dans une certaine mesure, que nous vivons, ici au Québec, dans une société non violente. (...)Chez nous, la violence brute fait partie du cinéma. Quand on y fait face, on ne réagit pas parce qu'on ne peut y croire, parce que cela ne fait pas partie de nos moeurs. (...)Il serait malheureux et tout à fait injustifié qu'on accuse les survivants, les garçons notamment, de n'avoir pas fait preuve de courage en s'en prenant directement à l'assassin» (*La Presse*, 8 décembre, p. A-4); «Le goût de la violence, l'agressivité ont des fondements biologiques. N'aime pas la violence qui veut. De nombreux *travaux scientifiques*[150] ont montré l'importance de la génétique, donc de la biochimie de nos cellules cérébrales et secondairement celles de nos glandes endocrines dans nos comportements. C'est indiscutable.» (*Le Devoir*, 12 décembre, p. 9, propos d'une pédiatre); «It's important to exorcise the fear. I would be worried if someone who saw what happened had no reaction at all, a psychology professor at the University of Montreal said. She predicted that many students, especially young women, will suffer from insomnia, nightmares and depression» (*The Globe and Mail*, 8 décembre, p. A-5); «L'expérience américaine enseigne que les victimes et témoins d'actes meurtriers doivent tenter le plus possible de retourner rapidement à leurs activités normales, 'dans la mesure où ils peuvent fonctionner» (*Le Devoir*, 11 décembre, p. 3, propos de trois experts américains à partir de leur expérience de traitement de victimes d'actes irrationnels, commis par des tueurs).

Viendra ensuite une panoplie de scientifiques tels des anthropologues, qui expliqueront que les meurtres de masse (mass murders) n'ont pas augmenté: «Mass murders not increasing. (...)Mass killers typically kill more men than women, but they usually kill without regard to gender» (*The Globe and Mail*, 8 décembre, p. A-4); des criminologues, qui s'attacheront à nous démontrer que le meurtre de l'École Polytechnique ne correspond pas à la tendance des crimes violents contre les femmes au Québec: «Slayings not part of trend, analysts say. (...)Women are no more victims today than in 1985» (*The Gazette*, 9 décembre, p. A-3); des juristes, qui demanderont des modifications du code criminel pour le contrôle des armes à feu: «L'accès aux armes sera plus difficile, le solliciteur général promet de

---

[150]Souligné par moi. Cette scientificité sera toujours mise de l'avant dans le discours des experts comme pour légitimer leurs points de vue.

modifier la loi fédérale dès le printemps 90», «La loi devra mieux assurer la protection du public, affirme le ministre fédéral de la justice.» (*La Presse*, 9 décembre, p. A-11). La liste de tous ces spécialistes en *istes* ou *logues* serait trop longue à énumérer, elle ira même jusqu'aux prêtres: «Les évêques espèrent une prise de conscience sur le phénomène de la violence» (*Le Devoir*, 9 décembre, p. A-3).

Il est intéressant de noter que certaines femmes, choisies avec le label *féministe*, auront droit de parole, surtout parce qu'elles agissent à titre d'expertes. Par exemple, la ministre déléguée à la Condition féminine «refusait d'associer ce geste à une réaction plus généralisée au mouvement féministe au Québec»; la présidente du Conseil du statut de la femme déclarera que «c'est un geste de fou. La psychologie d'un tueur isolé ne reflétera jamais la psychologie de toute une collectivité. (Elle admettait toutefois que) ce geste est le fruit d'une société où on apprend aux gens à réagir par la violence à leurs frustrations», la présidente du Regroupement provincial des maisons d'hébergement et de transition pour femmes victimes de violence conjugale dira que «ce geste dément est symptomatique d'un courant antiféministe de notre société», etc. (*La Presse*, 8 décembre, p. A-7). Mais les médias iront plus chercher leurs réactions à chaud face à l'événement qu'une véritable analyse féministe de la situation, car la parole des experts, tout comme celle des journalistes, doit rester dans le cadre du descriptif, du narratif et non de l'explicatif.

Après que l'ensemble de ces experts nous aura signifié la façon de comprendre ce qui s'est passé, sans laisser de place à la discordance ou à la remise en cause, les médias iront justement chercher l'interview choc, qui confirmera ces discours. **Le 9 décembre**, à la *Une* des quatre quotidiens montréalais, on saura qu'une des victimes a tenté de raisonner le tueur, en s'écriant: «nous ne sommes pas des féministes, seulement des femmes qui veulent gagner leur vie en génie». Elle a survécu à la tragédie et c'est sur son lit d'hôpital qu'elle dira aux jeunes hommes de ne pas avoir de sentiment de culpabilité. Elle lancera aussi un message d'encouragement aux jeunes femmes désireuses de poursuivre leurs études en génie. «Il ne faut pas se sentir coupable! Il y a un seul coupable et il est mort» (*La Presse*); «Don't have feelings of guilt, woman hurt in massacre urges her fellow students» (*The Globe and Mail*). Pourtant, il y a eu parfois interversion des rôles dans ce faisceau de discours. Comme le note fort judicieusement Marie-Andrée Bertrand[151]:

---

[151] M. A. Bertrand, *Idem*, pp. 195-196.

*La mascarade institutionnalisée* 213

«*Les représentants de la sécurité publique -et les autorités universitaires à certains égards- ont choisi de ne pas faire part à la population des constatations relevant vraiment de leur expertise: les premiers ont choisi de ne pas transmettre les informations découlant des analyses balistiques et criminalistes auxquelles la population avait droit; les seconds n'ont pas décrit les faits 'institutionnels' -les mesures habituelles de protection, la présence ou non de systèmes d'alarme, le nombre et la compétence de la 'sécurité interne' qu'il serait utile de connaître. (...)Les journalistes se transformaient en travailleurs sociaux, mal avisés croyons-nous, sans se soucier non plus, sauf exception, de communiquer clairement et complètement les faits en cause relevant de leur compétence:* qui *est décédé,* où, *instantanément? Combien de victimes sont mortes à l'hôpital? Combien sont mortes sur les lieux faute d'avoir été secourues, leurs blessures n'étant pas mortelles? (...) Au lieu de cela, les médias écrivent des 'histoires sociales' destinées à nous convaincre que plus jamais les faits se répéteront.*»

**Les parfaites pleureuses**

Cette stratégie de psychologisme intensif de la part de nos médias réduit l'indétermination du social et renforce une conception de la société cohérente. Le luxe de détails qui touchent au déroulement de l'action, à sa mise en scène, aux colorations morbides des personnages, n'est en fait que le paravent du silence qui couvre la raison sociale de ce geste tueur. Les médias vont alors entrer dans la deuxième phase de leur narration-fiction. Le scénario se poursuit, les nouvelles gonflent, s'étirent et se ressemblent. Après le choc, la colère, le pessimisme, vient le temps des pleurs, de la douleur, de la tristesse, de la fausse contrition de nos personnages politiques, de ces visages éplorés, meurtris, etc. À partir du **10 décembre** et pendant quelques jours encore, une semaine pour certains, les quatre quotidiens canadiens vont offrir une surenchère dans leur rôle de pleureuses. Qui n'aura pas été bouleversé par la prise de vue du père d'une des victimes, éclatant en sanglots devant le cercueil de sa fille, (11 décembre, *La Presse*, p.1, *Le Devoir*, p.3, *The Globe and Mail*, p.1), ou la photo du maire de Montréal, essuyant une larme au coin de l'oeil (8 décembre, *La Presse*, p. A-3 et *The Gazette*, p. A-3)? Personnalisation à outrance qui frise de très près le voyeurisme et le manque de respect face à la douleur et au deuil. La gent politique québécoise et canadienne sera alors largement sollicitée, non pas pour réfléchir aux mesures à prendre pour contrer les différentes formes de violence que subissent les femmes dans nos sociétés, mais plutôt pour accentuer le dramatique de la situation. Les manchettes seront à l'image de cette surdramatisation de l'événement, avec des envolées particulièrement lyriques à partir de l'enterrement des victimes. «Ultime adieu en silence», «Engelure d'âme» *(Le Devoir,* 12 décembre, p. 1); «Des adieux émouvants et grandioses», «Une cérémonie empreinte de foi et de sympathie» *(La Presse,* 12 décembre, p. 1 et A-3); «Thousands of mourners wait in silence to pay final respects to slain women», «3, 500 friends, relatives bid a tearful farewell to murdered students» *(The Globe and Mail,* 11 décembre, p. 1 et 10, 12 décembre, p. 1 et A-2); «Some bring flowers while others bring only their sorrow» *(The Gazette,* 11 décembre, p. 1 et A-2). Ensuite, le silence. Les médias ont terminé leur travail de couverture, il n'y a plus rien de spectaculaire à montrer. L'histoire se termine comme elle a commencé, par un emballage vide de sens.

Luxe de détails, multiplication des facteurs de dramatisation, psychologisme intensif, non intervention explicite des journalistes sur les raisons sociales et politiques d'un tel geste, voilà comment a fonctionné la narration journalistique. Mais ce mode de fonctionnement stylistique n'a plus rien à voir avec la fonction d'informer des médias. Car, premièrement, le fait n'est pas relaté et mis en connexion pour produire du sens, il est décoré. Le langage est alors utilisé comme un isoloir qui enferme le fait sur lui-même. Deuxièmement, les journalistes doivent *faire des événements* comme une peinture, de préférence statique. Seule l'apparence ou l'habillage compte, car ces médiateurs doivent décrire d'une certaine manière, rassembler les choses et les êtres pour les ordonner selon des modèles de visibilité et non pas selon des systèmes d'explication. Par leurs découpages descriptifs, les médias finissent par conditionner nos réflexes pour l'explication du fait et reproduisent ainsi l'idéologie dominante, dans la mesure où leur peinture ne reste qu'un écran, empêchant toute production de connaissance et donc de remise en cause. Pour ce faire, il me paraît important de souligner quelques autres procédés mis en oeuvre par nos journaux, qui confirment ce travail idéologique des médias.

## *La citation: pincette et camouflage*

Dans l'écriture de presse, la citation est un instrument capital de signification, parce qu'elle permet de donner la parole, de la camoufler, de la tenir à distance. Surtout, cette technique journalistique déjoue constamment les tentatives d'assignation claire des énoncés et déresponsabilise, à mon avis, les journalistes. Yves De

La Haye[152], dans son franc-parler habituel, nous suggère quatre usages sociaux de la citation:

*La citation reprise.* C'est celle qui se présente sans guillemets, qui fonctionne plus aux dires qu'aux faits, aux discours plus qu'à l'enquête. C'est le cas des milliers de petites informations insérées dans notre histoire qui permettent aux journalistes de reprendre à leur compte les opinions d'autrui, comme par exemple: «The author of the Montreal massacre used a semi-automatic rifle, but that is only one deadly part of the arsenal turned daily against women» (*The Globe and Mail*, 8 décembre, p. A-6).

*La citation pincette.* Par opposition à la précédente, celle-ci définit les plus grands décalages entre l'émetteur citant et l'émetteur cité. Elle correspond en fait aux communiqués de presse, qui construit entre les deux émetteurs un écran de protection et délimite sans équivoque l'en-dehors. C'est en général ce genre de citation qu'on retrouve dans les chroniques «en bref» des journaux. Dans cette couverture de presse, ce sont surtout les journaux francophones qui vont l'utiliser. Par exemple: «Quelques places pour le public? - Il n'y aura peut-être que très peu de places pour le grand public ce matin lors des funérailles, à l'église Notre-Dame. Sans compter les membres des familles, les étudiants de Polytechnique et d'autres universitaires, il y aura afflux de représentants des médias lors de la messe célébrée par l'archevêque de Montréal, le cardinal Paul Grégoire» (*La Presse*, 11 décembre, p. B-1).

*La citation camouflage.* C'est la citation par excellence, entre guillemets, la plus courante. Elle sert en réalité, par personnes et institutions interposées, à garantir l'idéologie de l'objectivité par la distance prise avec les opinions diverses. Elle permet aussi de mettre en valeur l'opinion d'autrui, tout en laissant aux journalistes la possibilité de se rétracter. Ce n'est pas moi qui le dis, c'est vous! Par exemple: «La réaction du public est plus forte que ce à quoi l'on s'attendait. Cela a un impact sur les relations de couple, dans la famille. C'est un événement qui marque profondément notre société» (*Le Devoir*, 12 décembre, p. 10, propos du porte-parole des CLSC, Centres locaux de santé communautaire).

*La citation tronquée.* Cette forme de citation est particulièrement répandue. Toute citation peut être tronquée, dans la mesure elle constitue une partie d'un tout qui n'est pas intégralement retransmis. Mais dans la pratique journalistique, elle consiste le plus souvent à extraire une partie d'un texte sans faire état des conditions de sa production. Ce sont surtout les experts qui en feront les frais, car les journalistes prennent rarement le temps de se faire expliquer certains

---

[152] Y. De La Haye, *Ibid.*, pp. 94-96.

concepts, qui dans un autre contexte pourraient signifier autre chose. Cet extrait d'énoncés permet de faire dire n'importe quoi à n'importe qui ou d'accentuer les contradictions et ambiguïtés d'un énoncé. La réaction de la présidente du Conseil du statut de la femme, qui explique d'un côté que c'est un geste de fou mais de l'autre que c'est la société qui encourage ce genre de drame, car «la conquête de l'autonomie pour la femme est trop difficile pour qu'on se permette d'être autonomes et d'être femmes» (*La Presse*, 8 décembre, p. A-7), en est un bon exemple.

## Le fait romancé

Il ne s'agit ni plus ni moins que de romancer la vie sociale et politique, pour en réduire encore une fois les enjeux. L'activité journalistique consiste à déplacer certaines expériences sociales en dehors de leur contexte véritablement politique et social, soit dans le domaine de la fable, du conte ou de la fantasmagorie. On pourrait citer tous les journaux «d'actualité en images», comme *Paris-Match*, mais les journaux dits sérieux ne sont pas exempts de l'emploi de ce procédé. Dans notre événement, c'est toute la façon dont les journaux étudiés ont raconté ce drame. Ils y ont campé les personnages (le tueur, les victimes, leurs proches), ont photographié sous toutes les coutures les lieux du drame (l'École Polytechnique et l'Université de Montréal), de l'après-drame (la basilique Notre-Dame), les personnages connexes (les politiciens, les experts, etc.) pour finalement nous donner une mauvaise interprétation d'un conte pour enfants, de préférence sanguinaire et horrible. Dans ce processus, interviennent aussi les fausses nouvelles, comme cette dépêche de la *Presse Canadienne*: «la tragédie de l'École Polytechnique a soulevé beaucoup d'émotions en France où les médias ont largement rapporté et commenté le drame» (*Le Devoir*, 9 décembre, p. A-3). Bilan provisoire dans deux journaux français: un article avec photo dans *Libération* et deux petites capsules, avec signature de correspondante tout de même, dans *Le Monde*. Pour ces deux quotidiens, le fait ne se rendra jamais au stade d'événement, encore moins d'analyse, mais l'importance de la couverture que d'autres médias rendent du fait permet d'auto-justifier la *mascarade* au Québec et au Canada.

On pourrait insérer dans cette affabulation une fonction particulière de l'écriture de presse, qui se rapporte à la dissertation et qui permet de mettre en valeur les ressources linguistiques du disserteur, sans pour autant nous informer davantage. C'est ce que Yves De La Haye[153] appelle *la fonction paonique*. Par exemple: «En

---

[153] Y. De La Haye, *Ibid.*, pp. 112-113.

moins de dix minutes, un bras armé au bout d'un cerveau détraqué a mis un absurde point final à quatorze vies humaines» (*Le Devoir*, 8 décembre, p. 8). C'était le début d'un éditorial qui nous demandait de «partager la douleur et la détresse des parents et amis des victimes, dans le silence et dans le plus grand respect». Mais cet éditorialiste conserve tout de même le droit de parler...

## La répétition: banalisation du fait

C'est un procédé très efficace pour maintenir l'ordre social dominant et surtout pour faire croire que nous avons été informés. Directement liée à la dimension temporelle et à la fonction phatique des médias -fonction qui consiste à lier les individus entre eux, ou du moins à leur donner le sentiment d'être liés- la répétition apporte aux lecteurs le connu, le déjà vu, le coutumier. Elle crée l'identité et le lien social des individus par rapport à leur société. En fait, elle répète des simulacres à longueur de pages, tout en donnant l'impression que nous savons tous et toutes les mêmes choses. La tragédie de l'École Polytechnique de Montréal, si elle s'est vu accorder le statut d'événement par les quatre quotidiens canadiens, n'aura pas droit à la même couverture dans le temps. *La Presse* y consacrera deux semaines du 7 au 21 décembre 1989 et un rappel le 24 janvier 1990 avec la lettre sur l'enquête publique; *Le Devoir* en parlera du 7 au 20 décembre 1989 et se fera un plaisir de commémorer l'événement avec une pseudo-enquête à la *Une* le 6 janvier 1990: «Un mois après le drame de Poly, les clubs vidéo ne louent pas moins de films violents» (pp. 1 et 8); *The Gazette* décrira la tragédie du 7 au 11 décembre 1989 mais n'en sera pas moins loquace, comme on va le voir; enfin *The Globe and Mail* restera dans les limites d'une couverture normale, soit du 7 au 12 décembre 1989. Durant ces cinq jours et plus, on aura droit aux mêmes reportages, aux mêmes photos, aux mêmes interviews d'experts ou de parents proches des victimes, au même crescendo dans la description de l'acte criminel[154] et aux mêmes non-réponses en ce qui concerne notre question de départ.

## La contamination de la mise en page

De plus, ce travail idéologique ne se fait pas seulement au niveau du contenu, mais aussi au niveau de la mise en scène de ce contenu, ce qu'on appelle habituellement la mise en page proprement dite. Celle-ci

---

[154] Le tueur commence par tuer, puis tirer à l'aveuglette, pour ensuite tirer de sang-froid et enfin assassiner, voire massacrer et se livrer à un véritable carnage.

218   *La mascarade institutionnalisée*

n'est sûrement pas neutre, au contraire elle utilise bien souvent le procédé de *la contamination*. On dispose sur une même page des unités informatives différentes mais qui permettent l'amalgame. L'éclatement de l'événement en plusieurs rubriques indique la position du journal par rapport à ce découpage. Comment par exemple pourrait-on expliquer les messages de condoléances des universités du Québec, Lavalin, Hydro-Québec, Gaz métropolitain, qui sont en fait des publicités, très payantes d'ailleurs?[155]

*La couverture de presse dans son ensemble: la sur-information sous-informante*

Cette antinomie résume bien le travail idéologique des médias. Ce procédé consiste à noyer l'information qui pourrait être significative dans un raz-de-marée d'informations plus banales et somme toute insignifiantes. Des 318 articles recensés pour cette couverture de presse, un nombre infime (à peine 6%) sera consacré à l'analyse de l'événement ou à des tentatives de réponses au pourquoi d'un tel drame sociopolitique, comme le montre la compilation des articles par journaux et par genre journalistique (voir tableau page suivante). Et, ce n'est pas vraiment dans les éditoriaux ou les chroniques régulières de ces journaux (à peu près 12% des articles), où les journalistes ont démontré leur capacité à rester à l'intérieur de la ligne du journal, qu'on trouvera ces analyses. Les esquisses d'explications ou d'interrogations sur la misogynie de notre société patriarcale, les rapports de domination entre les sexes, la violence quotidienne à l'égard des femmes, seront à découvrir dans les tribunes «libres».

*Les tribunes «libres»: lieu d'un débat d'information critique*

Il s'agit des pages «Des idées, des événements» (*Le Devoir*), «Plus» (*La Presse* du samedi), «Entre nous»(*The Gazette*) et «Focus» (*The Globe and Mail*). En fait, ces pages ont une fonction bien particulière pour les médias. Elles sont en général réservées aux commentaires et analyses sur un fait ou une situation. Elles restent sous la responsabilité de la rédaction, le plus souvent de certains

---

[155] *Le Devoir* a publié pendant sa couverture de l'événement neuf publicités des différentes universités du Québec et a réservé ses demi-pages pour les autres commanditaires. *La Presse* s'est contenté d'un quart de page pour Lavalin. A titre informatif, les prix de base d'une demi-page de publicité sont dans *Le Devoir*: 2 100$ (10 500 FF); dans *La Presse*: de 3 980$ à 5 235$ (19 900 FF à 26 175 FF) selon le jour de publication.

## Couverture de presse de la tragédie à l'École Polytechnique de montréal - 6 décembre 1989

| Articles[1] Illustrations[2] | Reportages (R) | Éditoriaux (E) | (B/C) | Brèves (B) | Lettres (L/T) | Opinions (O) | Total (A) | Illustrations (P) | (CA) | (D) | Total (I) |
|---|---|---|---|---|---|---|---|---|---|---|---|
| **Journaux** | | | | | | | | | | | |
| LA PRESSE | 82 | 4 | 10 | 16 | 26 | 5 | 143 | 103 | 3 | 3 | 109 |
| LE DEVOIR | 31 | 2 | 4 | 14 | 9 | 7 | 67 | 23 | 1 | / | 24 |
| THE GAZETTE | 54 | 2 | 14 | 1 | 4 | 3 | 78 | 40 | 1 | 5 | 46 |
| THE GLOBE AND MAIL | 20 | 1 | 1 | / | / | 4 | 26 | 29 | / | / | 29 |
| LIBÉRATION | 1 | / | / | 1 | / | / | 2 | 1 | / | / | 1 |
| LE MONDE | 2 | / | / | / | / | / | 2 | / | / | / | 0 |
| TOTAL | 190 | 9 | 29 | 32 | 39 | 19 | 318 | 196 | 5 | 8 | 209 |

Source: Tableau établi à partir de la lecture des journaux.

[1] Types d'articles:  R = reportage, compte-rendus, dépêches d'agence, documents
E = éditorial
B/C = billet ou chronique régulière
B = Brèves, communiqués de presse, renseignements pratiques
L = lettres (courrier du lecteur), témoignages
O = opinions, commentaires, analyses, critiques

[2] Types d'illustrations: P = photos
CA = caricatures
D = dessins, croquis, plans

éditorialistes, qui effectuent bien sûr une première sélection à la source (l'encodage).

Parfois, elles sont le fruit des réflexions d'une même personne, qui de semaine en semaine commente certains faits, dits d'actualité. Mais cette personne, en général journaliste, n'a pas acquis le statut de chroniqueur régulier, même si elle en a l'apparence. Son statut est encore celui de pigiste régulier, c'est-à-dire faisant partie du système hiérarchique du média, mais n'ayant pas les avantages d'un chroniqueur régulier. Sa marge de manoeuvre quant aux prises de position marquées est limitée, son statut précaire, même si la censure (coupure d'un texte, mesures d'intimidation de la part de la direction, etc.) est assez exceptionnelle. Elle ne fait que planer au-dessus de sa tête et inconsciemment sans doute dans la production de textes. Mais ce genre de pigistes réguliers est un peu le cas d'exception qui confirme la règle. En général, quelles sont les personnes qui écrivent dans ces pages? Le plus souvent des journalistes indépendants, non réguliers cette fois et une nouvelle série d'experts (professeurs d'universités, écrivains, spécialistes de certaines questions, représentants de certains groupes sociaux, qui autrement ont du mal à susciter des reportages des journalistes, comme les groupes écologiques, féministes, de solidarité, etc.). L'ensemble de ces collaborateurs pourrait appartenir à ce que Paul Beaud[156] appelle avec Sartre les «techniciens du savoir pratique» ou la «New Class».

Une fois qu'on sait qui peut écrire dans ces pages, il n'est pas difficile de voir quelle fonction cette tribune libre assure. Elle sert en fait de paravent et de justification à la rédaction, en lui permettant de se dégager de sa responsabilité vis-à-vis du contenu, et surtout des controverses ou ambiguïtés qu'il pourrait contenir. Pourtant, c'est dans ces pages qu'on essaiera de comprendre ce qui s'est passé, de s'interroger sur la portée sociale et politique d'un tel drame, d'exiger un véritable débat public. «Nous vivons dans une société malade, nous n'avons plus de tripes qui se nouent devant l'horreur», «Les femmes aux têtes amputées», «Les 'hommes' sont tous coupables» (*Le Devoir*, 12 décembre, p. 9), «Comportements et biologie. Non, la violence n'est pas innée! Elle a des causes sociales» (*Le Devoir*, 16 décembre, p. 9), «L'éloge de la violence. L'incitation vient d'en haut» (*Le Devoir*, 20 décembre, p. 9); «Crime masculin isolé?» (*La Presse*, 8 décembre, p. B-3), «On achève bien les chevaux, n'est-ce-pas?» (*La Presse*, 9 décembre, p. B-3), «Le respect dû aux femmes», «Post-mortem» (*La Presse*, 16 décembre, p. B-3), «Pour une enquête publique sur Polytechnique» (*La Presse*, 24 janvier, p. B-3); «Why?» (*The Gazette*, 10 décembre, pp. D et D-2, cet article reprend une table ronde qui a eu lieu au programme Morningside de CBC Radio), «The system let me down when I said 'no more' to violence» (*The Gazette*, p. D-2), «Hunting Humans» (*The Gazette*, 10 décembre, p. D-3); «Speaking about the unspeakable», «A time for grief and pain» (*The Globe and Mail*, 8 décembre, p. A-7), «Our daughters, ourselves» (*The Globe and Mail*, 9 décembre, pp. D-1 et D-8), «Men cannot know the feelings of fear» (*The Globe and Mail*, 12 décembre, p. A-7).

Isolés comme tels, ces articles ont de l'importance, mais dans le flot des reportages et comptes-rendus des médias, ils ont fini par être dilués. La pertinence de ces réflexions sur la violence de nos sociétés, les rapports de sexe, la haine envers les femmes qui osent être fières, a été anéantie par cette sur-information sous-informante des médias. Qui se souviendra, par exemple, dans ce flot de reportages de cette petite phrase: «Le gouvernement Mulroney a réduit de 15% les sommes

---

[156] P. Beaud, *La société de connivence. Media, médiations et classes sociales*, Aubier (Res Babel), Paris, 1984. Dans cet ouvrage remarquable, il explique notamment comment les nouveaux intellectuels (journalistes, cadres, chercheurs scientifiques) ont envahi la sphère des médias pour diffuser leur information, et par conséquent leurs représentations sociales.

## La mascarade institutionnalisée

prévues pour les programmes destinés à contrer la violence faite aux femmes et il dépense actuellement en moyenne 10$ par femme battue» (*Le Devoir*, 9 décembre, p. A-3)?

Sur-information sous-information, voilà comment on peut définir le travail social des médias dominants, majoritaires. Peuvent-ils ou veulent-ils faire autre chose que nous ne les croyons plus. D'autant que la parole des minoritaires, que, parfois, ils utilisent, ils vont la détourner de telle manière qu'elle sera discréditée et pratiquement délégitimée. C'est que nous allons voir dans le chapitre suivant.

# 9

# L'art de la récupération des médias

Face à un drame social et politique, les médias refusent, comme on vient de le voir, d'engager le débat public et critique auquel nous aurions dû avoir droit, c'est-à-dire d'assumer leur responsabilité sociale. Ils ne font que «couvrir» l'événement. Mais, s'ils camouflent, ornent ou manipulent ces fragments de réel qu'ils sont censés dévoiler, ils vont encore plus loin. Ils agissent, à mon avis, comme instruments de dénigrement du féminisme, en récupérant pour l'annuler la parole autonome des femmes. Si ce dernier point est particulièrement difficile à prouver, parce que le concept de récupération ne veut pas dire la même chose dans la bouche de ceux qui informent et de celles qui sont informées, il n'en reste pas moins essentiel, car c'est à partir de cette constatation qu'on peut mieux comprendre la nécessité d'avoir des presses féministes.

Il est d'autant plus important de comprendre pourquoi s'effectue cette récupération d'une parole *autonome* et *indépendante* des milieux bien-pensants que ce procédé médiatique qu'on va décrire dans ce chapitre pourrait s'appliquer à tous les minoritaires. La force des médias majoritaires est justement de ne pas dire ce que d'autres aimeraient entendre. Bien souvent, dans les salles de nouvelles, on entend le rédacteur en chef souligner que «ce reportage est peut-être d'actualité, mais il n'intéresse pas les lecteurs». Même si aucun journaliste ne sait vraiment à quel lecteur il se réfère. Ne sont-ils pas eux-mêmes et d'abord des lecteurs? Ou bien on entend aussi des phrases comme celles-ci: «la vérification de ce que vous avancez demande beaucoup trop de temps... et moi, je dois publier tout de suite». Ces remarques anodines sont en fait très significatives du procédé particulier qu'utilisent les médias dominants, à savoir le fait de rejeter la faute sur *vous, minoritaire, femme* de surcroît. Vouloir dénoncer des dysfonctionnements dans la société et mettre à nu les rapports sociaux de domination dans lesquels les minoritaires se retrouvent n'entrent pas, tout simplement, dans la pratique journalistique.

Il ne paraît pas utile de s'appesantir sur les images fondamentales utilisées par les médias pour dépeindre les femmes. Elles sont suffisamment connues. La sous-représentation des femmes, leur portrait comme mère, épouse, objet sexuel, belle fille séduisante, qui a depuis la dernière décennie évolué en la Superwoman, libérée, mais néanmoins très féminine, sont autant de phénomènes sur lesquels on dispose maintenant assez de données[157]. Ce qui m'intéresse plutôt, c'est de voir comment les médias joue un rôle capital du point de vue idéologique, dans la mesure où leurs pratiques et leurs produits contribuent à engendrer l'inégalité structurelle des femmes dans nos sociétés en même temps qu'ils la confirment.

C'est donc l'utilisation de l'imagerie culturelle des femmes en tant que groupe social à des fins idéologiques et aussi économiques qui me préoccupe. Il ne suffit pas de dire que certaines images de femmes médiatisées peuvent infléchir les perceptions et les comportements des hommes et des femmes dans leurs rapports mutuels, il faut aussi voir que ces images, en tant que constructions

---

[157] Une chercheure britannique, Margaret Gallagher a fait le tour du monde sur les questions de l'image et de la participation des femmes dans les médias, dans le cadre d'un programme d'action et de recherche de l'Unesco sur les femmes et la communication, programme qui s'est déroulé en deux étapes, la première jusqu'en 1980 et la deuxième de 1980 à 1985. Le rapport final de l'Unesco intitulé *la communication au service des femmes*, publié en 1985, fait état de 700 entrées (travaux de recherche et publications) sur ce sujet. Les principales conclusions de cette étude mondiale unique ne sont guère encourageantes pour les femmes: d'une part l'image des femmes que présentent les médias est constante, dans le meilleur des cas c'est une image étroite, dans le pire des cas, une image irréaliste, dégradante et avilissante et d'autre part toutes les études montrent que les médias présentent le sexe féminin dans un rôle de subordination. Ensuite, en ce qui concerne l'emploi des femmes dans les moyens de communication, il existe une grave sous-représentation des femmes aux échelons supérieurs de toutes les entreprises de médias, elles sont écartées dans des proportions anormales des postes clés en matière de décision et dans l'ensemble elles sont moins payées que leurs collègues masculins. Je voudrais également souligner les récentes recherches (1984 et 1986) effectuées par *Évaluation-Médias* sur les stéréotypes sexistes divulgués dans les médias au Canada qui confirment ces images de femmes.

sociales et culturelles, peuvent être utilisées dans l'élaboration d'images sociales plus générales, et en particulier de celles des féministes. Les données que Margaret Gallagher[158] a recueillies et analysées tendent à prouver que les médias jouent plutôt un rôle conservateur dans la socialisation, en renforçant les valeurs et les croyances traditionnelles, qu'ils ignorent les tendances nouvelles tant qu'elles ne sont pas solidement établies et surtout qu'ils remplissent ainsi une fonction de consolidation plutôt que de transformation dans la culture. Elle ajoute même que: *«Les médias n'auraient pas seulement un rôle neutre, voire conservateur, ils constitueraient une force réactionnaire entravant les progrès de l'égalité des sexes»* [159].

Ce n'est donc pas seulement ce que disent les médias, ou leur façon de le dire, qui favorise une perception stéréotypée, limitée et faussée des femmes, c'est aussi ce qu'ils ne disent pas. Des études effectuées dans l'ensemble des régions du monde ont depuis longtemps montré la sous-représentation de femmes en tant que responsables du choix des informations diffusées et en tant qu'objets de l'actualité, comme par exemple l'étude de Tina Penolidis[160] dans dix pays d'Europe. De l'Inde aux Caraïbes, en passant par les Pays-Bas, et même la Suède, la Norvège et la Finlande[161], pays souvent considérés comme d'avant-garde en matière d'égalité entre les sexes, l'exclusion des femmes du monde de «l'actualité» est un phénomène universel. Au Canada, une étude[162], menée sur les stéréotypes sexuels dans les médias de radiodiffusion pour le compte du CRTC (Conseil de la

---

[158] M. Gallagher, «Les femmes et les industries culturelles, *Les industries culturelles, un enjeu pour l'avenir*, rapport de l'Unesco, Paris, 1982, p. 71.
[159] M. Gallagher, *Idem*, p. 72.
[160] T. Penolidis, *Place et rôle de la femme dans les journaux télévisés*, Commission des communautés européennes, Bruxelles, 1984. Étude citée dans le rapport de l'Unesco sur *la commission au service des femmes*, Unesco, Paris, 1985.
[161] Il s'agit des pays où des études plus récentes ont été réalisées sur la question de la femme en tant qu'objet d'actualité.
[162] Cette information est mentionnée dans L. Noël, *l'intolérance. Pour une problématique générale*, Boréal, Montréal, 1989, p. 39. Elle est confirmée par C. Beauchamp, *Le silence des médias*, Remue-Ménage, Montréal, 1987, pp. 181-182, qui précise: *«Au journal télévisé, 88% des spécialistes, 83% des témoins et 70% des gens interviewés dans la rue sont des hommes. A la radio, aux bulletins de nouvelles comme aux autres émissions d'information, c'est du pareil au même».*

radiodiffusion et des télécommunications canadiennes), révèle que les femmes ne font partie que de 21% des personnes interviewées aux nouvelles télévisées et qu'elles le sont à titre de non-spécialistes. Comme le précise Lise Noël[163] à propos des médias aux États-Unis:

> «*L'information est contrôlée par des hommes blancs, anglo-saxons et protestants, issus des classes moyennes et supérieures. (...)La majeure partie de l'attention des médias écrits et audiovisuels va d'ailleurs aux personnes connues, les dominés n'en recevant une fraction que lorsqu'ils se font remarquer par un comportement 'négatif' tel que grèves, manifestations, émeutes ou crimes. (...)À travers le contenu du savoir et la transmission de l'information, le dominant impose donc une image privilégiée de lui-même. Privilégiée parce qu'elle est présentée comme supérieure, mais aussi parce qu'elle est celle qu'on invoque le plus souvent. Ainsi l'opprimé fait-il le plus souvent figure de 'problème', sur lequel se pencheront les disciplines scientifiques spécialistes de l'Homme et dont les médias révéleront à l'occasion les manifestations négatives. (...)À plus forte raison, toute prétention de sa part (le dominé) d'étudier le dominant en l'appréhendant dans sa 'condition' d'oppresseur sera contestée comme peu objective.*»

## Boycott par les médias d'une vision féministe

Ces remarques fort pertinentes sur les relations entre dominants et dominés me semblent être une des caractéristiques des rapports entre les médias et les femmes, en particulier avec les féministes. Mais il est particulièrement difficile de trouver dans les faits une preuve irréfutable que les médias offrent des images différentes des femmes, quand celles-ci sont produites par des femmes[164]. Il ne suffit donc pas de faciliter l'accès des femmes à l'emploi dans les médias, il faut aussi essayer de faire évoluer l'idée que la femme a d'elle-même et surtout de mettre au point des mesures et des

---

[163] L. Noël, *Idem*, pp. 39-40.
[164] C'est du moins la conclusion avancée dans le rapport: *La communication au service des femmes*, Unesco, Paris, 1985, p. 35. Des recherches menées en Angleterre, aux États-Unis et au Danemark, concluent qu'«*une multitude de facteurs institutionnels, structurels, sociaux et professionnels, conspirent à faire en sorte que la plupart des femmes journalistes, tout comme la plupart de leurs confrères masculins, se conformeraient au même schéma idéologique.*»

stratégies pour lutter contre un système de valeurs culturelles qui maintiennent les femmes en position d'infériorité, de domination et qui souvent les empêchent de prendre conscience de leur condition. C'est ce à quoi va s'engager le féminisme de par le monde et ce en quoi il sera boycotté par les médias. Car, les initiatives positives ou compensatoires, adoptées par certains organes de communication, comme la *CBC* (radio et télévision) au Canada, n'aura pas donné les résultats escomptés[165].

Il y a beaucoup de données d'observation qui prouvent que, dans toutes les parties du monde, les médias sous-estiment l'importance numérique des femmes en proportion de la population totale et de ses activités. En revanche, il n'est pas facile d'établir que les médias représentent mal ou faussement la majorité d'entre elles. En 1979, Mieke Ceulemans et Guido Fauconnier[166] ont montré, à propos de la couverture par la presse du mouvement de libération des femmes, la première en 1970 aux États-Unis et en Angleterre, la deuxième en Angleterre en 1977, que:

*«Les articles de la presse sur le mouvement de libération de la femme reflètent une vision peu flatteuse et stéréotypée qu'en a une opinion mal informée. La description de groupes féministes et de leurs activités est partiale. Par exemple, les photos de femmes opposées au mouvement de libération sont généralement flatteuses, alors que les dirigeantes féministes ont généralement l'air désagréables et agressives. Ce type de manipulation renforce le stéréotype par la presse quotidienne: la femme est jugée sur son aspect extérieur et non sur ses actions.»*

---

[165] Voir à ce propos les maigres résultats obtenus par le Bureau de l'égalité des chances, mis en place en 1975 par la *CBC* (Canadian Broadcasting Corporation), cités dans le rapport de l'Unesco, Paris, 1985, p. 46. Colette Beauchamp (*Idem*, pp. 224-231) souligne également la détérioration de la situation pour les médias francophones. À la télévision du réseau français de *Radio-Canada*, il y avait, en 1980-81, 3 femmes sur 7 animateurs, en 1984, il n'en restait que 2 sur 11; À la salle des nouvelles pour la radio et la télévision du réseau français à Montréal, il y avait en 1985-86, 27 femmes journalistes sur 118. À *La Presse*, en 1986, on retrouvait seulement 19 femmes sur 184 journalistes, au *Devoir*, 6 sur 31; etc.
[166] M. Ceulemans et G. Fauconnier, «Image, rôle et conditions sociales de la femme dans les médias», *L'image de la femme dans les médias*, Unesco, Paris, 1979, n° 84, p. 43.

D'autres études, comme celles de Colette Beauchamp[167] ou du Women's Studies Program and Policy Centre de l'Université George Washington aux États-Unis[168], appuient, de façon remarquable, cette hypothèse que les médias dénigrent, méprisent et en fin de compte boycottent les idées féministes dans notre société et surtout donnent une image négative et stéréotypée des féministes. Est-ce parce que la pensée féministe est dérangeante? Est-ce parce qu'elle refuse d'occulter les rapports sociaux de sexe dans son analyse de l'actualité journalistique? Est-ce parce qu'elle désire lever les tabous d'événements traumatisants pour la société, en commençant par le rendre visible et lisible? La lecture de la tragédie de l'École Polytechnique faite par les médias dominants offre, à mon avis, une démonstration à contrario de l'impasse stratégique dans laquelle sont conduites les presses minoritaires, alternatives, comme les presses féministes françaises et québécoises. Il semble exister une grande cohésion entre un système médiatique et un système sociétal qui masque les analyses féministes des rapports de domination entre les sexes dans notre société. Le travail social des médias devient un travail de reproduction idéologique qui non seulement n'informe pas mais encore nie aux contestataires l'accès à une information «avec» la communication.

## Le dénigrement d'une parole autonome de femmes

J'aimerais, pour conclure, voir ce qui s'est passé plus précisément avec la tragédie de l'École Polytechnique du 6 décembre 1989. Les médias ont-ils fait preuve, une fois de plus, d'anti-féminisme? Quelques indices dans leur traitement de l'événement semblent aller dans ce sens, même si le langage des médias à l'égard des féministes se veut plus subtil et moins dénigrant qu'il pouvait l'être au début des années 70 et 80. On a vu comment ils ont orchestré leur «mascarade», en donnant une place anormalement élevée au discours psychologique, ce qui leur permettait d'occulter la signification sociale et politique d'un tel geste. Mais ils ont fait plus: ils ont réussi à évacuer de leur mise en scène l'expertise féministe en matière de violence masculine, tout en accusant les féministes de récupérer l'événement. Voilà par exemple les propos d'une chroniqueure régulière du *Devoir* sur ce que les

---

[167] C. Beauchamp, *Ibid.*, pp. 207-211.
[168] Étude citée dans le rapport de l'Unesco sur *la communication au service des femmes*, Paris, 1985, p. 37.

médias entendent par récupération: «Je me demande aujourd'hui, alors que les regroupements de femmes enfoncent le clou à coups de communiqués sur la violence faite aux femmes, alors que les journalistes du sexe fort haussent les épaules en n'y voyant que le geste isolé d'un détraqué, je me demande si effectivement il n'y a pas la guerre, une guerre larvée» (9 décembre, p. C-12) et «Je pense à Marc Lépine pour ne pas entendre le concert récupérateur des discours qui mêlent tout: Rambo, la télévision, la violence faite aux femmes, la pornographie, l'avortement et l'étalage des armes à feu dans les vitrines» (16 décembre, p. C-12). En fait, les médias ont reproché aux féministes d'avoir pris la parole, en tenant un discours discordant à celui qu'ils ont tenu pendant cette couverture.

Mais qu'entend-on par récupération? Dans l'argumentation politique, il s'agit de détourner de son sens et d'annexer quelque chose (une action ou un mouvement d'opinion) ou quelqu'un (groupe ou individu) autonome à l'origine. Résumons brièvement ce qui s'est passé: un individu (un homme de 25 ans) a tué de sang-froid (les balles de son semi-automatique étaient dirigées vers la tête des étudiantes, point du corps difficile à atteindre, ce qui suppose un tir sûr et précis) 14 étudiantes de l'École Polytechnique de l'Université de Montréal (école d'ingénieurs qui reste encore un fief masculin, comme le diront les médias), en a blessé 13 (en changeant systématiquement d'étages) et s'est suicidé. Son acte était non seulement prémédité (choix des victimes, lieu de l'intervention, lettre explicative en date du jour du crime), mais aussi revendiqué («Je hais les féministes, vous êtes toutes une gang de féministes», s'est-il écrié avant de tuer, et il y avait aussi dans sa lettre une liste de 19 femmes à tuer, qu'il considérait comme des féministes).

Qu'en ont dit les médias? Ils ont commencé par déresponsabiliser le tueur en le qualifiant de fou et de forcené (annexer un individu, à l'origine autonome, à un concept d'anomalie mentale) pour ensuite déresponsabiliser la société dans son ensemble, en particulier les hommes (éviter tout sentiment de culpabilité) et enfin qualifier ce meurtre de geste isolé et ponctuel (détourner le sens d'un attentat politique). Qu'en ont dit certaines féministes? Elles ont rappelé que ce geste était explicitement revendiqué (lettre et choix sélectif des victimes) contre elles (les féministes et non pas les femmes en général) et ont dénoncé ce que ce geste dévoilait (la violence quotidienne, psychologique et physique, que subissent les femmes dans notre société et dans le monde, sous diverses formes -violence conjugale, harcèlement sexuel au travail, pornographie, inceste, viol, etc.- qui peut aller jusqu'au meurtre)[169].

Bien sûr, les médias ne vont pas ouvertement accuser les féministes, mais ils vont faire en sorte qu'elles se taisent ou qu'elles soient discréditées. Comme le soulignent Danielle Juteau et Nicole Laurin-Frenette[170] sur ce silence imposé aux féministes:

> «*Pourquoi nous faire taire? Parce que le geste de Lépine dévoile l'existence du système de domination entre les hommes et les femmes et parce que nos analyses en rendent visible l'horreur. Il ne faut pas que la réalité remonte à la surface du discours. Parce qu'il est difficile aux femmes de contester et d'abolir un système qu'elles ne voient pas; en maintenant l'obscurité et la conscience dominée, en récompensant celles qui sont raisonnables et qui restent à leur place, on peut assurer la reproduction du système de domination et tous les privilèges qui y sont rattachés.*»

Et un des procédés de la récupération des médias consiste à retourner à l'envers les termes féministes, comme par exemple faire passer l'oppresseur pour une victime (Le tueur devient un pauvre malade, un déséquilibré). Ensuite, ils vont inverser les rôles d'oppresseur et d'opprimé que sous-tend l'ensemble des rapports de domination dans notre société, en faisant en sorte que la responsabilité de l'action (l'attentat) soit reporté sur les épaules des victimes (les féministes). J'ai trouvé plusieurs exemples de ce procédé dans nos quotidiens. «Les femmes prennent de plus en plus de place. Trop pensent certains hommes. Ce n'est pas un hasard si le meurtrier s'est retrouvé à Polytechnique. Il s'est dit: les femmes sont même rendues jusque là, elles viennent de franchir une autre barrière, une de trop. Les rapports de pouvoir changent, les femmes s'émancipent et beaucoup d'hommes se sentent menacés» (propos du directeur de l'École de criminologie de l'Université de Montréal); «C'est au Québec que la révolution féministe a été la plus agissante. Une majorité d'hommes n'ont pas suivi et subissent cette révolution avec plus ou moins de rancoeur. Des gens enragés, malheureux» (propos d'un humaniste). L'ensemble de ces affirmations se retrouvent dans un article-reportage publié par *La Presse*, 9 décembre, p. B-1. Et encore: «La

---

[169] A. Côté, «L'art de la récupération», dans L. Malette et M. Chalouh (Dir.), *Polytechnique, 6 décembre*, Remue-Ménage, Montréal, 1990, p. 65.
[170] D. Juteau et N. Laurin-Frenette, «Une sociologie de l'horreur», *Sociologie et sociétés*, Montréal, Avril 1990, Vol. XXII, n° 1, p. 211.

plupart des hommes ont pu éprouver du ressentiment envers le mouvement féministe. (...)Il y a, sans aucun doute, une hausse de l'insécurité masculine associée à la progression du mouvement féministe» (propos d'un psychologue américain, Le Devoir, 9 décembre, p. A-3 et La Presse, 11 décembre, p. B-1).

Enfin, sous couvert de la stratégie des deux côtés de la médaille, les médias vont publier des propos carrément antiféministes, mais en faisant bien attention que ce ne soit pas la rédaction qui en endosse la responsabilité. «Les dirigeantes féministes sont responsables d'une certaine projection du féminisme comme violence faite ou à faire à l'homme, une sorte de 'catharsis' à l'injustice faite aux femmes durant des siècles. (...)À la femme qui rend l'homme responsable de sa non-réalisation correspond l'homme qui rend la femme responsable de son échec. (...)Dans le débat mené si bruyamment par les féministes, on omet d'ajouter que leurs instances idéologiques font tout simplement le jeu du système. Dans la propagande outrancière des féministes, la femme doit percevoir l'homme comme l'ennemi historique mais aussi actuel, avec oblitération de la composante sociologique qui se lit dans le sens de l'opposition exploitant/exploité. (...)Que les femmes disent à haute voix d'en avoir assez de ce féminisme criard, de ce féminisme bonne-femme à la Jeannette, qui n'est qu'une diversion déguisée en prise de conscience. Les vrais termes du débat sont ou escamotés ou occultés. L'ennemi de la femme n'est pas l'homme, mais l'ignorance savamment entretenue et la misère aussi bien matérielle que morale» (propos d'une femme, professeure, publié dans la page *Des idées, des événements* sous le titre *Réflexion sur le féminisme*, Le Devoir, 15 décembre, p. 7).

Mais, en plus, dans leur mise en scène, les médias vont accentuer ce travail de sape à l'égard des féministes. Qui aura droit de parole? La ministre déléguée à la Condition féminine, la présidente du Conseil du statut de la femme, l'Association des femmes diplômées des universités, la Fédération des femmes du Québec, la Fédération des infirmières et infirmiers du Québec, La Centrale de l'enseignement du Québec, La Fédération des travailleurs et travailleuses du Québec, l'Association nationale des étudiants et étudiantes du Québec, etc. et même le Collectif masculin contre le sexisme. J'en oublie sûrement, mais ce choix n'est pas fortuit de la part des médias. Ainsi, les associations de femmes qui travaillent quotidiennement avec la violence des hommes, comme le Regroupement québécois des centres d'aide et de lutte contre les agressions à caractère sexuel, ou le Regroupement provincial des maisons d'hébergement ne se verront accorder pratiquement aucun interview. Seule la teneur de leurs communiqués communs sera reproduite ou bien quelques pages seront offertes pour des opinions, surtout des lettres.

## Le masquage de la récupération

La signature des articles est un acte d'appropriation de ce qui est énoncé et cette forme de marquage permet aussi toutes sortes de masquage. Le tableau ci-dessous montre bien que les femmes et les féministes ont encore du chemin à faire pour avoir le droit de signer dans nos médias. La signature des agences de presse sous-entend, par exemple, que l'opération de synthèse a été prise en charge par l'institution mais elle feint de considérer ce travail sous le seul angle technique, en excluant l'opérateur de synthèse. De même, le texte sans signature, anonyme, se rattache le plus souvent à une institution, mais participe de cette logique médiatique du voilement et du dévoilement.

**Signatures des articles pour la couverture de presse de la tragédie à l'École Polytechnique de Montréal - 6 décembre 1989**

| Signatures<br><br>Journaux | Femmes | Hommes | Regroupements de femmes, d'hommes, mixtes | Pas de signature | Dépêches d'agence[1] |
|---|---|---|---|---|---|
| LA PRESSE | 42 | 78 | 10 | 18 | 15 |
| LE DEVOIR | 21 | 20 | / | 2 | 25 |
| THE GAZETTE | 29 | 60 | / | 10 | 4 |
| THE GLOBE & MAIL | 7 | 13 | / | 1 | 7 |
| LIBÉRATION | / | 1 | / | 1 | / |
| LE MONDE | 2 | / | / | / | / |
| TOTAL[2] | 101 | 172 | 10 | 32 | 51 |

Source: Tableau établi à partir de la lecture des journaux.

---

[1] Il s'agit pour la plupart de dépêches venant de l'agence PC (Presse Canadienne), à quelques rares exceptions de l'A.F.P. (France) et l'A.P. (U.S.A.).

[2] Le nombre de signatures (366) est plus important que le nombre d'articles (318) car, parfois, les articles étaient signés par plusieurs personnes et, le plus souvent, par des personnes de sexe différent.

Lorsque le texte est signé par un regroupement, cela permet aux médias d'amoindrir l'importance en nombre de ce groupe d'appartenance tout en laissant le champ libre à toutes sortes d'interprétations de la part des lectrices et lecteurs. Ce problème de la signature, souvent négligé dans les analyses de presse, ajoute ainsi à l'effet de «mascarade» des médias, en permettant de tracer une frontière entre ceux et celles qui savent ou feignent de savoir et ceux et celles qui ne savent pas ou feignent de ne pas savoir. L'art de la récupération des médias passe donc non seulement par une sélection très particulière de celles et de ceux qui sont censé-e-s nous informer mais aussi par une hiérarchisation de la parole des femmes. Plus celles-ci seront près d'institutions sociales et politiques reconnues, plus elles pourront s'exprimer.

L'ensemble de ces indices et l'analyse de la couverture de presse de la tragédie du 6 décembre 1989 m'autorisent donc à conclure que les médias dénigrent et discréditent la parole des féministes, qu'ils nient les enjeux sociaux et politiques de certains événements. Mais plus généralement, ce sont tous les minoritaires qui sont exclus de la soi-disant information journalistique. Pas seulement les femmes, mais aussi les minorités ethniques par exemple qui obtiennent le même traitement médiatique de non-information, de dénigrement, de folklorisation, de dramatisation outrancière. Mais quelquefois les minoritaires se révoltent. Ils prennent la parole, fondent des journaux, décident de passer à l'offensive devant cette masse d'information insignifiante. Pour un certain temps. Car le système médiatique est organisé de telle façon que leur prise de parole ne peut survivre. C'est pourquoi, à mon avis, ont émergé des presses féministes. Pour exprimer et traduire le point de vue des théories et actions féministes. Le choix et le traitement de l'information journalistique qu'elles ont essayé d'offrir viennent contredire le prêt-à-penser des médias, bousculer les idées toute faites, dévoiler une oppression qui existe encore. Et, si cette voix des femmes représentait l'autre côté de la médaille, tant recherchée par les médias, pourquoi ne pas l'utiliser? Plus de la moitié de l'humanité aurait peut-être ainsi l'impression d'être informée.

# Conclusion

En guise de conclusion, j'aimerai vous parler un peu de Pénélope, qui pendant vingt ans a attendu son bel Ulysse, en tissant le linceul de son beau-père, Laërte, roi d'Ithaque, et le défaisant la nuit. C'était le moyen qu'elle avait trouvé pour repousser les demandes pressantes des prétendants qui s'étaient installés dans le palais du roi et qui la tannaient, jour après jour, pour qu'elle se décide à choisir l'heureux élu. L'Odyssée d'Homère en a fait un symbole de la fidélité conjugale. Mais selon une autre version posthomérique, Pénélope aurait fini par prendre conscience de sa condition de femme. Ces symboles de patience et de fidélité ne sont-ils pas autre chose qu'une manière déguisée de la maintenir dans le carcan de l'oppression? Un beau jour, ni tenant plus, elle se révolte et elle cède successivement aux cent vingt-neuf prétendants. Quand céder ne veut pas dire consentir, dira Nicole Claude Mathieu. Mais Pénélope finira par être bannie par son cher et tendre, de retour sur l'île. En faisant cette recherche sur les presses féministes françaises et québécoises et en vous livrant le fruit de ces réflexions, j'ai eu l'impression que mon travail ressemblait à la toile de Pénélope. Au fur et à mesure que la recherche avançait, des idées nouvelles apparaissaient, des contradictions surgissaient.

Les femmes qui ont publié ces journaux multiples et mouvants, tissant tout au long de ces vingt ans un réseau de solidarité avec d'autres femmes, refaisant la face du monde et luttant pour améliorer cette moitié de ciel, si souvent assombrie par tant de maux, sont, elles aussi, autant de Pénélopes passées et futures. C'est grâce à ces féministes, qui n'ont pas hésité à crier haut et fort leurs aspirations, leurs douleurs, et parfois aussi leur joie de vivre, que l'information médiatique ne sera plus jamais ce qu'elle est. Bien sûr, ces presses féministes n'auront pas réussi à survivre, mais peut-être auront-elles subrepticement jeté le trouble dans nos têtes si mal «informées». Peut-être auront-elles réussi à innover dans la communication sociale, en conquérant pendant un certain temps le droit à l'information *avec*, et non *sans* la communication. Car, ce qu'elles voulaient faire, c'était assumer la fonction politique des médias.

Le pari était risqué, mais certaines s'y sont lancées, corps et âme parfois. Comme on l'a vu dans les chapitres trois, quatre, cinq et six, les embûches étaient nombreuses. Tout d'abord, les thèmes abordés par ces presses féministes les positionnent dans le champ médiatique comme des presses d'opinion. Mais, dans leurs journaux, on ne retrouve pas les S (sang, sexe et sport) des médias dominants. On y parle plutôt des révoltes contre le viol et les femmes battues, des prises de position pour un avortement libre et gratuit, une santé plus humaine, des initiatives de femmes dans tous les domaines de la culture, une solidarité internationale et des luttes pour une politique qui reconnaît l'égalité des hommes et des femmes, tant professionnelle que personnelle. Néanmoins, leur discours écrit et visuel est virulent, provocant, de l'ordre du pamphlet. Car, il ne faut pas l'oublier, les presses féministes françaises et québécoises, du moins les six publications que j'ai analysées, sont la source même d'un féminisme pluriel. Au fur et à mesure qu'elles prospèrent, le féminisme se constitue, et au fur et à mesure qu'elles disparaissent, le féminisme se destitue. C'est aussi la conclusion à laquelle arrive Laure Adler, en parlant des journaux féministes français de 1830 à la révolution de 1848[171]:

> «*Pendant vingt ans, continûment, inlassablement, des dizaines de femmes, bourgeoises et prolétaires, vont se battre en écrivant en tant que femmes et pour les femmes. (...)Il n'y avait plus des femmes qui, individuellement, se battaient , mais les femmes qui, en tant que catégorie, en tant que sexe, commençaient à exister. Frondeur, provoquant à ses débuts, le féminisme s'était progressivement alourdi de dignité, de vertu et de moralité. En devenant une idéologie, il perdra de sa vigueur et de sa liberté.*»

Vingt ans encore, de 1970 à 1990. Date fatidique qui condamne les presses féministes à la perte de mémoire, jusqu'au prochain sursaut. Pourtant, d'*Histoires d'Elles* à *La Vie en Rose*, en

---

[171] L. Adler, *À l'aube du féminisme: les premières journalistes (1830-1850)*, Payot, Paris, 1979, pp. 10-11.

passant par *Les Pétroleuses, les Têtes de Pioche, Des Luttes et des Rires de Femmes* et *Des Femmes en Mouvement Hebdo*, j'ai eu la chance et le plaisir de lire et de relire, page après page, photo après photo, cette histoire oubliée du mouvement de libération des femmes, ces tensions et déchirements, ces remises en question des femmes de tous les pays face à leur émancipation. Comme le souligne Paul Auster[172]:

«*On ne peut écrire un seul mot, sans l'avoir d'abord vu, et avant de trouver le chemin de la page, un mot doit d'abord avoir fait partie du corps, présence physique avec laquelle on vit de la même façon qu'on vit avec son coeur, son estomac et son cerveau. La mémoire, donc, non tant comme le passé contenu en nous, mais comme la preuve de notre vie dans le présent.*»

Puisse ce livre participer un peu à cette mémoire collective des femmes, qui fait si souvent défaut en matière d'information journalistique! Mais, est-ce à dire que les presses féministes françaises et québécoises, parce qu'elles sont politiques, ne peuvent être qu'éphémères? Ou bien, leur positionnement dans le champ de la presse et leur discours finissent-ils par les enfermer dans un «ghetto» féministe? Ont-elles la possibilité de continuer à satisfaire des femmes, déjà conscientisées sur certains problèmes? Comme le remarque Martine D'Amours[173], à propos d'une de nos publications:

«*En sept ans, l'étoile des luttes collectives a pâli, redonnant à l'individualisme ses lettres de noblesse. Le féminisme aussi a évolué: dépassant les groupes de femmes, il a semé des idées qu'ont reprises une foule de Québécoises... et un nombre significatif d'institutions. (...)La conjoncture changeant, le magazine a dû satisfaire deux clientèles très différentes. D'une part, les fidèles abonnées du début, féministes plus radicales et organisées, peu enclines à voir leurs principes remis en question et qui, de fait, critiquaient de plus en plus les positions parfois peu orthodoxes de* La Vie en Rose. *D'autre part, une nouvelle clientèle, formée de femmes qui endossent les valeurs féministes, bien qu'elles en récusent l'étiquette, féministes individuelles, non militantes et non organisées. Le*

---

[172] P. Auster, *L'invention de la solitude*, Actes Sud, Paris, 1988, p. 170.
[173] M. D'Amours, «De quoi La Vie en Rose est-elle morte?», *La Gazette des femmes*, Québec, septembre-octobre 1988, p. 21.

*malheur c'est qu'auprès de cette nouvelle clientèle*, La Vie en Rose, *naguère d'avant-garde, faisait figure de rétro.*»

Dilemme et paradoxe qu'on retrouve également au niveau de l'organisation interne de ces publications -collectives surtout si elles restent alternatives, plus traditionnelles si elles s'échappent vers le style «glamour»- et de l'image qu'elles diffusent vers l'extérieur. Mais c'est surtout le rapport au marché économique qui finit par avoir raison de leur survie. Car les lois de marketing sont les mêmes pour tous et toutes. Écart entre les dépenses et les recettes trop important, problème de la vente autre que par abonnement, concurrence énorme, l'ensemble des difficultés financières qu'encourt ce type de presse, allié à l'essoufflement des fondatrices, le manque de relève, l'inexpérience ou le choix plus ou moins conscient de ne pas savoir conduire une entreprise, les solidarités qui manquent, le climat social et politique qui se modifie, etc., tous ces facteurs ont conduit les presses féministes françaises et québécoises que vous avez pu découvrir à se saborder.

Les messages *politiques* d'Iris, comme on pourrait qualifier les discours de ces presses féministes, ne se sont pas envolés jusqu'aux dieux de l'Olympe. Ses ailes sont-elles trop courtes ou son bâton d'héraut pas assez affûté? Ou encore, ses messages sont-ils trop dangereux, subjectifs, passionnés, dérisoires pour dépasser la masse de *sur-information sous-informante* de ceux d'Hermès? À la révolte et au désir de vivre pleinement des femmes, ce dieu préfère-t-il les mêmes ritournelles sur les guerres, les catastrophes, l'ordre social à ne pas déséquilibrer, les parties de hockey ou de football, la bonne conscience envers les pauvres, les sans-abri? Il semble que oui, si l'on se fie par exemple à la couverture qu'a donnée la presse écrite de la tragédie survenue à l'École Polytechnique de Montréal, telle qu'explicitée plus haut. Mais peut-être qu'Iris, à l'aube du XXIe siècle, deviendra la déesse des minoritaires et recommencera à envoyer ses messages politiques. Cette fois-ci, l'Internet sera sans doute plus efficace que les simples gazettes. Car, si les minoritaires, et les femmes particulier, n'arrivent toujours pas à rendre public leurs aspirations et leurs désirs par des presses, ils trouveront sûrement une *autre* manière de se faire entendre. Les médias majoritaires n'ont qu'à bien se tenir. La révolte des minoritaires est toujours inattendue, même si, parfois, elle prend des aspects provocateurs, subversifs, résistants.

L'Iliade nous rappelle les bienfaits et méfaits de ce fils de Zeus et de Maia, guide des voyageurs, mais aussi dieu du vol et du mensonge (cela vous rappelle-t-il quelque chose?), patron des orateurs mais aussi dieu des bergers. Si les messages d'Hermès semblent encore se rendre jusqu'au palais des dieux, les mortels que

## Conclusion

nous sommes ont de plus en plus de mal à les décoder et à les comprendre. Car, nos médias oublient encore que *décrire* n'est pas *informer*, que la réalité ne se fabrique pas seulement à partir de schémas préconstruits, que les projets des minoritaires font aussi partie de cette réalité. Devenus le lubrifiant des rapports sociaux, les porte-voix ronflants des institutions, ils négligent leur responsabilité sociale, qui est précisément d'interroger ces rapports, en particulier les rapports sociaux de sexe, de critiquer le politique et de permettre aux membres de la cité de réfléchir au sens du monde et à leur place dans cette signification.

Reste à savoir si une presse féministe, de combat, d'opinion, est viable, même avec une équipe restreinte, un plan d'entreprise serré, des frais généraux minimes, des capitaux pour durer la première année, etc., c'est-à-dire en devenant comme les autres médias un produit marchand, tout en gardant ses idées «progressistes», porteuses de changement social. Au départ de ce livre, je m'étais posé la question de savoir pourquoi les minoritaires, et les femmes en particulier, s'ils prennent parfois la parole dans le champ médiatique en créant leurs propres journaux, ne peuvent pas la garder. Je reste convaincue que les minoritaires défendent un projet politique qui met à nu le rapport de domination dans les rapports sociaux et les rapports de sexe. Cela dérange souvent les médias majoritaires qui préfèrent soit nier l'existence des minoritaires, soit leur désigner une place à ne pas dépasser[174]. Et quand ils leur assignent une place, elle est souvent moindre, folklorisée ou discréditée. L'analyse critique de la couverture de presse nous l'a confirmé: la parole autonome des minoritaires n'est pas reconnue, voire dénigrée, par les médias dominants. Alors si les messagères d'Iris -les presses féministes françaises et québécoises- auront favorisé auprès des femmes, et en tout cas pour moi, une prise de conscience de leur condition et de leur oppression, les messagers d'Hermès peuvent-ils en faire autant? Les quelques années qui nous restent avant l'an 2 000 seront-elles des années de partage, de solidarité, de compréhension mutuelle, de communication, ou, au contraire, des années de solitude, d'individualisme, de guerre et d'incommunication?

---

[174] Voir à ce propos les articles en bibliographie concernant le travail idéologique des médias, notamment M. El Yamani, «La construction médiatique du *Bronx* de Montréal», dans D. Meintel, V. Piché, D. Juteau et S. Fortin (eds.), *Le quartier Côte-des-Neiges à Montréal. Les interfaces de la pluriethnicité*, L'Harmattan, Paris/Montréal, 1997, pp. 29-52.

«*Nos aînées nous ont appris à devenir autonomes économiquement et socialement, à prendre la parole, à comprendre les situations d'oppression, à combattre toutes les formes de violence intentées contre les femmes, et finalement à tenter d'être reconnues comme des personnes à part entière. Pourtant, il me semble que les liens qui unissent actuellement les hommes et les femmes sont imprégnés du même sentiment d'étrangeté que celui qui règne dans notre relation au monde. Terre malade, coeur malade! Nous nous sentons de plus en plus seul-e-s face à notre incapacité de dire notre amour des choses simples de la vie, de partager nos désirs et aussi nos peurs de vivre pleinement, en harmonie avec l'Autre. Car, ce que nos aînées ne nous ont pas appris, c'est d'avoir la force de gérer nos solitudes. Non pas celle qui nous saisit le matin devant notre bol de café ou la veille de Noël, mais celle qui, subrepticement, vient ponctuer notre quête de bonheur ici-bas.*»[175]

Décidément, je crois que Pénélope a trop d'ouvrage et qu'Iris devrait penser à refaire l'emballage de ses messages pour mieux se faire entendre des dieux. Car, si les femmes ont encore terriblement besoin d'apercevoir des arcs-en-ciel, les hommes pourraient aussi apprendre à les déchiffrer.

---

[175] M. El Yamani, «Décennie à venir: solitude ou partage?», *Femmes d'action*, Ottawa, février-mars 1991, Vol. 20, n° 3-4, p. 37.

# Bibliographie

## 1. Environnement théorique général

Baudrillard Jean, *Simulacres et simulation*, Galilée, Paris, 1981, 239 pages.
Baudrillard Jean, *Les stratégies fatales*, Grasset (figures), Paris, 1983, 273 pages.
Birnbaum Pierre, *La fin du politique*, Seuil (sociologie politique), Paris, 1975, 285 pages.
Boudon Raymond, *L'idéologie. L'origine des idées reçues*, Fayard (Idées-Forces), Paris, 1986, 330 pages.
Burdeau Georges, *Traité de science politique. Tome X: la révolte des dominés*, Economica (Politique comparée), Paris, 1986 (3e édition), 481 pages.
Debord Guy, *La société de spectacle*, Gallimard, Paris, 1992 (1ère édition en 1967), 209 pages.
Eco Umberto, *La guerre du faux*, Grasset, Paris, 1985, 274 pages.
Ferry Jean-Marc, «Modernisation et consensus», *Esprit*, Paris, mai 1985, n° 5, pp. 13-28.
Gouldner Alvin W, *The Dialectic of Ideology and Technology*, Oxford University Press, Oxford (USA), 1982, 304 pages.
Habermas Jürgen, *Théorie et pratique*, Payot (critique du politique), Paris, 1975 (édition allemande en 1963), Tome I, 240 pages, Tome II, 238 pages.
Jay Martin, *L'imagination dialectique. Histoire de l'École de Francfort (1923-1950)*, Payot (critique de la politique), Paris, 1977 (édition allemande en 1973), 416 pages.
Morin Edgar, *Introduction à la pensée complexe*, ESF (communication et complexité), Paris, 1990, 158 pages.

Noël Lise, *L'intolérance. Pour une problématique générale*, Boréal, Montréal, 1989, 308 pages.

## 2. Communication, journalisme, information

### A- Théories de l'information et de la communication

Beaud Paul, *La société de connivence. Media, médiations et classes sociales*, Aubier (Res Babel), Paris, 1984, 382 pages.

Breton Philippe et Proulx Serge, *L'explosion de la communication. La naissance d'une idéologie*, La Découverte/Boréal (sciences et sociétés), Paris/Montréal, 1989, 286 pages.

De La Haye Yves, *Dissonances. Critique de la communication*, La Pensée sauvage, Grenoble, 1984, 191 pages.

Delcourt Xavier, «Sciences de la communication: une discipline en formation», dans Guillaume Marc (Dir.), *L'état des sciences sociales en France*, La Découverte, Paris, 1986, pp.426-427.

Escarpit Robert, *Théorie de l'information et pratique politique*, Seuil, Paris, 1981, 219 pages.

Estivals Robert, «La communicologie», *Schéma et schématisation*, dossier: les sciences de l'information et de la communication, Paris, 1983, n° 19, pp. 39-60.

Ferry Jean-Marc, *Habermas, l'éthique de la communication*, PUF (recherches politiques), Paris, 1987, 587 pages.

Fraser Nancy, «What's Critical about Critical Theory? The Case of Habermas and Gender», in Benabib Seyla and Cornell Drucilla (Eds.), *Feminism as Critique. On the Politics of Gender*, University of Minnesota Press, Minneapolis, 1987, pp. 31-56.

Habermas Jürgen, *L'espace public. Archéologie de la publicité comme dimension constitutive de la société bourgeoise*, Payot, Paris, 1978 (édition allemande en 1962), 324 pages.

Habermas Jürgen, *Morale et communication*, Ed. du Cerf, Paris, 1986 (édition allemande en 1983), 212 pages.

Habermas Jürgen, *Théorie de l'agir communicationnel. Tome I: Rationalité de l'agir et rationalisation de la société*, Fayard (l'espace du public), Paris, 1987 (édition allemande en 1981), 448 pages. *Tome II: Pour une critique de la raison fonctionnaliste*, Fayard (l'espace du public), Paris, 1987 (édition allemande en 1981), 480 pages.

Le Monde diplomatique, *La communication victime des marchands*, Manière de voir 3, Paris, novembre 1988, 100 pages.

McCarthy Thomas, *The Critical Theory of Jürgen Habermas*, The MIT Press, Cambridge and London, 1982, 484 pages.

Miège Bernard, *La société conquise par la communication*, PUG, Grenoble, 1989, 228 pages.

Quéré Louis, «Communication: galaxie des minoritaires», *Autrement*, Paris, février 1981, n° 29, pp. 156-163.
Quéré Louis, *Des miroirs équivoques. Aux origines de la communication moderne*, Aubier (Res Babel), Paris, 1982, 214 pages.
Serres Michel, *Hermès I. La communication*, Minuit, Paris, 1969, 245 pages.
Smyhte Dallas, «Le Canada, la culture et la 'technologie' de la communication», *Communication*, Université Laval, Québec, 1987, Vol. 8, n° 3, pp. 11-30.
Sfez Lucien, *Critique de la communication*, Seuil, Paris, 1988, 398 pages.
Treichler Paula A. & Wartella Ellen, «Interventions: Feminist Theory and Communication Studies», *Communication*, Gordon and Breach Science Publishers S.A., 1986, pp. 1-18.

**B- Médialogie**

Beauchamp Colette, *Le silence des médias. Les femmes, les hommes et l'information*, Remue-ménage, Montréal, 1987, 281 pages.
El Yamani Myriame, «La construction médiatique du Bronx de Montréal», dans D. Meintel, V. Piché, D. Juteau et S. Fortin (eds.), *Le quartier Côte-des-Neiges àMontréal. Les interfaces de la pluriethnicité*, L'Harmattan, Paris/Montréal, pp. 29-52.
El Yamani Myriame, «De la gaffe politique à l'exclusion: le marquage du *nous* et du *eux* à travers les discours et stratégies médiatiques de *l'affaire Parizeau* au Québec», dans Fall, Kadi (dir.), *Les convergences culturelles dans les sociétés pluriethniques*, Montréal/Chicoutimi, Presses de l'Université du Québec/Célat, 1996, pp. 189-217.
Hall Stuart, «Culture, the Media and the ideological effect», in CURRAN, J. et als, *Mass Communication and Society*, Arnold Editions, London, 1977, pp. 315-348.
Hall Stuart et al., *Culture, Media, Language*, Hutchison, London, 1980.
Julien Claude, «Des politiques malades de leur culture», *Le Monde diplomatique*, Paris, juin1987, pp. 13, 20-22.
Mattelart Armand et Michèle, *Penser les médias*, La Découverte, Paris, 1986, 263 pages.
Mauduit Jean, *Étendue et limites de la contribution des médias à la féminisation de la société française*, Thèse de doctorat d'État, CELSA, Université de Paris IV-Sorbonne, Paris, 1985, 477 pages.
Minaudo Vito, «Media et lien social», *Cahiers internationaux de sociologie*, Paris, 1987, Vol. LXXXII, pp. 205-218.

Pasquali Antonio, «Faut-il comprendre les médias ou la communication?», *Cultures*, Unesco, Paris, 1979, Vol. VI, n° 3, pp. 11-29.
Possibles, *(Droits de) regards sur les médias*, Montréal, été 1989, Vol. 13, n° 3, 149 pages.
Ramonet Ignacio, «Médias, sociétés et démocratie. L'ère du soupçon», *Le Monde diplomatique*, Paris, mai 1991, n° 446, pp. 11 et 18.
Unesco, *Déontologie de l'information*, dossier spécial, Études et documents d'information, Paris, 1980, pp. 7-47.
Van Dijk, Teun A., *Racism and the Press*, Routledge, London and New York, 1991, 276 pages.
Van Dijk, Teun A., *Elite Discourse and Racism*, Sage Publications, Newbury Park/London, 1993, 320 pages.
Veron Eliséo, *Construire l'événement. Les médias et l'accident de Three Mile Island*, Minuit, Paris, 1981, 177 pages.

## C- Presse, Journalisme et Information

Berthiaume Pierre, *Le journal piégé ou l'art de trafiquer l'information*, VLB, Montréal, 1981, 197 pages.
Geng Jean-Marie, *Information-Mystification. Le discours d'intox*, Épi, Paris, 1973, 215 pages.
Imbert Patrick, *L'objectivité de la presse. Le quatrième pouvoir en otage*, Hurtubise (Cahiers du Québec/Communication), Montréal, 1989, 211 pages.
Keable Jacques, *L'information sous influence. Comment s'en sortir?*, VLB, Montréal, 1985, 229 pages.
Lacroix Jean-Guy et Levesque Benoît, «Presse alternative. De l'échec de Presse-libre et d'un projet de relance. Entrevue avec Louis Favreau et Hervé Pilon», *Cahiers du socialisme*, Montréal, 1984, n° 14, pp. 126-161.
Ouldamer Mezioud et Ricordeau Remy, *Le mensonge cru. De la décomposition de la Presse dans l'achèvement de l'aliénation médiatique*, SIHAM, Paris, 1988, 123 pages.
Paillet Marc, *Le journalisme, le quatrième pouvoir*, Denoël, Paris, 1974, 224 pages.
Quéré Louis, «Paradoxe d'une presse sans politique», *Raison présente*, Paris, 1982, n° 61, pp. 39-51.

## 3. Presses féministes et images des femmes en France, au Québec et au Canada

**A- Presses féministes en France, au Québec et au Canada**

Adler Laure, *À l'aube du féminisme: les premières journalistes (1830-1850)*, Payot, Paris, 1979, 240 pages.

Annoted Guide To Women's Periodicals in the USA and Canada, Richmond, mai 1985, Vol. 4, n° 1.

Baptistide Maryvonne, *La presse féministe en France 1971-1978*, mémoire de L'Institut d'Études politiques (I.E.P.), Université de Paris II, Paris, 1978.

Bertrand -jennings Chantal, «La presse des mouvements de libération des femmes en France de 1971 à 1982», dans Lamy Suzanne et Pagès Irène (Dir.), *Féminité, subversion et écriture*, Remue-ménage, Montréal, 1983, pp. 15-49.

BREFF, *Répertoire des revues féministes françaises paraissant en 1978*, Pennsylvania State University, nov. 1978, n° 7.

Breen Katie, «Presse féminine et presse féministe», dans Paquot Elisabeth (Dir.), *Terre des femmes. Panorama de la situation des femmes dans le monde*, Maspéro (La Découverte)/Boréal Express, Paris/Montréal, 1983, pp. 333-335.

Les Cahiers du GRIF, *Revues féministes*, Paris, décembre 1978, n° 23-24, pp. 133-135.

Canadian Feminist Periodicals/Périodiques féministes du Canada, dossier thématique unique, été 1988, 12 pages.

Centre de formation populaire, *Colloque des périodiques féministes canadiens*, dossier sur le colloque, Halifax, mai 1987, Vol. 1, n° 1, 8 pages.

Collectif licencié d'Antoinette, *La mémoire d'«Antoinette» ou comment le magazine féminin dont la CGT se félicitait est soudain chargé de tous les maux et son équipe presque entière liquidée*, La Brèche, Paris, 1982, 115 pages.

Convegno donna e informazione, *Écrire contre: expériences, réflexions et analyses des femmes journalistes présentées au congrès «Femmes et information 1977*, Des femmes, Paris, 1979, 133 pages.

D'Amours Martine, «De quoi La Vie en Rose est-elle morte?», *La Gazette des femmes*, Québec, septembre-octobre 1988, pp. 20-22.

De Rosa Susanne et Maranda Jeanne, «La presse féministe est différente», *Les Cahiers de la femme/Canadian Woman Studies*, Toronto, printemps 1991, Vol. 11, n° 3, pp. 65-66.

El Yamani, Myriame, «Prendre la parole et la perdre. Le cas des presses féministes en France et au Québec», *Vice Versa*, Montréal, novembre-décembre 1991, pp. 12-13.
Helfter, Caroline, «La voix des femmes», *Le Monde*, Paris, 10 août 1980, p. 10.
Huston, Nancy, «Mouvements et journaux de femmes», *Le Magazine littéraire*, Paris, janvier 1982, n° 180, pp. 28-31.
Index Directory of Women's Media, Washington, 1984, Canada, pp. 17-18; France, pp. 71-73.
International Guide to Women's Periodicals & Resources, 1980, Canada, pp. 28-36.
Kandel, Liliane, «Journaux en mouvements: la presse féministe aujourd'hui», *Questions féministes*, Tierce, Paris, 1980, n° 7, pp. 15-36.
Kandel Liliane, «Post-scriptum: une presse 'anti-féministe' aujourd'hui: Des femmes en Mouvements», *Questions féministes*, Tierce, Paris, 1980, n° 7, pp. 37-44.
Lhomond, Brigitte, «L'évolution de la presse 'féministe'», *Économie et humanisme*, Paris, novembre-décembre 1978, n° 244, pp. 9-16.
O'Leary Véronique et Toupin Louise, *Québécoises Deboutte!*, Tome I: *Une anthologie de textes du FLF (1969-1971) et du Centre des femmes (1972-1975)*, Remue-ménage, Montréal, 1982, 212 pages, Tome II: *Collection complète*, Remue-ménage, Montréal, 1983, 376 pages.
Repères, «Tour d'Europe de la presse féministe», *Bulletin d'information de l'AFI* (Agence-Femmes-Information), Paris, 19 - 25 juillet 1982, n° 16, pp. 9-13.
Riggs Joan & Tyler Lynne, «Canadian Feminist Periodicals/Périodiques féministes du Canada», dans *Catalyst Research*, Ottawa, été 1988, n° spécial, 12 pages.
Resources for Feminist Research/Documentation sur la recherche féministe, *International Guide to Women's Periodicals and Resources/Guide international sur les ressources et périodiques de femmes*, OISE, Toronto, 1981/1982, Vol. X, n° 4, pp. 33-96.
Rossi Alice S. (Dir.), *The Feminist Papers: from Adams to De Beauvoir*, Colombia University Press, New York/Londres, 1973, 716 pages.
Sans fleurs ni couronnes, *Bilan des Luttes et des Rires de Femmes*, Ed. Des Luttes et des Rires de Femmes, Montréal, 1982, 173 pages.
Les Têtes de Pioche, *Collection complète du journal des femmes*, Remue-Ménage, Montréal, 1980, 207 pages.
Women's Periodicals & Newspapers from the 18th century to 1981, Boston, 1982, 50 pages.

## B- Images des femmes

Ceulemans Mieke et Fauconnier Guido, «Images, rôle et conditions sociales de la femme dans les médias», *L'image de la femme dans les médias*, rapport de l'Unesco (études et documents d'information), Paris, 1979, n° 84, pp. 38-87.

Chombart De Lawe Marie-José, *La femme dans la société, son image dans différents milieux sociaux*, CNRS, Paris, 1963, 439 pages.

CRTC, *Rapport Erin*, Montréal, Janvier 1986.

Drew D.G. et Miller S.H., «Sex Stereotyping and Reporting», *Journalism Quarterly*, Iowa, printemps 1977, Vol. 54, n° 1, pp. 141-146.

Évaluation médias/Media Watches, *Les stéréotypes sexistes: analyse de la teneur des émissions de radio et de télévision et de leur contenu publicitaire*, Montréal, 1986.

Fédération Professionnelle des Journalistes du Québec, *Thérèse, Janette, Hélène et les autres ou la face cachée de l'information*, bilan du colloque du 25 sept. 1973 (Les femmes et l'information), Montréal, 1981.

Gallagher Margaret, *Image et participation des femmes dans les médias*, Unesco, Paris, 1979, 68 pages.

Gallagher Margaret, *Images reflétées par les médias: stéréotypes. Images de la femme dans les médias*, Unesco, Paris, 1980, n° 59 bis, 103 pages.

Gallagher Margaret, «Les femmes et les industries culturelles», *Les industries culturelles, un enjeu pour l'avenir*, rapport de l'unesco, Paris, 1982, pp. 67-84.

Gallagher Margaret, «Les femmes et le Nouvel Ordre mondial de l'information et de la communication», *Les cahiers du direct, À la recherche du temps des femmes*, Tierce (ACCT), Paris, 1985, pp. 25-68.

ICREF/CRIAW, *Femmes: images, modèles/Women: Images, Role-models*, actes du colloque de l'ICREF/CRIAW, Ottawa, Automne 1985, 300 pages.

Mattelart Michèle, *Les femmes et les industries culturelles*, Unesco, Paris, 1982, 89 pages.

Penolidis Tina, *Place et rôle de la femme dans les journaux télévisés*, Commision des communautés européennes, Bruxelles, 1984.

Smith, MaryAnn Y., «Research Retrospective: Feminism and the Media», *Communication Research*, Beverly Hills, Sage Publications, 1982, Vol. 9, n° 2, pp. 145-160.

Unesco, «Les femmes et la communication: évolution de la recherche et de l'action», *La communication au service des femmes*, rapport sur les programmes d'action et de recherche 1980-1985, Paris, 1985, pp. 28-67.

## 4. Féminisme et mouvement social, droits et luttes des femmes, avortement

### A- *Théories du féminisme*

Andersen Margaret, *Thinking about Women: Sociological and Feminist Perspectives*, Mac Millan, New York, 1983, 334 pages.

Barrett Michèle et McIntosch Mary, *Women's Oppression today: Problems in Marxist Feminist Analysis*, Verso Editions and NLB, London, 1980, 269 pages.

Battagliola Françoise et Combes Danièle, *Historicité et dynamique des rapports sociaux de sexe*, ATP-Femmes, Paris, septembre 1986, 256 pages.

Brossard Nicole, «Un féminisme de préférence», *La Vie en Rose*, Montréal, mars 1985, n° 24, p.29.

Chaperon Sylvie, «Femme: objet non-identifié. Analyse épistémologique du féminisme», *Les Temps modernes*, Paris, 1987, n° 487, pp. 85-95.

D'Eaubonne Françoise, *Le féminisme ou la mort*, P. Horay (Femmes en mouvement), Paris, 1974, 274 pages.

Delamont S., *The Sociology of Women*, Allen and Unwin, London, 1980, 244 pages.

Delphy (Dupont) Christine, «L'ennemi principal», *Partisans*, Maspéro, Paris, 1970, pp. 112-139.

Delphy Christine, «Un féminisme matérialiste est possible», *Nouvelles Questions féministes*, Paris, 1982, Vol. 4, pp. 51-85.

Dhavernas Odile, «Féminisme et institutions: une enquête au Québec», *Les Temps modernes*, Paris, mai 1981, pp. 1902-1932.

Eichler Margaret, *The Double Standard: a Feminist Critique of Feminist Social Science*, Croom-Helm, London, 1980, 278 pages.

Eisenstein Hester, *Contemporary Feminist Thought*, G.K. Hall & Co, Boston, 1983, 364 pages.

Eisenstein Zillah R., *Capitalist Patriarchy and the Case for Socialist Feminism*, Monthly Review Press, New York/Londres, 1979, 357 pages.

Femmes, Féminismes et Recherches, *Actes du colloque national*, Toulouse 1982, Affer, Paris, novembre 1983, 1080 pages.

Finn Geraldine & Miles Angela, *Feminism: from Pressure to Politics*, Black Rose Books, Montréal, 1987, 400 pages.
Flax Jane, «Women Do Theory», in Pearshall Marilyn (Ed), *Women and Values: Readings in recent feminist Philosophy*, Wadsworth, Belmont, 1986, pp.2-7.
Fox-Keller Evelyn, *Reflections on Gender and Science*, Yale University Press, New Haven/Londres, 1985, 193 pages.
G.E.F., *Crises de la Société, Féminisme et Changement*, Tierce/Revue d'en face, Paris, 1991, 265 pages.
Guillaumin Colette, «Question de différence», *Questions féministes*, Tierce, Paris, septembre 1979, pp. 3-21.
Guillaumin Colette, «Femmes et théories de la société: remarques sur les effets théoriques de la colère des opprimées», *Sociologie et sociétés*, PUM, Montréal, 1981, pp.19-31.
Guillaumin Colette, *Sexe, Race et Pratique du pouvoir. L'idée de nature*, Côté-femmes, Paris, 1992, 241 pages.
Hartmann Heidi, «Capitalism, Patriarchy and Job Segregation by Sex», in Eisenstein Zillah (Ed.), *Capitalist Patriarchy and the Case for Socialist Feminism*, Monthly Review Press, New York, 1979, pp. 206-248.
Juteau-Lee Danielle, «Visions partielles, visions partiales: visions (des) minoritaires en sociologie», *Sociologie et sociétés*, PUM, Montréal, octobre 1981, Vol. XIII, n° 2, pp.33-47.
Juteau Danielle et Laurin Nicole, «L'évolution des formes de l'appropriation des femmes: des religieuses aux mères porteuses», *Revue canadienne de sociologie et d'anthropologie*, Toronto, mai 1988, Vol. 25, n° 2, pp. 183-207.
Harding Sandra & Hintika Merrill (Eds), *Discovering Reality: Feminist Perspectives on Espistemology*, Metaphysics, Methodology and the Philosophy of Science, Reidel (Dordrecht), Boston/Londres, 1983, 332 pages.
Harding Sandra, *The Science Question in Feminism*, Cornell University Press (Ithaca), New York, 1986, 271 pages.
Irigaray Luce, *Éthique de la différence sexuelle*, Minuit, Paris, 1984, 198 pages.
Jaggar Alison M. & STruhl Paula R., *Feminist Frameworks: Alternative Accounts of the Relations between Men and Women*, McGraw-Hill, New York, 1978.
Lamoureux Diane, «Nationalisme et féminisme: impasse et coïncidences», *Possibles*, Montréal, 1983, Vol. 8, n° 1, pp.43-59.
Lamoureux Diane, «Nationalisme et féminisme: impasse et coïncidences», *Possibles*, Montréal, 1983, Vol. 8, n° 1, pp.43-59.
Lamy Susanne et Pagès Irène (Dir.), *Féminité, subversion et écriture*, Remue-ménage, Montréal, 1984, 288 pages.

Lavigne Marie et Pinard Yolande, *Les femmes dans la société québécoise*, Boréal Express, Montréal, 1977, 215 pages.
Louis, Marie-victoire, «Recherches sur les femmes, recherches féministes», dans Guillaume Marc (Dir.), *L'État des sciences sociales en France*, La Découverte, Paris, 1986, pp. 457-462.
Mackie, Marlene, *Constructing Women and Men. Gender Socialization*, HRW, Toronto, 1987, 314 pages.
Marks Elaine & De Coutivron Isabelle, *New French Feminisms: an Anthology (1980)*, Harper, New York, 285 pages.
Mathieu Nicole-Claude (Dir.), *L'arraisonnement des femmes. Essai en anthropologie des sexes*, EHESS (Cahiers de l'homme), Paris, 1985, 245 pages.
Mathieu Nicole-Claude, *L'anatomie politique. Catégorisations et idéologies du sexe*, Côté-femmes, Paris, 1991, 293 pages.
Mauduit Jean, *La révolte des femmes*. Elle: États généraux de la femme, Fayard, Paris, 1971, 254 pages.
Michel Andrée, *Femmes, sexisme et sociétés*, PUF (sociologie d'aujourd'hui), Paris, 1977, 208 pages.
Miles Angela, «Le féminisme, parole authentique et autonome des femmes», dans Cohen Yolande (Dir.), *Femmes et politique*, Le Jour (Idéelles), Montréal, 1981, pp. 67-78.
O'Brien Mary, *La dialectique de la reproduction*, Remue-ménage, Montréal, 1987 (édition en anglais en 1981), 283 pages.
Paquot Elisabeth (Dir.), *Terre des femmes. Panorama de la situation des femmes dans le monde*, Maspéro (La Découverte)/Boréal Express, Paris/Montréal, 1983, 448 pages.
Partisans, *Libération des femmes, année zéro*, dossier thématique, Paris, Juillet-octobre 1970, n° 54-55. Numéro réédité par Maspéro en 1972, 189 pages.
Perrot Michelle, «Recherches sur les femmes et les études féministes», dans Godelier Maurice, *Les sciences de l'homme et de la société française. Analyse et proposition pour une politique nouvelle*, La documentation française, Paris, 1982, pp. 313-322.
Picq Françoise, «Féminisme, matérialisme, radicalisme», *Revue d'en face*, Tierce, Paris, 1983, n° 13, pp. 13-21.
Rowbotham Sheila, *Conscience des femmes, monde de l'homme*, Des femmes, Paris, 1980 (édition en anglais en 1976), 217 pages.
Saint-Jean Armande, *Pour en finir avec le patriarcat*, Primeur (opinions), Montréal, 1983, 331 pages.
Smith Dorothy, «Women's perspective as a Radical Critique of Sociology», *Sociological Inquiry*, 1974, Vol.44, n° 1, pp. 7-14.
Smith Dorothy, «A Sociology for Women», in Sherman J.A. & Bock E.T. (Eds), *The Prim of Sex*, University of Wisconsin Press, 1979, pp. 135-187.

Smith Dorothy, «Le parti pris des femmes», dans Cohen Yolande (Dir.), *Femmes et politique*, Le Jour (Idéelles), Paris, 1981, pp. 139-144.
Sociologie et sociétés, *Les femmes dans la sociologie*, PUM, Montréal, 1981, Vol. XIII, n° 2, 157 pages.
Spender Dale, *Men's Studies modified: The Impact of Feminism on the Academic Disciplines*, Pergamon Press, Oxford, 1981, 248 pages.

**B- Histoire du féminisme et des droits des femmes en France et au Québec**

Albistur Maïté et Armogathe Daniel, *Histoire du féminisme français du moyen-âge à nos jours*, Des femmes, Paris, 1977, 508 pages.
Bensadon Ney, *Les droits de la femme des origines à nos jours*, PUF (Que sais-je?), Paris, 1980, 127 pages.
Bonhomme Denise, *Le féminisme en France depuis 1979*, Bibliographie élaborée en mai 1984, Paris, Polycopies, 1984, 115 pages.
Bouchardeau Huguette, *Pas d'histoire, les femmes*, Syros, Paris, 1977, 237 pages.
Boyer Agnès, «Droits des femmes dans une société d'hommes», dans Paquot Elisabeth (Dir.), *Terre des femmes. Panorama de la situation des femmes dans le monde*, Maspéro (La Découverte)/Boréal Express, Paris/Montréal, 1983, pp. 47-56.
Collectif CLIO, *L'histoire des femmes au Québec depuis quatre siècles*, Quinze (idéelles), Montréal, 1982, 521 pages.
Conseil du statut de la femme, *Pour les Québécoises: égalité et indépendance*, Editeur officiel du Québec, Québec, 1978, 335 pages.
Delphy Christine, «Libération des femmes an dix», *Questions féministes*, Tierce, Paris, février 1980, n° 7, pp. 3-13.
Dhavernas Odile, *Droits des femmes, pouvoir des hommes*, Seuil, Paris, 1978, 324 pages.
Duchen Claire, *Feminism in France: from May' 68 to Mitterand*, Routlledge & Kegan Paul, London/Boston, 1986, 165 pages.
Dufrancatel Christiane, *L'histoire sans qualités*, Galilée (l'espace critique), Paris, 1979, 233 pages.
El Yamani Myriame, «Décennie à venir: solitude ou partage?», *Femmes d'Action*, Ottawa, février-mars 1991, Vol. 20, n° 3-4, p.37.
Giroud Françoise, «Cent mesures pour les femmes», *La documentation française*, Paris, 1976, 196 pages.

Klejman Laurence et Rochefort Florence, «Orientation bibliographie pour l'histoire du féminisme en France de 1945 à 1985», *Bulletin de l'Institut d'histoire du temps présent*, Paris, mars 1986, pp. 31-70.

Léger Danièle, *Le féminisme en France*, Le sycomore (Actuels), 1982, 128 pages.

Michel Andrée, *Le féminisme*, PUF (Que sais-je?), Paris, 1979, 128 pages.

Monet-Chartrand Simone, *Pionnières québécoises et regroupements de femmes d'hier à aujourd'hui*, Remue-ménage, Montréal, 1990, 470 pages.

Perrot Michelle, «Histoire des femmes, histoire des sexes», dans Guillaume Marc (Dir.), *L'État des sciences sociales en France*, La Découverte, Paris, 1986, pp.73-75.

Rabaut, Jean, *Histoire des féminismes français*, Stock, Paris, 1978, 427 pages.

RAIF, *Les femmes et le féminisme*, Montréal, mars-avril 1986, n° 95/96, 78 pages.

Sineau Mariette et Tardy Évelyne, *Droits des femmes en France et au Québec: 1940-1990*, Remue-Ménage, Montréal, 1993, 153 pages.

Stetson Dorothy, *Women's rights in France*, Greenwood Press, Westport, Connecticut, 1987, 239 pages.

### C- Mouvement de libération et luttes des femmes en France et au Québec

Backhouse Constance et Flaherty David H., *Challenging Times. The Women's Movement in Canada and the United States*, McGill-Queen's University Press, Montréal & Kingston, 1992, 326 pages.

Bernheim Cathy, *Pertubation, ma soeur: naissance d'un mouvement des femmes 1970-1972*, Seuil, Paris, 1983, 182 pages.

Bouchardeau Huguette, «Où en est le mouvement aujourd'hui?», *Économie et humanisme*, Paris, novembre-décembre 1978, n° 244, pp. 4-8.

Brodeur Violette et Als., *Le mouvement des femmes au Québec. Étude des groupes montréalais et nationaux*, Centre de formation populaire, Montréal, 1982, 100 pages.

Collectif, *Manifeste des femmes Québécoises*, l'Étincelle, Montréal, 1971.

Collectif du mouvement pour les luttes féministes, *Chronique d'une imposture. Du mouvement de Libération des femmes à une marque commerciale*, L'Association du Mouvement pour les luttes féministes, Paris, 1981, 128 pages.

Coquille Sylvie, *Naissance du Mouvement de libération des femmes 1970-1973*, mémoire de maîtrise en histoire, Université de Paris X, Paris, 1982.

Descarries-Bélanger Francine et Roy Shirley, «Le mouvement des femmes et ses courants de pensée: essai de typologie», *ICREF/CRIAW* (Documents/Papers), Ottawa, mars 1988, 40 pages.

Dhavernas Marie-Jo et Als, «Le mouvement de libération des femmes et la loi en France. Femmes, droit et justice», *Actes*, Paris, novembre 1977, p. 49.

Dhavernas Marie Jo, «Des féministes hystériques aux féministes historiques... ou de la caricature à l'enterrement», *Revue d'en face*, Tierce, Paris, juin 1979, n° 6, pp. 3-19.

Dhavernas Marie Jo, «Le dépôt du MLF par le collectif Psychanalyse te Politique», *Revue d'en face*, Tierce, Paris, 1980, n° 8, pp. 34-35.

Dhavernas, Marie-Jo, «Des divans profonds comme des tombeaux», *Revue d'en face*, Tierce, Paris, 1980, n° 8, pp. 36-44.

Ducrocq Françoise, «Le mouvement de libération des femmes en France socialiste», *Revue d'en face*, Tierce, Paris, automne 1982, n° 12, pp. 25-36.

Garcia Guadilla Naty, *Libération des femmes: le m.l.f.*, PUF, Paris, 1981, 146 pages.

Jean Michèle, «Où va le mouvement des femmes?», *Les Cahiers de la femme/Canadian Woman Studies*, Toronto, printemps 1991, Vol. II, n° 3, pp. 8-9.

La Griffonne, *Douze ans de femmes au quotidien. 1970-1981: 12 ans de luttes féministes en France*, Paris, 1981, 64 pages.

Lamont Michèle, «Les rapports politiques au sein du mouvement des femmes au Québec», *Politique*, Montréal, hiver 1984, n° 5, pp. 75-107.

Lamoureux Diane, «Mouvement social et lutte des femmes», *Sociologie et sociétés*, PUM, Montréal, 1981, Vol. XIII, n° 2, pp. 131-138.

Lamoureux Diane, *La difficulté d'émergence d'un mouvement autonome de femmes au Québec*, thèse de doctorat de 3e cycle, EHESS, Paris, 1982, 504 pages.

Lanctot Martine, *La génèse du mouvement de libération des femmes à Montréal, 1969-1979*, mémoire de maîtrise, UQAM, Montréal, 1980, 207 pages.

Lavigne Marie, «Les femmes au Québec: dix ans de lutte», *Livre-dossier Stock*, Montréal, 1979, n° 3, pp. 99-108.

Laurin-Frenette Nicole, «La libération des femmes», dans Lavigne Marie et Pinard Yolande, *Travailleuses et féministes: les femmes dans la sociétés québécoise*, Boréal Express, Montréal, 1983, pp. 359-387.

Maroney Heather Jon, *Contemporary Quebec Feminism: The Interrelation of Political and Ideological Development in Women's Organizations, Trade Unions, Political Parties and State Policy, 1960-1980*, thèse de doctorat en philosophie, McMaster University, Hamilton, 1988, 681 pages.
Michel Andrée, «La libération des femmes sans les féministes», *Les Temps modernes*, Paris, mai 1979.
Michel Andrée, «Mouvements féministes en occident et projets de société», *Les Temps modernes*, Paris, 1985.
Picq Françoise, «1970-1980: Sauve qui peut, le MLF», *Revue d'en face*, Tierce Paris, 1981, n° 11, pp. 11-24.
Picq Françoise, *Le MLF et ses effets sociaux*, ATP, Groupe d'études féministes de l'Université de Paris VII, Paris, 1987, 300 pages.
Poinsignon Claire, «Féminisme et luttes des femmes», dans Paquot Elisabeth (Dir.), *Terre des femmes. Panorama de la situation des femmes dans le monde*, Maspéro (La Découverte)/Boréal Express, Paris/Montréal, 1983, pp. 82-90.
Tristan Anne et De Pisan Annie, *Histoire du M.L.F.*, Calman-Lévy, Paris, 1977, 262 pages.
Vauteuil Frédérique, «Dix ans de luttes des femmes en France», *Les Cahiers du GRIF*, Paris, 1978, n° 23-24, pp.24-28.

**D- Avortement**

Anne, Christine et Véronique, «Un premier pas vers notre libération», *les pétroleuses*, Paris, 1974, n° 2, pp. 4-5.
C'est à nous de décider, Manifeste «Nous aurons les enfants que nous voulons», Remue-ménage, Montréal, 1978, 254 pages.
Chantal, «Où est ce juste lieu de rencontre entre ton père et moi, où tu pourras te reposer comme pour le marquer?», *Des Femmes en Mouvements Hebdo*, Paris, 15-22 février 1980, n° 15, pp. 18-20.
Cherniak Dona, «Journal intime et politique d'une avorteuse», *La Vie en Rose*, Montréal, septembre-octobre, novembre 1981, n° 3, pp. 34-35.
Choisir, *Avortement: une loi en procès, l'affaire de Bobigny*, Gallimard, Paris, 1973, 219 pages.
Choisir, *Choisir de donner la vie*, Gallimard, Paris, 1980, 576 pages.
CNALG, *La résistance tranquille du pouvoir hospitalier, enquête de la Coordination nationale pour l'avortement libre et gratuit*, Remue-ménage, Montréal, 1980, 230 pages.
Collins Anne, *L'avortement au Canada. L'inéluctable question*, Remue ménage (Les entêtées), Montréal, 1987 (édition en anglais en 1985), 320 pages.

Darré Claude, «79, on efface tout. Le droit d'avorter», *Histoires d'Elles*, Paris, fevrier 1979, n° 9, p.10.

Devreau Anne-Marie et Ferrand Michèle, «La libéralisation de l'avortement» et «chronologie des événements et des prises de position», *Revue française de sociologie*, Paris, juillet-septembre 1982, n° XXIII - 3, pp. 504-518.

Des Femmes en Mouvements Hebdo, «L'avortement du point de vue légal», 16-23 novembre 1979, n°2, p. 5, et 23-30 novembre 1982, n° 3, p. 5.

Des Femmes en Mouvements Hebdo, «L'avortement», dossier, 30 novembre-7décembre 1979, n° 4, pp. 12-16.

Françoise?, «Nous aurons les enfants que nous voulons», dans Collectif, *1970-1981: douze ans de femmes au quotidien, douze ans de luttes féministes en France*, La Griffonne, Paris, 1981, pp. 27-32.

Garon Suzanne et Queniart Anne, *L'avortement: un vécu individuel à portée politique*, thèse de maîtrise en sociologie, UQAM, Montréal, 1982, 284 pages.

Histoires d'Elles, «Marche nationale des femmes: 6 octobre 1979», Paris, octobre 1979, n° 16, pp. 2-4.

Histoires d'Elles, «Contraception, avortement en France», Paris, novembre 1979, n° 17, pp. 3-5.

Isambert François A. et Ladrière Paul, *Contraception et avortement: 10 ans de débats dans la presse (1965-1974)*, ATP-CNRS (sciences humaines), Paris, 1979, 126 pages.

Lalumière Lise, «L'avortement: une femme de l'ACALA nous écrit», *Les Têtes de Pioche*, Montréal, novembre 1976, n° 7, p. 64.

Lamoureux Diane, «La lutte pour le droit à l'avortement au Québec-1969-1981», *Revue d'histoire de l'Amérique française*, Montréal, juin 1983, pp. 45-67.

Marie-Hélène ?, «Avortement et sexualité», *Les Pétroleuses*, Paris, octobre 1976, n° 6, pp. 5-6.

Le Nouvel Observateur, «Manifeste des 343», Paris, 5 avril 1971, n°331, pp. 17-19.

Mouvement français pour le planning familial, *Les interruptions de grossesse*, Tierce Paris, 1979, 167 pages.

Mouvement français pour le planning familial, *Contraception et avortement: le droit des femmes*, Tierce, Paris, 1979, 245 pages.

Mouvement français pour le planning familial, *D'une révolte à une lutte. 25 ans d'histoire du Planning familial*, Tierce, Paris, 1982, 506 pages.

Paris Ginette, *L'avortement: un geste sacré*, Nuit Blanche, Montréal, 1990, 300 pages.

Les Pétroleuses, «Laissez-nous vivre», Paris, n° 0, pp. 7-8.

Les Pétroleuses, «Avortement, contraception», Paris, décembre 1976, n° 7, pp. 17-23.
RAIF, «Avortement: la maternité obligatoire», juin-juillet 1990, Québec, n°119-120, pp. 50-70.
Les Têtes de Pioche, *Communiqué du Comité de lutte pour l'avortement*, Montréal, 1976, n° 7, pp. 5 et 8.
Les Têtes de Pioche, *Manifeste des femmes du Québec pour l'avortement libre et gratuit*, Montréal, mars 1977, Vol. 2, n° 1, p. 3.
Le Torchon brûle, «Avortement contraception, sexualité, réformisme», Paris, 1970, n° 5.
La Vie en Rose, «L'avortement en 1982», Montréal, mars-avril-mai 1982, n° 5, pp. 4-5 et 17-38.

## 5. La tragédie de l'École polytechnique de Montréal

Bertrand Marie-Andrée, «Analyse criminologique d'un meurtre commis dans l'enceinte de l'université et des interprétations que certains groupes choisissent d'en donner», *Sociologie et sociétés*, PUM, Montréal, avril 1990, Vol. XXII, n° 1, pp. 193-197.
Boulanger Virginie, «Avons-nous bien couvert la tragédie de Poly?», *Le 30*, le magazine du journalisme québécois, Montréal, mars 1990, Vol. 14, n° 3, p. 6.
Caccia Fulvio, «Le syndrome Lépine-Lortie. La fin du politique», *Vice Versa*, Montréal, mai-juin 1990, n° 29, pp. 18-20.
Chalouh Marie et Malette louise (Dir.), *Polytechnique, 6 décembre*, Remue-ménage, Montréal, 1990, 192 pages.
El Yamani Myriame, «La mascarade institutionnalisée», *Sociologie et sociétés*, PUM, Montréal, avril 1990, Vol. XXII, n° 1, pp. 201-205.
El Yamani Myriame, «Le mur est tombé, un voile s'est levé», *Vice Versa*, Montréal, mai-juin 1990, n° 29, pp. 33-34.
Guillaumin Colette, «Folie et norme sociale. À propos de l'attentat du 6 décembre», *Sociologie et sociétés*, PUM, Montréal, avril 1990, Vol. XXII, n° 1, pp. 197-201.
Juteau Danielle et Laurin-Frenette Nicole, «Une sociologie de l'horreur», *Sociologie et sociétés*, PUM, Montréal, avril 1990, Vol. XXII, n° 1, pp. 206-211.
Nadeau Chantal et Spielvogel Myriam, «L'univers féminin ciblé», *Sociologie et sociétés*, PUM, Montréal, avril 1990, Vol. XXII, n° 1, pp. 211-213.
Tassinari Lamberto, «De Lortie à Gharbi-Lépine: l'implosion de la violence terroriste», *Vice Versa*, magazine transculturel, Montréal, mai-juin 1990, n° 29, p. 5.

Van Schendel Nicolas, «Le risque de l'autre», *Vice Versa*, magazine transculturel, Montréal, mai-juin 1990, n° 29, pp. 40-41.

**A-** ***Couverture de presse de la tragédie du 6 décembre 1989, à l'École Polytechnique de Montréal***

Il s'agit de l'ensemble des articles recensés pour cette analyse de presse. Vu leur nombre (318), il n'était pas possible de faire une entrée pour chaque auteur. J'ai préféré les classer par ordre chronologique. Le chiffre entre parenthèses à côté du nom du quotidien correspond au nombre d'articles.

**Montréal**
*Le Devoir* (67)
7 décembre 1989, p. 1 et 8;
8 décembre, pp. 1, 3, 4, 5, 8, 10;
9 décembre, pp. 1, 8, A-3, C-12;
11 décembre, pp. 1, 3, 6, 8;
12 décembre, pp. 1, 3, 9, 10;
15 décembre, p. 7;
16 décembre, pp. 8, C-2;
18 décembre, p. 13;
20 décembre, p. 9;
6 janvier 1990, pp. 1, A-8.

*La Presse* (143)
7 décembre 1989, pp. 1, A-2, A-3;
8 décembre, pp. 1, A-2, A-3, A-4, A-5, A-6, B-1, B-2, B-3;
9 décembre, pp. 1, A-2, A-3, A-5, A-11, B-1, B-2, B-3;
10 décembre, pp. 1, A-2, C-1, C-3;
11 décembre, pp. 1, A-2, A-3, B-1;
12 décembre, pp. 1, A-2, A-3, A-4, A-5, A-7, B-2, B-3;
13 décembre, p. A-3;
15 décembre, p. 1 et A-2;
16 décembre, pp. B-3, B-4, B-5;
21 décembre, p. A-5;
24 janvier 1990, p. B-3.

*The Gazette* (78)
7 décembre 1989, pp. 1, A-2, A-3, A-4;
8 décembre, pp. 1, A-2, A-3, A-4, A-5, A-6, B-2, B-3, C3, D-11;
9 décembre, pp. 1, A-2, A-3, A-4, A-5, A-6, A-7, B-1, B-2, B-3;
10 décembre, pp. 1, A-2, A-4, A-5, D-1, D-2, D-3, D-4;
11 décembre, pp. 1, A-2, A-3, A-5, A-10, B-3, C-3.

**Toronto**
*The Globe & Mail* (26)
7 décembre 1989, pp. 1, A-2;
8 décembre, pp. 1, A-2, A-4, A-5, A-6, A-7;
9 décembre, pp. 1, A-2, A-3, D-1, D-8;
11 décembre, pp. 1, A-10;
12 décembre, pp. 1, A-2, A-7.

**Paris**
*Le Monde* (2)
8 décembre 1989, p. 8;
9 décembre 1989, p. 6.

*Libération* (1)
8 décembre 1989, p. 28.

## 6. Méthodologie: analyses de presse, de discours, de contenu, de l'image

Aebischer Véréna, *Les femmes et le langage*, PUF, Paris, 1985, 200 pages.
Agnes Yves et Croissandeau Marc, *Lire le journal*, Lobies, Paris, 1979, 287 pages.
Angenot Marc *La parole pamphlétaire. Typologie des discours modernes*, Payot (Langages et sociétés), 1982, 425 pages.
Bardin Laurence, *L'analyse de contenu*, PUF (Le psychologue, 2e édition), Paris, 1980, 233 pages.
Bonnafous Simone, «Racisme et non-racisme; étude de presse», *Mots* (les langages du politique), Presse de la fondation nationale des sciences politiques, Paris, mars 1989, n° 19, pp. 21-37.
Bremond Claude, «Le message narratif», *Communications*, Paris, 1964, n° 4, pp. 4-32.
Carontini Enrico, *Faire l'image. Matériaux pour une sémiologie des énonciations visuelles*, Cahiers du Département d'études littéraires, UQAM, Montréal, 1986, n° 7, 117 pages et 3ième partie, 1988.
Fabvre Pierre, «Analyse de contenu, analyse de discours», dans Duprat Gérard, *Analyse de l'idéologie*, Galilée, Paris, 1983, Tome II: Thématiques, pp. 310-316.
D'Eaubonne Françoise, *Contre-violence ou la résistance à l'État*, Tierce, Paris, 1978, 95 pages.
De La Haye Yves, *Journalisme, mode d'emploi. Des manières d'écrire l'actualité*, La Pensée sauvage, Grenoble, 1985, 216 pages.

Douël Jacques, *Le journal tel qu'il est lu*, Centre de formation professionnelle des journalistes, Paris, 1981, 108 pages.
Dulong Renaud et Quéré Louis, *Le journal et son territoire. Presse régionale et conflits sociaux*, EHESS/CEMS (ATP/CNRS), Paris/Tours, 1978, 146 pages.
Ghiglione Rodolphe et Beauvois Jean-Léon, *Manuel de l'analyse de contenu*, Colin, Paris, 1980, 214 pages.
Herrmann Claudine, *Les voleuses de langue*, Des femmes, Paris, 1976, 179 pages.
Irigaray Luce, *Parler n'est jamais neutre*, Minuit, Paris, 1985, 325 pages.
Kayser Jacques, *Le quotidien français*, Colin, Paris, 1963, 148 pages.
Michard-Marchal Claire et Ribéry Claudine, *Sexisme et sciences humaines. Pratique linguistique du rapport de sexage*, PUL, Lille, 1983, 202 pages.
Michard-Marchal Claire et Ribéry Claudine, «Énonciation et effet idéologique. Les objets de discours 'femmes' et 'hommes' en ethnologie», dans Mathieu Nicole-Claude (Dir.), *L'arraisonnement des femmes*, EHESS (Cahiers de l'homme), Paris, 1985, pp. 147-167.
Morin Violette, *L'écriture de presse*, Mouton, Paris/La Haye, 1969, 157 pages.
Mouillaud Maurice, «Le système des journaux. Théorie et méthode pour l'analyse de presse», *Langages*, Paris, septembre 1968, n° 11, pp. 17-41.
Mouillaud Maurice, «Grammaire et idéologie du titre de journal», *Mots*, Paris, 1982, n°4, pp. 69-91.
Resources for Feminist Research/Documentation pour la recherche féministe, *Women and Language/Femme et langage*, OISE Press, Toronto, novembre-décembre 1984, 86 pages.
Spender Dale, *Man made language*, Routledge & Kegan, London/Boston, 1985, 250 pages.
Yaguello Marina, *Les mots et les femmes*, Payot, Paris, 1978, 202 pages.
Yaguello Marina, *Alice au pays du langage. Pour comprendre la linguistique*, Seuil Paris, 1981, 215 pages.

# Table des matières

Dédicace 7

Remerciements 9

Introduction 11
  Qu'est-ce-que les presses féministes? 13
  Multiplicité, mouvance et trirème 15
  Réinscrire la dynamique sociale au coeur de l'analyse des médias 17
  L'impasse stratégique des presses féministes en France et au Québec 18
  Iris contre Hermès: la résistance des minoritaires 20

1. Femmes et communication 23
  La fin de la communication 24
    Le faux consensus des SIC 26
    Pour en finir avec le schéma linéaire: E-M-R 29
    Mise en perspective historique des S.I.C. 31

Éviter de réduire le journal à sa seule valeur marchande 33
Les femmes, sujets de la recherche 34
Agir plutôt que ré-agir 36
Combattre l'androcentrisme de la sociologie 38
Se détacher des conceptions essentialistes des sexes 39
Les différents niveaux de la vie sociale sexuée 44
Projet émancipatoire de la recherche féministe 46

2. Communication et lien social 51
   Vers un agir «social» communicationnel 52
      Disjonction entre le monde vécu et la communication 55
      Les mouvements de libération des femmes face à la colonisation du monde vécu 56
   La communication instituante 58
      Dimension symbolique 59
      Dimension politique 61
      Dimension médiatique 63
   Pour une analyse sociologique des médias 65
      Les étages de fonctionnement du journal 65
   La fonction politique des presses féministes en France et au Québec 68

3. D'Histoires d'elles à la vie en rose : la précarité d'une parole de femmes 71
   Rétrospective historique des presses féministes en France et au Canada 71
   Des journaux par et pour des femmes 92

4. Le discours subversif des féministes 95
   De quoi parlent-elles? 98
      La cuisine aigre-douce des féministes 100
      Le problème des autres médias, encore et toujours 102
      Hygiène du corps et de l'esprit 105
   Les pamphlets subversifs des féministes 108
      Petite histoire des luttes et des lois sur l'IVG en France 109
      Petite histoire des luttes et des lois sur l'IVG au Québec 110
      La colère des femmes envers le pouvoir des hommes 114
      La contestation par des images et des discours provocants 118
      La contre-violence du discours féministe 122

5. Presse alternative, presse «glamour» 125
   L'absence quasi-totale de l'adversaire: les hommes 126
   Les femmes d'abord et avant tout des sujets pluriels 143
   Groupes de femmes et presses de groupe 145
      La hiérarchie dans la convivialité 146
      Le bénévolat: couteau à double tranchant 148
      Un marché médiatique saturé 150

6. Le féminisme: prise de conscience d'une identité minoritaire 155
   Les grands courants de la pensée féministe 156
      Le féminisme au pluriel 156
      Théories et analyses de la division sociale des sexes 159
      La problématique de l'action féministe 159

Le mouvement de libération des femmes:
émancipation, institutionnalisation et radicalisme ... 165
Le féminisme français: déchirure et hégémonie
d'une tendance du MLF ... 166
- Des marguerites à la guerre larvée des tendances ... 168
- L'anti-féminisme de Psychépo ... 169
Le féminisme québécois: ni théorique, ni mouvementé ... 171
- Allier la libération nationale à celle des femmes ... 172
- Le féminisme s'apprivoise ... 175
- L'affaire des Yvettes ... 177
L'évolution en dents de scie de la presse française ... 180
L'évolution «tranquille» de la presse québécoise ... 183

7. L'information-fiction des médias ... 189
De la critique à l'intégration: les mutations de
l'espace public de communication ... 189
- Médiation entre la société civile et l'État: la presse
d'opinion ... 191
L'information fiction ... 193
- Le marché de dupes des médias ... 194
- La réalité totalitaire des médias ... 195
Journalistes: médiateurs ambigus ... 196
- Les salariés du mensonge ... 197
- Un code déontologique sévère mais inapplicable ... 198

8. La mascarade institutionnalisée ... 201
La couverture médiatique de la tragédie à l'École

Polytechnique de Montréal 202
L'événement 202
L'encodage du fait: l'occultation 204
Les manchettes: pathos et dysfonctionnalisation 206
La narration: décoration et cloisonnement du fait 209
Le psychologisme anesthésiant des médias 210
Les parfaites pleureuses 213
La citation: pincette et camouflage 214
Le fait romancé 216
La répétition: banalisation du fait 217
La contamination de la mise en page 217
La sur-information sous-informante 218
Les tribunes «libres»: lieu d'un débat d'information critique 218

9. L'art de la récupération des médias 223
Boycott par les médias d'une vision féministe 226
Le dénigrement d'une parole autonome de femmes 228
Le masquage de la récupération 232

Conclusion 235

Bibliographie 241

Table des matières 261

Liste des tableaux 267

Liste des illustrations 268

# Liste des tableaux

1. Rétrospective de la presse féministe française
de 1970 à 1990     73-78

2. Rétrsopective de la presse féministe canadienne
de 1970 à 1990     79-91

3. Analyse thématique des presses féministes françaises
et québécoises     101

4. Marché économique de l'information
des publications françaises choisies     151

5. Marché économique de l'information
des publications québécoises choisies     152

6. Les grands courants de la pensée féministe
de 1970 à nos jours     157

7. La problématique de la division sociale des sexes     160-162

8. La problématique de l'action     163

9. Évolution de la presse féministe française
de 1970 à 1990     181

10. Évolution de la presse féministe québécoise
de 1970 à 1990     184

11. Couverture de presse de la tragédie à l'École
Polytechnique de Montréal     219

12. Signature des articles pour la couverture de presse     232

# Liste des illustrations

1. Photomontage sur l'avortement
   à partir des publications choisies     120
2. La première et la dernière «Une»
   des *Pétroleuses*     127-128
3. La première et la dernière «Une»
   des *Têtes de Pioche*     129-130
4. La première et la dernière «Une»
   des *Luttes et des Rires de Femmes (LRF)*     131-132
5. La première et la dernière «Une»
   d'*Histoires d'Elles*     133-134
6. La première «Une» de *La Vie en Rose*
   insérée dans *Le Temps fou*     135
7. La première et la dernière «Une»
   de *La Vie en Rose*     136-137
8. La première et la dernière «Une»
   des *Femmes en Mouvements Hebdo (FMH)*     138-139
9. Autre «Une» d'*Histoires d'Elles*     140
10. Autre «Une» de *La Vie en Rose*     141

Collection **Logiques Sociales**
*fondée par Dominique Desjeux
et dirigée par Bruno Péquignot*

MARTIN P. (ed.), *Pratiques institutionnelles et théorie des psychoses. Actualité de la psychothérapie institutionelle*, 1995.
D'HOUTARD A., TALEGHANI M. (eds.), *Sciences sociales et alcool*, 1995.
LAJARTE (de) I., *Anciens villages, nouveaux peintres. De Barbizon à Pont-Aven*, 1995
SARFATI G.-E., *Dire, agir, définir. Dictionnaires et langage ordinaire*, 1995.
BALDNER J-M., GILLARD L. (eds), *Simmel et les normes sociales*, 1995
GUILLAUME J.-F., LEGRAND M, VRANCKEN D, *La sociologie et ses métiers*, 1995.
DENIOT J., DUTHEIL C., *Métamorphoses ouvrières*, Tomes I et II, 1995.
DENIOT J., *Ethnologie du décor en milieu ouvrier. Le Bel Ordinaire*, 1995.
AWAD G., *Du sensationnel. Place de l'événementiel dans le journalisme de masse*, 1995.
WALTER J., *Directeur de communication. Les avatars d'un modèle professionnel*, 1995.
BORREDON A., *Une jeunesse dans la crise. Les nouveaux acteurs lycéens*, 1995.
RAMÉ L. et S., *La formation professionnelle par apprentissage. Etat des lieux et enjeux sociaux*, 1995.
GUILLE-ESCURET G., *L'anthropologie à quoi bon ?*, 1996.
GUERLAIN P., *Miroirs transatlantiques, la France et les Etats-Unis entre passions et indifférences*, 1996.
Patrick PHARO, *L'Injustice et le Mal*, 1996.
MARTIN C. et LE GALL D., *Familles et politiques sociales. Dix questions sur le lien familial contemporain*, 1996.
NEYRAND G., M'SILI M., *Les couples mixtes et le divorce*, 1996.
Dominique DESJEUX, *Anthropologie de l'électricité*, 1996.
Yves BOISVERT, *Le monde postmoderne*, 1996.
Marcel BOLLE DE BAL (ed), *Voyage au coeur des sciences humaines De la reliance*, 1996 (Tome 1 et 2).
J. FELDMAN, J-C FILLOUX, B-P LÉCUYER, M. SELZ, M.VICENTE, *Epistémologie et Sciences de l'homme*, 1996.
P. ALONZO, *Femmes employées*, 1996.

Collection *Logiques Sociales*
*fondée par Dominique Desjeux
et dirigée par Bruno Péquignot*

Monique BORREL, *Conflits du travail, changement social et politique en France depuis 1950*, 1996.
Dominique LOISEAU, *Femmes et militantismes*, 1996.
Hervé MAUROY, *Mutualité en mutation*, 1996.
Nadine HALITIM, *La vie des objets. Décor domestique et vie quotidienne dans des familles populaires d'un quartier de Lyon, La Duchère,1986-1993*, 1996.
A CORZANI, M. LAZZARATO, A. NEGRI, *Le bassin de travail immatériel (BTI) dans la métropole parisienne*, 1996.
Pierre COUSIN, Christine FOURAGE, Kristoff TALIN, *La mutation des croyances et des valeurs dans la modernité. Une enquête comparative entre Angers et Grenoble*, 1996.
Chantal HORELLOU-LAFARGE (dir.), *Consommateur, usager, citoyen : quel modèle de socialisation ?*, 1996.
Roland GUILLON, *Les syndicats dans les mutations et la crise de l'emploi*, 1997.
Dominique JACQUES-JOUVENOT, *Choix du successeur et transmission patrimoniale*, 1997.
Philippe LYET, *L'organisation du bénévolat caritatif,* 1997.
Annie DUSSUET, *Logiques domestiques. Essai sur les représentations du travail domestique chez les femmes actives de milieu populaire*, 1997.Guido de RIDDER (coordonné par), *Les nouvelles frontières de l'intervention sociale*, 1997.
Jean-Bernard WOJCIECHOWSKI, *Hygiène mentale, hygiène sociale : contribution à l'histoire de l'hygiénisme*. Deux tomes, 1997.
René de VOS, *Qui gouverne ? L'État, le pouvoir et les patrons dans la société industrielle*, 1997.
E. MATTEUDI, *Structures familiales et développement local*, 1997.
Françoise DUBOST, *Les jardins ordinaires*, 1997.
M. SEGRÉ, *Mythes, rites, symboles de la société contemporaine*, 1997.
Roger BASTIDE, *Art et société*, 1997.
Joëlle AFFICHARD, *Décentralisation des organisations et problèmes de coordination : les principaux cadres d'analyse*, 1997.
Jocelyne ROBERT, *Jeunes chômeurs et formation professionnelle. La rationalité mise en échec*, 1997.

Collection **Logiques Sociales**
*fondée par Dominique Desjeux
et dirigée par Bruno Péquignot*

**Déjà parus**

Catherine SELLENET, *La résistance ouvrière démantelée*, 1997.
Laurence FOND-HARMANT, *Des adultes à l'Université. Cadre institutionnel et dimensions biographiques*, 1997.
Jacques COMMAILLE, François de SINGLY, *La question familiale en Europe*, 1997
Antoine DELESTRE, *Les religions des étudiants*, 1997.
R. CIPRIANI (sous la direction de), *Aux sources des sociologies de langue française et italienne*, 1997.
Sylvette DENEFLE, *Sociologie de la sécularisation*, 1997.
Pierre-Noël DENIEUIL, *Lieu social et développement économique*, 1997.
M. KARA, *Les tentations du repli communautaire. Le cas des Franco-Maghrébins en général et des enfants de Harkis en particulier*, 1997.
Michel BURNIER, Sylvie CÉLÉRIER, Jan SPURK, *Des sociologues face à Pierre Naville ou l'archipel des savoirs*, 1997.
Guy BAJOIT et Emmanuel BELIN (dir.), *Contribution à une sociologie du sujet*, 1997.
Françoise RICHOU, *La Jeunesse Ouvrière Chrétienne (J.O.C.), genèse d'une jeunesse militante*, 1997.
Claude TEISSIER, *La poste: logique commerciale/logique de service public. La greffe culturelle*, 1997.
Jacques LE BOHEC, *Les rapports presse-politique. Mise au point d'une typologie "idéale"*, 1997.
Marie-Caroline VANBREMEERSCH, *Sociologie d'une représentation romanesque. Les paysans dans cinq romans balzaciens*, 1997.
François CARDI, *Métamorphose de la formation. Alternance, partenariat, développement local*, 1997.
Marco GIUGNI, Florence PASSY, *Histoires de mobilisation politique en Suisse. De la contestation à l'intégration*, 1997.
Philippe TROUVÉ, *Les agents de maîtrise à l'épreuve de la modernisation industrielle. Essai de sociologie d'un groupe professionnel*, 1997.
Gilbert VINCENT (rassemblés par), *La place des oeuvres et des acteurs religieux dans les dispositifs de protection sociale. De la charité à la solidarité*, 1997.
P. BOUFFARTIGUE, H. HECKERT (dir.), *Le travail à l'épreuve du salariat*, 1997.